Menschen in Kempen

*Herausgegeben von
Axel Küppers und Philipp Wachowiak*

hackethal

Damit dieses Buch erscheinen konnte, haben uns geholfen:

Bürgermeister Karl Hensel
die Kempener Stadtverwaltung, insbesondere Tanja Scholz, Christoph Dellmans und Irene Michelkens
die Freiwillige Feuerwehr
die Sparkasse Krefeld (Karl Weckes)
der Geschichts- und Museumsverein (Margret Cordt)
die Mädchen und Jungen des städtischen Kindergartens »Regenbogen«
Winfried Küppers
Dr. Ulrich Hermanns
Kreis-Archivar Dr. Gerhard Rehm
Elke Welker
»unsere« Fotografen Friedhelm Reimann und Kurt Lübke
die Firma »self Heim & Garten«
die Firma »Car« mit Karim Djabbarpour
unsere Verleger Christiane & Michael Hackethal
Illustrator Jürgen Mick
Kabarettist Jochen Butz
Grafiker René Grohnert
die Westdeutsche Zeitung
die Musikerinnen Beate Alsdorf, Lara Languth, Hyo Jung Kang, Kyung-Ae Lee, Tserl-Ho Zin

Für die Hilfe bedanken wir uns ganz herzlich!

Die Herausgeber

Fotonachweis

Josef Altgaßen
Detlef Herchenbach (J. Pankarz und H. D. Hüsch)
Dirk Jochmann
Wolfgang Kaiser
Ingrid Klünder (D. u. M. Bergmann)
Kurt Lübke
Paul Maaßen (Portrait J. Pankarz)
Friedhelm Reimann

Einige wenige Fotos wurden privat eingereicht.

Menschen in Kempen.
Herausgegeben von Axel Küppers und Philipp Wachowiak.
Verlegt bei Hackethal, Brühl, 2002.
Mit Beiträgen von Jochen Butz (Glossen) und Jürgen Mick (Illustrationen).
ISBN 3-936285-03-9

Grußwort des Bürgermeisters

Seit dem Jahre 1995 porträtiert die Westdeutsche Zeitung »Menschen in Kempen«. In mehr oder weniger regelmäßigen Abständen werden der Leserschaft bekannte oder nicht so bekannte Mitbürgerinnen und Mitbürger vorgestellt, meist aus Anlass aktueller Tagesereignisse. Es sind völlig unterschiedliche Personen und Persönlichkeiten, die aber allesamt aktiv und engagiert das Leben in unserer Stadt mitprägen und es repräsentieren.

Etwa 130 Porträts sind auf diese Weise zusammengekommen, die jetzt von Axel Küppers und Philipp-H. Wachowiak in diesem Buch zusammengefasst und veröffentlicht werden.

Als Bürgermeister der Stadt Kempen bedanke ich mich bei den Herausgebern für das gelungene Werk. Unsere Stadt einmal über hier lebende Menschen darzustellen und nicht – wie üblich – über die denkmalwerte Stadtgestalt und Bausubstanz, ist ein interessanter und – wie ich glaube – überfälliger Ansatz. Denn Kempener Lebensqualität kommt nicht durch Bauwerke zustande, sondern wird gestaltet durch die Bürgerinnen und Bürger in ihrer Vielfalt und ihrem Engagement. Offene, freundliche, hilfsbereite, verträgliche und lebensfrohe Menschen prägen das Bild von Kempen als einer sympathischen Stadt, in der es sich zu leben lohnt und in der man sich zu Hause fühlen kann. Das machen die Autoren mit ihrem Buch deutlich.

Karl Hensel
Bürgermeister

Vorwort

Philipp Wachowiak wurde in Horn / Lippe in Westfalen geboren, wuchs in Rheydt auf, studierte Mathematik, Physik und Chemie in Aachen für das Lehramt und arbeitet seit 1997 freiberuflich für die Westdeutsche Zeitung. Er ist verheiratet und lebt (mit Unterbrechungen) seit 1984 in Kempen

Als ich vor einigen Jahren für die WZ zu schreiben begann, bemerkte ich sehr bald die Idee des Redakteurs Axel Küppers, Menschen ins Blatt zu bringen. Menschen, die bemerkenswert sind, nicht weil sie sowieso jeder kennt, sondern weil sie etwas Besonderes sind oder tun. Ich hatte die Freude, mehrerer dieser Menschen-Geschichten selbst zu schreiben. Das Gespräch mit diesen Kempener Frauen und Männern war immer interessant und spannend – jedes auf seine besondere Art.

Ein Beispiel: Der Nestor der von mir porträtierten Menschen ist Rudi Falkner, bekannt in Kempen als »Laufwunder«. Als wir in unserem Esszimmer saßen und er während des Gesprächs von seinen täglichen Übungen erzählte, beließ er es nicht bei Erläuterungen. Nein, er legte sich – so wie er war – auf den Holzboden und machte meiner Frau und mir einige dieser Übungen vor. Und erklärte sie gleichzeitig.

Ich war erstaunt und beschämt zugleich, dass ein Mann, der über 30 Jahre älter als ich ist, seinen so Körper beherrscht. Ich könnte noch zahlreiche solcher Beispiele erzählen. Was mir aber bei all diesen Unterhaltungen klar geworden ist: Die Stadt Kempen ist eine so lebendige Stadt, weil diese Menschen in ihr leben. Und ich fand es schade, dass die Geschichten über sie, einmal gelesen, in der grünen Tonne landen. So entstand die Idee zu diesem Buch.

Als Axel Küppers mit in das Projekt einstieg – leise, ohne viel Worte, wie es so seine Art ist – war das aus meiner Sicht perfekte Duo am Werk. Das Verleger-Ehepaar Christiane und Michael Hackethal war ebenfalls ein Glücksgriff. Und nicht zuletzt unser »Motor im Rathaus«, Bürgermeister Karl Hensel, hat uns von Anfang an in unserem Vorhaben bestärkt. Sein Kommentar nach zwei Minuten: »Das ist eine gute Idee. Das machen wir. Das wird ein schönes Stück Kempen.«

Danke für das Vertrauen! Und auch danke an alle »Menschen« in diesem Buch, verbunden mit dem Wunsch, dass sie unsere pulsierende Stadt weiter beleben.

Philipp Wachowiak

Hinweis: Die hier veröffentlichten Texte entsprechen weitgehend den Originalen in der WZ (Erscheinungsdatum jeweils in der Fußzeile), sie sind nur leicht überarbeitet. Die Orthographie wurde der neuen Rechtschreibung angepasst.

Auf ein Wort

Als mir von der WZ im August 1995 die Redaktion Kempen anvertraut wurde, habe ich mir auf die Fahnen geschrieben, Menschen ins Blatt zu heben. Menschen wie du und ich, Menschen unterschiedlichster Herkunft und Natur, Menschen, die etwas Besonderes geschaffen haben, über die man in der Stadt spricht, die Akzente setzen, die sich mit Hingabe einer Sache widmen, die es einfach wert sind, in der größten Kempener Tageszeitung einmal vorgestellt zu werden.

Natürlich muss man als Redakteur genauer hinsehen, muss sortieren, sichten, einigen hinterherrennen, manches – auch unnötige – Telefonat führen. Aber die Erfahrung nach sieben Jahren hat gezeigt: Es war die Sache wert, rund 130 Kempener Profile sind so einer breiten Öffentlichkeit vorgestellt worden. Natürlich ist das keine One-Man-Show. Dazu braucht man Informanten, Bekannte, Freunde, die einen Tipp geben: »Schau dir den mal genauer an...« Dazu muss man in der Stadt, über die man schreibt, auch leben, um die richtige Einschätzung zu gewinnen. Dazu gehören gute Schreiber, die an die Seele und den Charakter der jeweiligen Persönlichkeit rankommen und diese ein Stück weit offen legen.

Ohne dass es vermessen klingt, darf ich heute sagen: In 99 Prozent der Fälle ist dies geglückt; nie hat sich einer der präsentierten Menschen beschwert. Im Gegenteil: Meist kam hinterher ein kurzer Anruf: »Vielen Dank auch.« Oft hat es die Betroffenen selbst ein bisschen vorangebracht, sich der eigenen Vorzüge bewusst zu werden, bekannter und anerkannter in der Stadt zu werden.

Damit so ein Werk gelingt, gehört dazu schlussendlich auch ein Idealist wie Philipp Wachowiak, der seine Idee, die WZ-Serie in die Buchform zu gießen, beherzt in die Tat umsetzt.

Unter all den vielen Gesprächen, die geführt worden sind, ragt eines heraus, weil es für mich das originellste war. Die Rede ist vom italienischen Eismännchen Mario Barbuto, in Kempen bekannt wie ein bunter Hund: ein echtes Original. Kurz vor Silvester des Jahres 2000 stand dieser »Mensch« als Seite-1-Aufmacher in der WZ-Lokalausgabe.

Der Termin war an einem nasskalten Dezembermorgen um 10 Uhr am Edeka-Markt, wo Marios schrulliger Eiswagen parkt. Der Fotograf, pünktlich wie die Uhr, steht dick vermummt und mit Zahnschmerzen am schneebedeckten Eiswagen. Um 11 Uhr muss er in Waldniel bei seinem Zahnarzt sein. Ich selbst komme um 10.01 Uhr und habe schon ein schlechtes Gewissen. Wer fehlt, ist Mario. 10.15 Uhr, 10.30 Uhr, die Zeit verrinnt, kein Mario. »Typisch Italiener«, murrt der Fotograf. »Falsch, Sizilianer«, korrigiere ich ihn, denn Mario nur als Italiener zu bezeichnen, wäre für ihn eine Beleidigung.

Über sieben Telefonate kriegen wir die Handy-Nummer von Mario raus. »Ich komme schon«, ruft der kleine, drahtige Mittdreißiger ins Handy und biegt um 10.40 Uhr um die Ecke. Allein sein Auftritt lässt im Nu alle Kälte verfliegen: Mit südländischem Charme verwickelt er uns blitzschnell in ein Gespräch, und der Fotograf hat sogar Zahnschmerzen und Termin vergessen. Für das Foto gibt er sich besonders viel Mühe, wechselt mehrfach die Kamera, lässt den flotten Mario in sämtlichen Stellungen vor seinem Wagen posieren, so dass uns die einkaufenden Menschen ringsum verwundert anschauen. Entsprechend beseelt das Foto, entsprechend beschwingt der Artikel, der innerhalb von zehn Minuten nur so aus der Feder fließt.

So muss es sein! Wenn auch – zugegeben – nicht alle Termine so verlaufen wie der mit Mario. Jedenfalls: Für mich ist eine Zeitung, die diesen Menschen viel Platz gewährt, eine lesenswerte Zeitung. Und es erfüllt mich nun ein wenig mit Stolz, dass wir all diese Menschen zwischen zwei Buchdeckeln präsentieren können.

Axel Küppers

Axel Küppers, geboren 1962 in Mönchengladbach, studierte Slawistik, Germanistik und Osteuropäische Geschichte in Bonn (M.A.). Seit 1990 arbeitet der Journalist bei der Westdeutschen Zeitung, seit 1995 als Redakteur für Kempen. Küppers ist verheiratet und hat drei Kinder. Seit 1997 lebt er in Kempen

Inhalt

Grußwort des Bürgermeisters Karl Hensel — 3
Vorwort von Philipp Wachowiak — 4
Auf ein Wort von Axel Küppers — 5

Menschen in Kempen — 7–141

Glossen von Jochen Butz mit Illustrationen von Jürgen Mick
Konventionen — **12**
Die dritte Person — **66**
Keine Zeitung — **104**
Der Automatenkassierer — **124**

Namensregister — 143

»Besser tot als geschieden«

Fadia Abd-al Farrag hat ein Buch über ihre Erlebnisse im Golfstaat geschrieben. Die 50-Jährige will deutlich machen, welcher Willkür Frauen ausgesetzt sind.

Seit rund fünf Jahren fühlt sich Fadia Abd-al Farrag sicherer. Nun lebt sie in Deutschland, in Kempen. Ihr Heimatland Irak ist weit weg, die schrecklichen Erlebnisse in Bagdad sind ihr jedoch in die Seele gebrannt. Um ihr Schicksal zu verarbeiten und die Aufmerksamkeit darauf zu lenken, wie Frauen im Irak der Willkür ihrer Familien und Ehemänner ausgeliefert sind, hat sie ein Buch geschrieben: »Ein Platz unter der Sonne – eine irakische Augenzeugin berichtet«.

»Mein Leben ist kaputt, die furchtbare Erinnerung werde ich nie mehr los. Ich bin eine gebrochene Frau«, sagt die 50-jährige Mutter von drei Kindern. Sie spricht mit leiser, fast monotoner Stimme. Ihren Namen hat die Irakerin geändert, weil sie immer noch Repressalien fürchtet.

Gegen ihren Willen wird die damals 16-Jährige in Bagdad von ihren Eltern verheiratet. Noch während des Studiums bringt sie drei Kinder zur Welt. Die Ehe für die junge Frau wird immer unerträglicher, ihr Ehemann quält sie und die Kinder. Schließlich erzwingt sie die Scheidung, doch die wird durch die Familie wieder rückgängig gemacht. »Im Irak ist es eine Schande, geschieden zu sein. Eine Frau sollte besser sterben als sich scheiden zu lassen«, sagt Fadia Abd-al Farrag bitter.

Letzte Möglichkeit für die Frau ist, der Ehehölle zu entfliehen und ihr Heimatland trotz enormer Ausreiseschwierigkeiten in Richtung Europa zu verlassen. Die intensiv erlebte Unterdrückung der Frauen bringt Fadia dazu, ihre bisherige Religion abzulehnen und sich dem Christentum zuzuwenden. In Kempen versucht die zierliche Frau, ihren inneren Frieden wieder zu finden.

Die Aufzeichnung ihrer Geschichte endet 1992. »Vielleicht schreibe ich noch eine Fortsetzung – das weiß ich aber noch nicht«, so Fadia. Zeit hätte sie, denn sie ist nicht mehr berufstätig. Im Irak hatte sie als Lehrerin gearbeitet.

Das Buch »Ein Platz unter der Sonne – eine irakische Augenzeugin berichtet« erscheint im Verlag Frieling & Partner in Berlin-Steglitz. Zu bestellen ist es per Fax unter 030/77441 05. Das Taschenbuch kostet 14,80 Mark.

Silvia Haiduk

Fadia Abd-al Farrag, hier mit WZ-Mitarbeiterin Silvia Haiduk, möchte nach allem, was sie über ihr Leben im Irak geschrieben hat, nicht erkannt werden

Mit beiden Beinen auf der Erde

Die aufstrebende junge Musikerin Beate Alsdorf will erst die harte Schulbank drücken, bevor sie die Konzert-Welt mit ihrem Flötenspiel erobert.

Musikalisch ist sie auf der ganzen Welt zuhause – dass sie am Niederrhein aufgewachsen ist, kann und will sie nicht verleugnen: Beate Alsdorf, Blockflötistin aus Kempen. Schon als Schülerin hat die 24-Jährige Klavier, Cello und Gambe gelernt. Aber der letzte Anstoß, Musik zu studieren, fiel mit 16 Jahren, als sie auf der Musikschule in Neukirchen-Vluyn war. Aber, so sagt sie: »Ich habe schon immer getanzt und Musik gemacht.«

Nach dem Abitur auf der Liebfrauenschule in Mülhausen im Jahre 1995 ging sie für ein Gastsemester und dann für zwei Jahre an die Folkwang-Musikhochschule in Duisburg. Seit einigen Jahren nun studiert sie am Konservatorium in Utrecht in den Niederlanden, denn: »In den Niederlanden wird die Alte Musik mehr gepflegt und ist besonders für Blockflöte die erste Adresse.« Und: »Dort sind Musiker aus der ganzen Welt.«

So spielte sie vor einigen Wochen in einem eindrucksvollen Konzert in der Paterskirche zusammen mit einer US-Amerikanerin und einem -Mexikaner, auch beide Studenten in Utrecht. In Utrecht lebt sie fünf Tage in der Woche – »Ich bin dort zuhause und führe mein eigenes Leben« – und geht an den anderen Tagen ihren Pflichten als Lehrerin an der Musikschule in Neukirchen-Vluyn und dem Kontakt mit der Familie nach.

Mit Politik, wie ihr Vater Rudi Alsdorf, der Fraktions-Chef der CDU im Stadtrat ist, und ihrem Bruder Georg, »Nesthäkchen« im Stadtrat, hat sie nicht viel zu tun. So bezeichnet sie auch die Mutter als diejenige, die sie am meisten unterstützt. Man kann nur sagen: Beate Alsdorf steht mit beiden Beinen auf der Erde.

Im Mai wird sie ihr 1. Examen ablegen. Dann will sie weiter studieren und das Konzert-Examen ablegen. Bewerbungen und Anfragen an Konservatorien – auch in Deutschland – hat sie schon verschickt. Weitere Auftritte sind zurzeit noch nicht geplant, aber mit den selben Musikern wie in Kempen will sie weiter auftreten, denn: »Das Ensemble ist verlässlich« – wie Beate Alsdorf.

Philipp Wachowiak

Ihre Welt ist die Musik: Beate Alsdorf aus Kempen. Zurzeit studiert die 24-Jährige in Utrecht

Schon Kleopatra hat gerne in Milch gebadet

Herbert Aretz ist Molkereimeister und betreibt zu Hause eine Käserei. Wer ihm über die Schulter schaut, spürt genau: Hier ist Beruf wirklich Berufung.

Der erste Blick, wenn man die Privat-Käserei von Herbert Aretz betritt, fällt auf drei runde Laibe Käse. »Das ist Schnittkäse Holländer Art«, sagt der Voescher und rührt mit einem Kochlöffel und einer »Harfe«, einer Art vergrößertem Eierschneider, in der Molke. Die befindet sich nach Zentrifugieren und Pasteurisieren der Milch und Zusetzen von Kulturen in einer Wanne.

Aretz, Molkereimeister im Ruhestand, hat sich in einem Nebenraum seines Hauses im ländlichen Voesch seine eigene kleine Käserei eingerichtet. Für den Eigenbedarf stellt er Schnittkäse, Frischkäse und Joghurt her. Wenn man ihm zusieht und zuhört, spürt man, dass bei ihm Beruf wirklich Berufung ist. Beim Stichwort »Bio« bleibt er zwar gelassen, man spürt aber seinen Ärger: »Es ist alles Biologie, wenn etwas auf dem Feld wächst – oder auch hier bei der Käseherstellung. Nur oft wird mit der Chemie etwas des Guten zuviel getan.«

Währenddessen schöpft er die Molke ab und füllt sie mit sicherer Hand in Flaschen. »Meine Frau will noch schöner werden«, lächelt er und erklärt: »Molke ist ein gutes Kosmetikmittel, hilft gegen Allergien – und schon Kleopatra hat gerne in Milch gebadet.« Der verheiratete Bauernsohn aus Jüchen hat sich nach Gymnasium und Lehre in verschiedenen Milchbetrieben umgetan, ehe er 1961 an der Milchwirtschaftlichen Lehr- und Untersuchungsanstalt in Krefeld begann. Dort war er bis zu seiner Pensionierung 1993 als Fachlehrer, Leiter der Lehrmolkerei und Qualitätsprüfung zuständig. Die Käserei auf der Grünen Woche 1988 in Berlin und auf der »Aktiv Leben« in Düsseldorf hat er organisiert. Seit 1970 ist er vom Fachverband anerkannter Fachberater für Milchwirtschaft.

Sein Wissen gibt er immer noch gerne weiter. Er berät Bauern, die eigenen Käse herstellen, und probiert für ehemalige Kollegen neue Kulturen aus. Bei mehrwöchigen Aufenthalten in Rumänien und Venezuela hat der Voescher Farmern sein umfassendes Wissen über Milch und Käse vermittelt.

Mit seinem Hobby verbringt er nach eigenen Angaben zehn bis zwölf Stunden in der Woche. »Ich hab keine Langeweile«, meint er und sagt: »Ich sammle Briefmarken, weil man daran den Gang der Geschichte erkennen kann.« Wichtig für Aretz: die Kommunikation mit anderen Menschen. Die St. Antonius-Schützenbruderschaft und deren Engagement für die alte Schule als Versammlungsraum biete ihm dazu reichlich Gelegenheit. »Und dann hab ich ja auch noch eine Frau, die mich mit Aufträgen versorgt«, lächelt er.

Offenbar ein Lebenstraum: »In einen Kleintransporter meine Geräte einbauen und durch Rumänien von Hof zu Hof fahren, um dort Käse herzustellen.« Die Proteste seiner Frau Hedwig nimmt er lächelnd zur Kenntnis.

Philipp Wachowiak

Bevor die Molke zu einem leckeren Milchprodukt wird, rührt Herbert Aretz sie in seiner heimischen Käserei kräftig um

Fürs Sportabzeichen leben

Bekannt wie der sprichwörtliche bunte Hund ist der Thomaeum-Hausmeister Dietrich Augstein. Jetzt übernimmt er den Job des Sportabzeichen-Obmanns.

»Mein erstes Sportabzeichen habe ich bei der Bundeswehr gemacht – dafür gab es einen Tag Sonderurlaub«, schmunzelt Dietrich Augstein. Dieses Jahr kann er sich die Nadel zum 25. Mal anstecken. Der gelernte Installateur, der nach Gesellenzeit in St. Hubert und vier Jahren Bundeswehr – dort war er Flugzeug-Mechaniker – als Schweißer und Installateur in Krefeld und Kempen arbeitete und 1977 Wart der Ludwig-Jahn-Halle wurde, ist seit 1983 Hausmeister im Thomaeum.

Augstein liebte schon als Schüler Handball und Leichtathletik. Seit 1959 ist er in der Vereinigten Turnerschaft, seit Mitte der 80er Jahre Prüfer bei der Sportabzeichen-Abnahme. Jetzt übernahm er den Posten des Obmanns vom verstorbenen Bernhard Plenker. »Bernhard hat mich schon letztes Jahr gebeten, sein Amt zu übernehmen«, so der 55-Jährige.

Augstein weiß manche Geschichte aus dem Schulalltag zu erzählen. So schmunzelt er noch heute über einen Abi-Gag, als Schafe das PZ bevölkerten. »Der Umgang mit jungen Leuten in der Schule und auf dem Sportplatz hält mich jung«, verrät er.

Das bekannte Schild »Augsteinstraße« an seinem Haus direkt am Ludwig-Jahn-Stadion hat ihm ein Schüler geschenkt. Wichtig ist ihm auch der Rückhalt in der Familie. Mit Ehefrau Brigitte ist er seit 31 Jahren verheiratet. Der Kontakt zur 30-jährigen Tochter ist eng. »Ohne meine Frau bin ich nur die Hälfte wert.«

Und träumt davon, mit ihr als Rentner in einem Wohnmobil kreuz und quer durch Deutschland zu reisen. Acht Jahre sind's noch bis dahin. Auf den neuen »Direx« des Thomaeums, Edmund Kaum, freut er sich schon: »Mit dem werde ich sicher auch gut klar kommen.«

Und kommt wieder aufs Sportabzeichen: »Wir sind jeden Montag und Mittwoch von 17 bis 19 Uhr auf dem Jahn-Platz, um Leichtathletik abzunehmen. Rad- und Schwimmabnahme ist jedes zweite Wochenende im Monat. »Nur im Juli haben wir sie verschoben – Radeln morgen um 15 Uhr ab Sporthotel Schmedderweg, Schwimmen am Sonntag ab 8 Uhr im aqua-sol.«

Philipp Wachowiak

Der Herr des Sportabzeichens: Dietrich Augstein

Mutter und Trösterin in einer Person

Sie hat viel erlebt: Erika Aupperle war 29 Jahre lang Sekretärin an der Grundschule »Regenbogen«: Nun geht sie in den Ruhestand. Der Abschied fällt schwer.

Erika Aupperle in ihrem Büro in der Regenbogen-Schule. Die 60-Jährige ist dort seit knapp 30 Jahren Sekretärin

Wenn ich mich selbst so betrachte, muss ich sagen – eine Sekretärin stelle ich mir anders vor«, sagt Erika Aupperle lachend. Und da hat sie recht: Sie ist weniger die geflissentliche Angestellte im Kostümchen, sondern eher der handfeste, mütterliche Typ in Jeans. Das passt auch besser zu ihrem Arbeitsbereich: Seit 29 Jahren ist sie an der Gemeinschafts-Grundschule Eichendorffstraße tätig. Ende Mai geht sie in den Ruhestand. Weniger in der täglichen Schreibtischarbeit sah die gebürtige Krefelderin ihre Berufung als im Kontakt zu den Kleinen: »Man ist Mutter und Trösterin und auch ein bisschen Krankenschwester in einer Person.«

Wenn der verflixte Reißverschluss eines Erstklässlers mal wieder nicht zuging, ein Pänz Bauchschmerzen hatte oder der Fahrradschlüssel »ganz plötzlich« verschwunden war – Erika Aupperle half bei diesen kleinen Problemen der Schüler. Aber auch in akuten Notsituationen war sie gefragt und litt zuweilen mit: »Einmal hatte sich ein Junge beim Sport fast die Zunge abgebissen. Da bin ich mit ihm zum Arzt gefahren und habe Händchen gehalten und getröstet, als die Wunde genäht wurde. Das war schlimm! Bei all dem Blut ist mir selber sehr schlecht geworden.«

»Ich gehe mit gemischten Gefühlen«, sagt die 60-Jährige im Rückblick. »Das war mehr als eine Arbeitsstelle für mich. Ich hatte so eine schöne Zeit hier. Es gab nie Streit oder Stress.« Diese positive Bilanz führt sie auf die netten Kollegen zurück.

Auch Schulleiterin Josefine Lützenburg seufzt ein bisschen traurig, wenn sie an den Abschied denkt: »Ich kann mir das gar nicht vorstellen ohne sie. Sie hat mir immer sehr geholfen und mich in die Geheimnisse der Schule eingewiesen.«

Trotz aller Melancholie sieht Erika Aupperle der vielen Freizeit erwartungsfroh entgegen: »Solange mein Mann Dieter und ich noch fit sind, wollen wir etwas erleben.« Eine zweiwöchige Fahrradtour von Cuxhaven an der Elbe entlang bis Leipzig sei schon geplant, erzählt die Mutter von zwei Kindern, die noch nie einen Pkw gesteuert hat. »Das Leben ohne Auto ist viel einfacher, als es sich Autofahrer vorstellen«, meint sie dazu nur lapidar.

Außerdem will sie sich noch intensiver als bisher ehrenamtlich bei der Betreuung von Aussiedlern aus Russland engagieren. »Man muss sich besonders um die Außenseiter kümmern. In der Schule lagen mir auch immer diejenigen besonders am Herzen, die auf dem Pausenhof abseits am Rande standen.«

Wenn die 350 Schüler der Gemeinschafts-Grundschule die gute Seele des Hauses am 26. April verabschieden, ist eine Überraschung geplant. »Ich weiß nicht, was auf mich zukommt, aber ich bin vorgewarnt worden: Ich soll mich gefühlsmäßig wappnen«, sagt Erika Aupperle.

Lutz Mäurer

Konventionen

*Jochen Butz wurde 1944 in Stuttgart geboren und wuchs in Krefeld auf. Der Kabarettist ist verheiratet und hat drei Kinder. Butz ist von Hause aus Diplom-Kaufmann und vereidigter Gutachter für Betriebswirtschaft.
1985 gründete er »Die Krähen«, das einzige gemeinnützige Kabarett Deutschlands, das sämtliche Erlöse karitativen Zwecken zuführt. Einem breiteren Publikum bekannt wurde er durch seine Doppelrolle, in der er das niederrheinische Ehepaar Paul und Billa Börtges karikiert*

Ham Sie dat auch so unjern, wenn Sie jemand im Mantel helfen will. Da komm ich mich viel älter vor als wie ich ausseh! Da nutzt et auch nix, wenn ich sag: danke ich bin schon jeholfen, et jeht schon so.

Aber et jibt ja so'n Leut, die sind da drauf dressiert. Die meinen et ja auch jut; bei denen jehört et sich einfach so. Aber jedes Mal versuch ich, die dä Mantel abzugreifen, dat ich da allein drin schlüpfen kann. Jeht ja auch viel besser als wie mit Hilfe, da greif ich jedesmal neben et Ärmelloch oder renk mich bald dä Arm aus. Aber wat willste machen, wenn de Höflichkeit et nu mal so fordert.

Et jibt einfach Dinge, die machste viel besser allein: zum Beispiel en Brill aufsetzen. Dat kann auch kein anderer, wenn et nich jrad ne Optiker is. Aber ne Fremde, der stochert dich immer mit eine Bügel in et Ohr rum. Oder so ne Stuhl von hinten die Dame unterschieben, macht man ja auch in bestimmte Jesellschaften. Mein Billa sagt jedes mal, sie tät sich der Stuhl danach sowieso anders rücken.

Et jibt schon komische Anjewohnheiten in unser Gesellschaft. So'n Tür aufhalten, dat is auch so wat. Bitte, nach Ihnen! Und schon bleiben beide vor die Tür stehen, einer hält se auf und keiner wird sich einig, wer zuerst jeht. Oder se jehen beide los und schlagen mit de Köppe anenander. Schlimm is immer, wenn et mehrere Leut sind. Da darfste nich in Eile sein, sonst tätste ne Zug oder ne Fliejer jlatt verpassen.

Dann wird auch noch jeschielt nach dä akademische Grad: Also einer mit Doktortitel muss ja immer vorjelassen werden! Wenn man zufällig weiß, dat et ne Doktor is. Aber der schiebt einem dann meist mit Druck von hinten durch de Tür, dat du nich mehr anders kannst. – Fies wird et ja immer, wenn so ne Doktor dann sagt: also den Doktor lassen Se mal weg! Aber wehe, später triffste dem dann auf en Jesellschaft und du redest dem mit ohne Doktor an. Da merkste janz schnell, wat Sache is. Da redet dem plötzlich ne andere Doktor mit Herr Doktor an. Normal lassen die dat ja unternander. Aber dann sind se sich plötzlich einig: dem müssen aber mal zeijen, wo et lang jeht. – Da wünscht ich mich immer, ich hätt nach et Diplom noch en Jährken dran jehängt; ich mein dä Doktorvatter hatt ich ja schon... – Da würd ich heut auch sagen: Also das mit dem Doktor, dat lassen Sie mal!

Kabelsalat für Fans der pfeilschnellen Felge

Ohne Gertrud und Gottfried Baldauf wäre das Radrennen »Rund um die Burg« undenkbar. Das Ehepaar liefert den Strom und versorgt die Teilnehmer mit Kaffee – und Schnaps.

Damals, als Hennes Junkermann noch mitfuhr, reichte eine Steckdose aus«, erinnert sich Gertrud Baldauf. Die gebürtige Kempenerin schwelgt gerne in Erinnerungen, wenn man sie auf ehrenamtliche Mitarbeit bei einer der größten Kempener Traditionsveranstaltungen anspricht. Die Frau vom Möhlenring 73 versorgt nämlich seit 37 Jahren Start und Ziel des Kempener Radrennens »Rund um die Burg« am ersten Oktober-Wochenende mit Strom aus ihrer Wohnung.

Noch Platz in der Mehrfachsteckdose: Gertrud Baldaufs Strom ist beim Radrennen sehr gefragt

»Zur Zeit der Rad-Legende diente noch ein alter Laster als Übertragungswagen«, erzählt Gertrud Baldauf und krault dabei einen wuscheligen Yorkshire Terrier, der auf ihrem Schoß sitzt. Doch in den letzten Jahren kommen immer moderne Ü-Wagen und reichen ihre dicken Kabelstränge durch das Wohnzimmerfenster der Parterre-Wohnung. »Das ist ein unglaublicher Kabelsalat, der sich durch die ganze Wohnung bis in den Keller ausbreitet«, erzählt die Seniorin aufgeregt. Der »Saft« müsse von unten kommen, da sonst die Sicherungen in der Wohnung überlastet seien. »Der Keller ist mein Aufgabengebiet«, meldet sich Ehemann Gottfried Baldauf schmunzelnd zu Wort, »ich arbeite gerne im Verborgenen«.

Die Rentnerin dagegen genießt den Trubel in ihrem Wohnzimmer und packt kräftig mit an: »Mit dem Strom allein ist es ja noch nicht getan. Die Sieger-Blumensträuße versorge ich in unserer Badewanne mit Wasser, und in meiner Küche brühe ich frischen Kaffee für die ganze Mannschaft. Da ist immer was zu tun.«

Trotz der vielen Arbeit freut sich das Ehepaar jedes Jahr wieder aufs Neue, wenn im Oktober Startschuss ist. Besonders schön findet Gertrud Baldauf, wenn alt bekannte Schlachtenbummler an ihr Wohnzimmerfenster kommen und fragen: »Trut, hesse der Korn kalt?«

Die Sache macht den Baldaufs eben richtig Spaß, und deshalb steht für sie auch fest: »Unseren Stromzähler lassen wir von keinem anschließend ablesen.«

Sabine Kückemanns

Vulkan mit Faible für Gefrorenes

Mario Barbuto ist Kempens singender Eismann. Der Sizilianer ist ein Hansdampf in allen Gassen.

Mario Barbuto an seinem Eiswagen am Hessenring hinter dem Café »Adria«

»Das ist mein Hobby, damit die Kinder glücklich sind und der Mythos weiterlebt.« Mario Barbuto bekommt prompt eine Gänsehaut, wenn er von seinem Eiswagen erzählt. Die Kempener, vor allem die kleinen, kennen den 33-Jährigen als »Eismännchen«, der mit seinem umgebauten lindgrünen Fiat 900 T durch die Viertel fährt und aus dem Fond das heißgeliebte Gefrorene aus eigener Rezeptur verteilt.

Seit über 20 Jahren kennen nicht nur Schleckermäuler den originellen Fiat, der am Hessenring hinter der Eisdiele »Adria« parkt und den Barbuto nunmehr im siebten Jahr lenkt. Mittlerweile 87 000 Kilometer hat jetzt auch schon der zweite Motor runter, doch die Italo-Legende rollt und rollt und rollt. »Das ist für die Kinder das Symbol für Eis schlechtweg geworden«, kennt Barbuto seine liebsten Kunden genau.

Diese Verbundenheit zu Land und Leuten machen es dem temperamentvollen Sizilianer seit Jahren schwer, wieder in die alte Heimat Catania zurück zu kehren, »ein Kindheitstraum«. Im Kempener Hospital geboren, hat der sympathische Südländer nie ein Hehl daraus gemacht, dass sein Herz gebrochen ist: Die eine Hälfte ist fest mit Sizilien verwurzelt, die andere schlägt für Kempen. Hierhin sind seine Eltern Rocco (67) und Lucia (62) als eine der ersten italienischen »Gastarbeiter-Familien« in den 60er Jahren gekommen.

Hier lebt er mit seinen Kindern, ebenfalls Rocco (6) und Lucia (sieben Monate), sowie seiner Ehefrau Alessandra (26), gebürtig aus Catania und mit Heimweh in der Brust.

»Die Freundlichkeit der Leute ist es«, erzählt Barbuto, darauf angesprochen, was ihn vor allem noch am Niederrhein hält. Mit Fremdenfeindlichkeit habe er nie Probleme gehabt, betont er, wenn er auch sagt: »Die Süditaliener sind lockerer, hier schauen die Menschen mehr geradeaus.«

Fast sieht er sich wie Schumi im Ferrari; halb deutsch, halb italienisch – »Bellissimo«, schnalzt er mit der Zunge. Und ist in allem gespalten. Beispiel Fußball-Vorlieben: »Juve – oder Schalke«, grübelt er.

Weil Mario Barbuto gerne mit Menschen zusammen kommt, hat der gelernte Textillaborant Ende der 80er Jahre sein Gesellendasein bei Girmes in Oedt an den Nagel gehängt und die Pizzeria Marinella am Concordienplatz eröffnet sowie etwas später das Eiscafé »Adria« am Hessenring übernommen. Die Pizzeria gibt es immer noch, allerdings in anderen Händen; und die Eisdiele hat sein Bruder Salvatore vor drei Jahren übernommen.

Viele dürften den feurigen Eismann aber von seinen Auftritten in diversen Diskotheken kennen, u. a. im früheren Kempener »KK-Center«. Mittlerweile drei Siegerpokale hat er in den Tanztempeln als Eros-Ramazotti-Imitator abgeräumt. »Ich liebe die Musik«, schwärmt Barbuto, der Gitarre, Schlagzeug und Keyboards spielt. Mal sehen, mit was für Gefühlen der singende Eismann aus Sizilien zurückkehrt. Denn morgen geht es erst mal für ein paar Wochen in die geliebte Heimat...

Axel Küppers

Altem Kloster Schliff verpasst

Seit 25 Jahren kümmert sich Werner Beckers um die städtische Kunst und Kultur. Im Museum ist er »gute Seele« und »Mädchen für alles«.

Werner Beckers verbringt viel Zeit im städtischen Kramer-Museum

Als Kind hat er schon im städtischen Kramer-Museum Kupfer poliert, den Rokokosaal für die damaligen Kreistagssitzungen bestuhlt, aber auch Holz gesägt: Nächsten Montag ist Werner Beckers 25 Jahre im Kempener Museum beschäftigt. Mit Kunst und Kultur hatte Beckers früher nichts im Sinn. Absolviert hat er eine Schlosserlehre bei der Firma Arnold. Durch Bitten seines Onkels – der war Museumsverwalter – ist er dann in die gleichen Fußstapfen getreten.

Mit dem 1. Juli 1971 war der Grundstein seiner Laufbahn gelegt. Werner Beckers begann im Museum, »von Tuten und Blasen keine Ahnung«, lacht er. »Ich wurde ins kalte Wasser geschmissen«, erinnert sich der sympathische Kempener. »Ab Eintritt in den Dienst der Stadt habe ich Tag und Nacht Bücher zur Kunst- und Stadtgeschichte gelesen, habe mich in Archiven und Büchereien schlau gemacht«, erzählt Beckers.

Zudem nahm ihn damals sein kranker Onkel »an die Hand« und vermittelte ihm als Schreiner die komplette Möbelkunde. Den meisten Spaß hat Beckers, wenn er »Wissen vermittelt«.

So hat der geborene Kempener Hunderte von Stadt- und Museumsführungen gemacht. Zudem restauriert der Verwalter alte Schätze fürs Museum und hilft bei der Organisation von Ausstellungen.

Wenn der Jubilar von seiner Arbeit spricht, leuchten seine Augen. Der letzte große Clou war für ihn die Ausstellung »Kempen um 1900«. »Die Abteilung Arnold habe ich eigentlich zu 95 Prozent allein gemacht. Die Leiterin des Museums, Dr. Elisabeth Friese, hat mir freie Hand gelassen«, strahlt Beckers. Eines indes will dem Kulturfreund nicht in den Kopf. Sein heiß geliebter Arbeitsplatz hätte mehr Aufmerksamkeit verdient. »Wenn mancher Kempener wüsste, was er in diesem alten Franziskanerkloster alles zu sehen bekommt ...«

Beispielsweise: historische Räume wie die Paterskirche oder den Rokokosaal, Kunstschätze wie der Gold- und Silberschatz in der Paterskirche – »der kann sich mit dem Domschatz in Köln messen«, betont Beckers. »Wir haben die größte Truhensammlung im Rheinland«, wirbt er. Leider seien aus Platzgründen von 58 Truhen nur fünf ausgestellt. Und viele Schätze schlummern noch in den Katakomben ...

Frauke Doellekes

Werner Beckers • 29.6.1996

Millionen Steine in den Sand gesetzt

Auf Schritt und Tritt begegnet man zwei fleißigen Burschen: Heinz-Peter Rütten und Ernst Benetreu. Das Duo sorgt dafür, dass alles glatt läuft.

Es gibt Typen, die kennt jeder in der Stadt. Ernst Benetreu (45) und Heinz-Peter Rütten (51) gehören sicherlich dazu. Denn den beiden Straßenbauarbeitern ist wohl jeder schon mal über den Weg gelaufen. Seit 18 Jahren bilden die zwei Männer ein unzertrennliches Paar. Wenn es darum geht, Frostschäden zu reparieren, Wurzel-Erhebungen zu nivellieren, Pflaster jeder Art zu verlegen oder aus Buckelpisten glatte Asphalt-Decken zu machen – meistens trifft man dann auf das Kommando Rütten & Benetreu.

»Ein schöner Beruf, wir sind viel an der frischen Luft und kommen unter die Leute«, lacht Heinz-Peter Rütten. »Nur bei Frost, da ist es schwierig«, schränkt er ein. Rütten ist der gelernte Pflasterer im Team, Benetreu steht meist mit Schaufel oder Besen daneben und »füttert« den Kollegen mit Steinen, Sand oder Schotter. Beide sind seit mehr als 25 Jahren bei der Kempener Firma »Clemens Luyten«, in der Thomasstadt erste Adresse in Sachen Straßenbau.

Wobei der Beruf in den Erbanlagen zu liegen scheint. Bereits Vater Karl-Heinz Rütten war im Traditionsbetrieb Luyten, der 1856 gegründet wurde, der Pflasterer; und auch Heinrich Benetreu war Straßenbau-Arbeiter, allerdings bei der damaligen Konkurrenz »August Luyten«. Der Umgang mit Zollstock, Hammer, Schaufel, Wasserwaage und Rüttelplatte steckt mithin im Blut.

Ob auch die dritte Generation in die Fußstapfen der starken Väter tritt, ist fraglich. »Meine drei Kinder arbeiten in anderen Berufen«, schüttelt Rütten den Kopf. Und Benetreu ist ledig und kinderlos. Wobei der körperlich anstrengende Beruf nicht in den Kleidern stecken bleibt. Obwohl beide über Bärenkräfte verfügen und gegen Wind und Wetter robust sind, zwackt's doch schon mal im Kreuz. »Ja, ja, und die Bandscheibe …«, winkt Rütten ab.

In Kempen gibt es kaum einen Fleck, an dem Rütten – Benetreu noch nicht am Werk waren. Fast alle Parkhäuser, die Altstadt, diverse Schulhöfe (Thomaeum, Martin-Schule, St. Hubert …) gehen auf ihr Pflaster-Konto. Millionen von Steinen aller Art haben sie fest und millimetergenau in den Sand gesetzt. Als Nächstes nehmen sie das neue Gewerbegebiet am Wasserturm unter ihre Fittiche.

Rütten gilt dabei als ausgewiesener Experte für Natursteinpflaster. »Das kann nicht jeder verlegen, da muss man eine besondere Beziehung zum Stein haben«, erläutert der Facharbeiter und deutet an, dass es sich um ein altes Handwerk handelt, das von der Pike auf gelernt sein will.

Streit kennt das Duo ebenfalls nicht. Beide aus Kamperlings, vergnügen sie sich in ihrer Freizeit am liebsten in der Karnevalsgesellschaft »Weiß & Blau«. »Daneben bleibt nicht mehr viel Zeit«, sagt Benetreu. Und stößt wieder beherzt mit der Schaufel in den Sand.

Axel Küppers

Die Steine und der Straßenbau sind ihr Element: Heinz-Peter Rütten (vorne) und Ernst Benetreu. Hier pflastern sie gerade die Gassen zwischen Parkplatz Burgstraße und Engerstraße

Hart am Wind und auf Erfolgskurs

Sie sind noch keine 20 Jahre alt, und doch lässt ihr Name die internationale Segler-Elite aufhorchen: Berit und Selma Berg.

Eine Familie lebt für den Segelsport. Eine treffende Charakterisierung für die Kempener Familie Berg. Während Vater Gösta, von Beruf Ingenieur, die technische und Mutter Brigitte neben ihrer psychologischen Praxis die sonstige Betreuung übernimmt, heimsen die Töchter die sportlichen Erfolge ein.

Die können sich sehen lassen: Berit (19) segelt seit 1997 in der so genannten Europe-Klasse, übrigens auch olympische Disziplin. Bereits ein Jahr später war sie im NRW-Kader, seit letztem Jahr im deutschen Nachwuchskader. Seit Herbst wird sie von der Heinz-Nixdorf-Stiftung unterstützt.

Durch die Teilnahme an der Weltmeisterschaft in Portugal hat sie – so sagt sie selbst – »Blut geleckt« und möchte den Anschluss an die internationale Spitze schaffen. Verliert indes das »normale« Leben nicht aus den Augen: Nach dem Abi im nächsten Jahr am Thomaeum will sie in der Bootssport-Metropole Kiel studieren.

Bis zum Schuljahresbeginn nützt Berit Berg die Ferien aus und nimmt an der Travemünder Woche teil, danach geht es zur deutschen Jugend-Meisterschaft nach Riebnitz am Saaler Bodden kurz vor Rügen.

Schwester Selma (16) zählte 1995 als Teilnehmerin der Optimisten-Klasse, der Kategorie für die unter 15-Jährigen, zu den besten in Deutschland. Auch sie ist im NRW-Kader und wurde bei der Kieler Woche in diesem Jahr zwölfte unter 70 Teilnehmern. Sie qualifizierte sich auch für die Weltmeisterschaft in Portugal, verzichtete aber, um die Schule nicht zu vernachlässigen. Nächstes Jahr möchte sie bei den Jugend-Europa-Meisterschaften vorne mit dabei sein.

»Segeln ist ein vielseitiger Sport«, erklärt die ältere Schwester Berit. »Man muss Ausdauer und Krafttraining betreiben, sich aber auch in Wetterkunde und Technik auskennen.« »Und muss auch Taktik beherrschen«, ergänzt Selma.

Der Königshütte-See des Segel- und Surf-Clubs zwischen Kempen und Hüls bietet hervorragende Trainingsmöglichkeiten. »Wir suchen Sponsoren, denn das Material ist schon teuer«, sagt Vater Gösta. Berit verbrauche allein zwei bis drei Segel pro Saison. Und eins kostet etwa 1000 Mark.

Und noch ein Segeltalent in der Familie: Der jüngere Bruder Arne (13) mischt gerade in Eckernförde bei den Jüngsten-Meisterschaften mit.

Philipp Wachowiak

Berit (l.) und Selma Berg vor dem heimischen Königshütte-See. Dort ist das Vereinsgelände des Segel-Surf-Clubs

Wenn die jecken Bazillen jucken ...

Die Schwestern Diana und Monique Bergmann sind seit sechs Jahren die Tanzmariechen bei Weiß & Blau Kamperlings.

Die 6. Session tanzen sie als Solo-Mariechen der Garde der Karnevals-Gesellschaft Weiß & Blau Kamperlings zusammen: Die Geschwister Bergmann. Das sind Diana, 21 Jahre jung, dunkelhaarig, und Monique, 20 Jahre, rothaarig.

Diana kam 1994 durch ihren Stiefvater und einen Freund der Familie zur Garde und steckte ihre ein Jahr jüngere Schwester Monique mit dem Jecken-Bazillus an. In der Session 1995 traten die Schwestern zum ersten Mal gemeinsam auf.

Beide machen zurzeit eine Ausbildung im Maler- und Lackierer-Handwerk. Nach den Sommerferien, Mitte August, beginnt das Training. Zuerst werden die Tänze alleine eingeübt, später kommt noch ein Training mit der Garde hinzu. Ausgebildet werden die beiden von der St. Töniserin Claudia Schürgers-Aldenkirchs. Das Kommando über die Garde hat General Peter Rütten.

»Am schönsten ist es, wenn wir zu den Auftritten von zwei Gardisten in den Saal getragen werden und mit Beifall über den Köpfen des Publikums schweben. Und wenn die Gäste mit Zugabe-Rufen reagieren«, schwärmt Diana. »Nicht zu vergessen ist aber auch das gesellige Zusammensein nach den Proben und den Auftritten mit den Gardisten«, fügt ihre jüngere Schwester hinzu.

Auftritte hat das Schwesternpaar bei den KG-Sitzungen und befreundeten Vereinen. Tradition hat auch der Einzug beim Karnevalsabend in der katholischen Pfarrgemeinde St. Josef. Natürlich sind die beiden beim Kempener Rosenmontagszug dabei, der sich alle drei Jahre durch die Stadt schlängelt. Und in den Jahren dazwischen findet man die Schwestern beim St. Töniser Zug. Insbesondere zu der dortigen KG Nachtfalter pflegt Weiß & Blau freundschaftliche Beziehungen.

Diana und Monique sind Mitglied in der St. Marien-Stefanus-Schützenbruderschaft, schießen dort in der Sportabteilung mit. Monique ist die amtierende Jungschützenprinzessin, ihre Ministerin natürlich Schwester Diana.

Ingrid Klünder

Diana (l.) und Monique Bergmann sind Tanzmariechen mit Leib und Seele

Pfarrer fährt BMW im Auftrag des Herrn

Ein Seelsorger im besten Sinne des Wortes ist der Tönisberger Pfarrer Alois Bimczok. Er feiert jetzt 25-jähriges Ortsjubiläum.

Als er im September 1976 mit seinem polnischen Akzent aus dem Ruhrgebiet kam, blickten ihn die Tönisberger noch ein wenig argwöhnisch an. Heute lieben sie ihren Pfarrer, der mit viel Herz, Fürsorge und Engagement Akzente gesetzt hat: Alois Bimczok. Am Sonntag wird das 25-jährige Ortsjubiläum mit einem Festhochamt für den 66-Jährigen in der Pfarrkirche gefeiert; anschließend können die Tönisberger »ihrem« Geistlichen im Pfarrheim an der Bergstraße gratulieren.

Der Pfarrer, 1935 in Oberschlesien geboren und 1961 zum Priester geweiht, hat im Bergdorf viel bewegt. Der Pfarrheim-Bau, die Durcharbeitung der Orgel, die Restaurierung der Kirche St. Antonius – all diese Projekte und einige mehr hat Alois Bimczok vorangetrieben und zu einem guten Abschluss geführt.

Alois Bimczok vor seiner Pfarrkirche

Sein Improvisationstalent offenbarte sich nicht zuletzt 1985, als er die vierte Gruppe des Antonius-Kindergartens kurzentschlossen im Gymnastikraum unterbrachte, weil die Anmeldungen die Kapazitäten des Kindergartens überstiegen. Und auch den Verlust der Caritas-Schwestern Martina und Fidelis – aus Altersgründen gingen sie 1982 ins Mutterhaus – glich Bimczok mit seiner zupackenden Art aus. Zu seinen treusten Helferinnen, die über manche Klippe hinweghalfen, gehörten all die Jahre Ute Große und Küsterin Maria Fohlmeister.

Einer der größten Momente im Wirken des Tönisberger Oberhirten war, als er 1994 mit dem Münsteraner Bischof Reinhard Lettmann die Festmesse zum 100-jährigen Jubiläum der Pfarrkirche zelebrierte. Doch darüber hinaus hat Alois Bimczok nie seine eigentliche Berufung hintangestellt: die Seelsorge. Besonders um Ältere und Familien kümmert er sich liebevoll, Kranke besucht er immer persönlich.

Zwei schöne Feste konnte Pfarrer Alois Bimczok während seiner 25 Jahre in Tönisberg feiern. Anno 1986 beging er das 25-jährige Priester-Jubiläum, und am 2. Februar dieses Jahres gar sein 40. Jahr im Dienste des Herrn.

Die wohl einzige lässliche Sünde, die Alois Bimczok sich gönnt: Er ist ein Autonarr. Mit seinem gut gepflegten BMW besucht er Wallfahrtsorte und Klöster im In- und Ausland, besonders in seiner Heimat Schlesien und bringt von seinen Reisen viele selbstgeschossene Fotos mit.

Statt persönlicher Geschenke würde sich der Jubilar über eine Geldspende für das Kloster der Klarissen in Palewy bei Posen freuen.

Hans Krudewig

Was für kluge Köpfe

Eine pfiffige Hausaufgabenhilfe bieten Marcel Bisges und Paul Liebrecht im Internet an. Die Pennäler stehen Schlange vor der Homepage.

Stundenlang brüten die Schüler über den Büchern, rennen zur Bibliothek, fragen Freunde und Eltern um Rat und Tipps – ein Referat vorzubereiten ist gar nicht so einfach. Heute gibt es noch eine weitere Fundgrube, die man zu Rate ziehen kann: das Internet. Es existieren mittlerweile viele Seiten, die Hausaufgabenhilfe, Referate, Tipps und Tricks anbieten.

Nun hat auch eine Kempener Gruppe diesbezüglich eine feine Adresse anzubieten: www.schoolhelp.de ist eine kleine Schatztruhe, aus der sich Schüler, Studenten und Berufsanfänger kostenlos bedienen können. Paul Liebrecht, Thomaeumschüler, und Marcel Bisges, Student der Rechtswissenschaft und Ex-Thomaeer, haben Schoolhelp entwickelt. Seit Anfang des Jahres 2000 basteln sie daran.

Die Seite trifft mehr und mehr den Geschmack der Rat-Suchenden: »Ein paar Tausend Nutzer greifen pro Tag zu, darunter sind auch etwa zwei, drei Prozent aus der Schweiz und sieben, acht Prozent aus Österreich«, freuen sich Bisges und Liebrecht. »Anfangs haben wir uns bereits bestehende Seiten angeschaut und versucht, eine möglichst perfekte Homepage zu bauen.«

Inzwischen sind die beiden dazu übergegangen, bestehende Konkurrenz-Projekte zu übernehmen, deren Inhalt in Schoolhelp zu integrieren. Somit wächst der Arbeitsaufwand und die ersten Mitarbeiter wurden im Rahmen von Ferienjobs eingestellt. Bisges bezweifelt nicht, dass schon bald feste Arbeitsplätze daraus entstehen.

Klar und übersichtlich ist die Homepage strukturiert, so wird jeder schnell fündig. Was einige Profis oft vergessen: Kein Nutzer hat Lust, drei Minuten zu warten, bis sich eine Seite mal aufgebaut hat. Bei Schoolhelp gibt es keinen Firlefanz, alle Daten sind ruckzuck auf dem Schirm. Nur qualitativ hochwertige Hausaufgaben und Referate werden ins Netz gestellt. »Wir versuchen, alles inhaltlich zu prüfen«, betont Bisges, der 1999 am Thomaeum sein Abitur machte. Referate können bewertet oder auch korrigiert werden, wenn den Nutzern etwas auffällt.

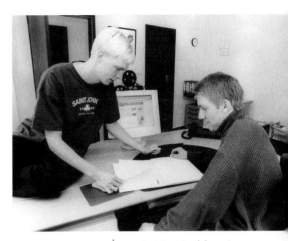

Paul Liebrecht (r.) und Marcel Bisges an ihrer Homepage, die sich allgemeiner Beliebtheit erfreut

Mittlerweile können Hilfesuchende auf mehrere Tausend Referate zugreifen. Die sollen in erster Linie jedoch Vorbildfunktion haben – nicht einfach übernommen werden, sondern in die Arbeit der Schüler mit einfließen. Falls sich in der Datenbank aber trotzdem nichts Passendes findet, so kann der Nutzer auf die Nachhilfe-Datenbank zugreifen. Dort sind zahlreiche Nachhilfe-Lehrer registriert, die gerne auch bei einzelnen Fragen helfen. Für Oberstufenschüler sind die Klausuraufgaben interessant, die man runterladen und dann bearbeiten kann: eine optimale Vorbereitung aufs Abitur.

Natürlich gibt's auch reichlich Unterhaltung: ein Horoskop (sehr viel Arbeit, das immer zu aktualisieren), SMS-Sprüche, Fun-Ausreden und Pfuschtipps. »Wir dürfen natürlich keine Pfuschtipps geben. Wir haben das geschickt formuliert…«, schmunzelt der angehende Jurist Bisges. Des Weiteren gibt es ein Liebes- und ein Drogen-Lexikon. Wer »Problemlos« anklickt, kann dort anonym sein Herz ausschütten und ganz offen über Liebe und Sex diskutieren. »Schoolhelp ist zwar noch verhältnismäßig jung, aber schon so weit, dass sich die Konkurrenz vorsehen muss«, so Bisges stolz.

Silvia Haiduk

Maulheldin mit Ecken und Kanten

Zufällig in Kempen gelandet, bereitet die 41-jährige Berlinerin Susanne Böhling ihr erstes Soloprogramm vor: »Frauenzimmer«.

»Frauen sind nicht die besseren Menschen«, sagt Susanne Böhling. Und ihr Mann Ludger ruft aus dem Hintergrund, den Teekessel in der Hand: »Sie sind Menschen wie wir Männer auch.«

Die Liebe hat sie am Niederrhein festgehalten, als sie während eines Praktikums für ihr

Ein prägnanter Kopf: Susanne Böhling

Landwirtschaftsstudium in Kleve ihren späteren Mann kennen lernte und mit ihm nach Wachtendonk zog. Heute – »drei Kinder weiter« – wohnt die Familie seit sechs Jahren in einer alten Schmiede in Klixdorf. Von dort betreiben sie einen Betrieb zum Austausch von Badewannen.

»Ich bin eine Heldin, ich bin schön und stark und gescheit! Deswegen weiß ich: Nur mit meinem losen Maul, meinem Mund, kann ich zu Ihrer Rettung beitragen«, sagt sie augenzwinkernd auf ihrer Homepage www.maulheldin.de. Sie weiß um die Macht des Wortes, seinen Zauber, seine Möglichkeit zu entlarven, zu verführen und zu verletzen.

Und wünscht jeder Frau die Gefühle, die Goethe Gretchen am Spinnrad in Versen sagen lässt.

Während sie das sagt, wird ihr Gesicht ganz weich. Das warme Feuer in ihren Augen bleibt, wenn sie sagt: »Schmerzen sind nicht zu vermeiden.« Und: »Anecken? Ja, ich kann nicht ohne.« Susanne Böhling fühlt sich der Achtung vor dem Menschen und dem Wort verpflichtet. »Es wird immer weniger gesprochen – nur zu viel gelabert.«

So ist es konsequent, dass sie nach einem künstlerischen Ausflug mit dem Ensemble des Kempener Rezitators Hans Egon Kasten dessen Rat folgt und seit Oktober 2000 ein Solo-Programm zusammengestellt hat. Ganz »unorthodox«, so Böhling, »habe ich Texte, die mir liegen, gesammelt – von Liebeslyrik bis zu provokanten Texten. Die Überschrift ‚Frauenzimmer' ergab sich dann.«

Die 41-jährige geborene Berlinerin mit Schulzeit und Studium in Augsburg und München will in ihrem ersten Solo-Programm »Frauenzimmer« am Samstag um 20 Uhr in der Villa K. in Krefeld an der Steinstraße 147 in erster Linie unterhalten.

»Der Zuhörer kann sich dann alleine mit den Texten auseinandersetzen.« Sie spricht unter anderem Gedichte von Sappho, Goethe, Heine, Otto Reuter, Ricarda Huch, Lasker-Schüler, Tucholsky, Kästner und Martin Morlock. »Ich spiele 54 kleine Rollen – von der Mutter, der erhabenen Frau bis zur Nutte.«

Philipp Wachowiak

Flotter Ford für Bayern-Sieg

Thomas Bönisch aus St. Hubert gewann einen Ford Mondeo bei Günther Jauch. Er tippte das Champions-League-Spiel der Bayern richtig.

»Dann viel Spaß heute Abend, du gewinnst bestimmt das Auto«, rief am Mittwochnachmittag noch Arbeitskollege Jürgen auf dem Parkplatz hinter ihm her. Dass sein Kumpel in diesem Moment hellseherische Fähigkeiten hatte, wusste Tomas Bönisch ein paar Stunden später. Der St. Huberter hatte mit seinem fußballerischen Spürnäschen einen Ford Mondeo gewonnen.

»Kurzfristig haben wir vom TuS St. Hubert noch bei RTL in Köln Karten für die Champions-League-Show bekommen«, berichtet Bönisch. Fast 30 Leute war die Gruppe stark – darunter auch Freundin Melanie Bosch –, die an diesem Abend live im Studio die Spiele zwischen Bayern München und Spartak Prag sowie Leverkusen und Barcelona sahen und Günther Jauch und Oliver Bierhoff zuhörten. Die Studiofrage war, wie das Bayern-Spiel ausgehen würde. Der 32-Jährige tippte 5:1 – und lag damit goldrichtig. »Aber ich war nicht der Einzige, auch Männi Brinkmann aus unserer Gruppe tippte diese Zahlen«, erinnert sich Böhnisch.

»Entscheidend war wohl, dass ich meine Prognose schneller eingetippt hatte als er. Deshalb wusste ich bereits um 10.30 Uhr, dass ich auf die Bühne kommen würde.« Und danach war der gelernte Elektriker, der in Neukirchen-Vluyn arbeitet, so richtig nervös. »Man macht sich dann ja über alles mögliche Gedanken, wie sitzt das Hemd und die Frisur... Im Gegensatz zu Jauch und Bierhoff war ich nämlich nicht in der Maske«, schmunzelt er. Außerdem habe er sich überlegt, was die beiden berühmten Männer wohl sagen und fragen würden.

Als Bönisch dann auf dem Bühnen-Hocker saß, sei die Anspannung etwas gewichen, erinnert er sich. Aber auch nur etwas, denn nur so erklärt er sich, dass ihm doch glatt entfallen ist, welches Auto er selbst lenkt. Freundin Melanie musste ihm dann auf die Sprünge helfen. »Ich habe einen mittelalten Opel Astra Caravan-Kombi«, weiß er einen Tag nach seinem Medien-Auftritt.

Doch bevor Bönisch den Ford Mondeo im Wert von 50 000 Mark, um den es bei dem Gewinnspiel ging, »einsacken« konnte, musste er gegen einen Konkurrenten am Telefon antreten. Doch auch hier kam er mit seinem Tipp der gefragten Zahl am nächsten. »Der Jubel war groß, vor allem auch bei unserer Gruppe, die im ganzen Studio verteilt war«, freut sich Bönisch immer noch. Groß ist auch der eigene Jubel: »Wir hatten gerade begonnen, darüber nachzudenken, ob wir ein neues Auto brauchen. Da kam der Gewinn genau richtig – obwohl, ein Auto kann man immer gebrauchen.«

Barbara Leesemann

Fröhlich thront Thomas Bönisch auf seinem alten Auto, weiß er doch, dass sein Gewinn, ein 50 000 Mark teurer Mondeo, bald vor der Haustür in Voesch stehen wird

Einsatz auf dem Amselfeld

Der Mediziner Beqir Brahimi versorgt Schwerverletzte in seiner Heimat. Die Ermordung seines Vaters bei einem Massaker gab den letzten Ausschlag.

Gestern Morgen startete der 35-jährige Dr. Beqir Brahimi von Düsseldorf über Frankfurt nach Tirana, der albanischen Hauptstadt. Im Krisengebiet Kosovo (Amselfeld) wird der Assistenzarzt am St. Töniser Krankenhaus in einem Aufnahmelager und Lazarett die Schwerverletzten des Krieges versorgen.

Seine Aufgabe wird die Koordination auf albanischer Seite sein. Außerdem ist er für die medizinische Erstversorgung der Verletzten aus der kriegerischen Auseinandersetzung zwischen Albanern und Serben sowie ihre anschließende Verteilung auf Großkliniken zuständig.

Der Mediziner kam Mitte der 80er Jahre nach Deutschland, erlernte in Intensivkursen die deutsche Sprache und studierte Medizin in Düsseldorf. Nach dem Examen arbeitete er im Krankenhaus von Rothenburg/Wamme.

Seit einem Jahr versorgt er nun Patienten in der Inneren Abteilung des Antoniuszentrums in der Nachbarstadt Tönisvorst. »Ich bin für ein freies und unabhängiges Kosovo«, erklärte der Arzt gestern vor dem Abflug ins Krisengebiet. Durch das Vorster Medikamentenhilfswerk »action medeor« hat er von der humanitären Aktion in Berlin erfahren, die den Verletzten hilft. Mitte der letzten Woche erfuhr er von seinem vierwöchigen Einsatz im Lazarett in Ibajram Curri oder in Tropoje.

»Ich bin meinen Kollegen im St. Töniser Krankenhaus sehr dankbar, dass sie meine Aufgabe trotz Personal-Engpässen für die vier Wochen übernehmen. Sie haben viel Verständnis für meinen Einsatz und den Wunsch zu helfen.« Die Vorster »action medeor« stellte Brahimi ohne zu zögern Medikamente und Geräte im Wert von insgesamt 5000 Mark zur Verfügung.

Vor vier Wochen traf Dr. Brahimi die schlimme Nachricht vom Tode seines 70-jährigen Vaters, der bei einem Raketenangriff der Serben in seinem Haus starb. So hieß es offiziell, doch Brahimi erfuhr, dass sein Vater, der 30 Jahre in Bocholt gearbeitet hatte, in seinem Dorf einem Massaker zum Opfer gefallen ist. »Das Haus meines Vaters existiert nicht mehr, und auch von unserem Dorf ist nicht mehr viel übrig.«

»Ich muss nun helfen«, erklärte der Arzt, dessen Frau in St. Hubert auf ihn wartet. »Wenn ich in vier Wochen zurück bin, habe ich mir ein Bild von der Situation gemacht.«

Bei einem Besuch im Vorster Medikamentenhilfswerk signalisierte dieses weitere Hilfe. Für den 35-jährigen Mediziner steht indes fest, dass er später in einem freien Kosovo leben und arbeiten wird.

Friedhelm Reimann

Der Mediziner Dr. Beqir Brahimi aus St. Hubert

Unwiderruflicher Hammerschlag

Kunst ist für den Bildhauer Ulrich Brinkmann eine schweißtreibende Angelegenheit.

Zum Stein hat er eine besondere Beziehung aufgebaut. »Es ist meine große Leidenschaft.« Mit diesen spontanen Worten bringt Ulrich Brinkmann auf den Punkt, welchen Stellenwert die Bildhauerei in seinem Leben hat. Momentan ist die Begeisterung groß. Seine im Rahmen der Gladbacher »Skulpturenmeile« ausgestellte Stele wurde nun von Anwohnern gekauft. Mit leuchtenden Augen erinnert sich der 45-Jährige, wie er vor sechs Jahren einen Stein, Hammer und Meißel geschenkt bekam und seitdem vom Virus Bildhauerei infiziert ist.

Seit zwölf Jahren beschäftigt sich Brinkmann – im Hauptberuf in der Werbung – mit Skulpturen. Inzwischen arbeitet er zu 90 Prozent mit Materialien wie Granit, Marmor oder Lava. »Steine sind alt, sie gab es lange vor uns und wird es noch geben, wenn wir alle nicht mehr sind«, erklärt der Vater von zwei Kindern. Und: »Ein Hammerschlag ist unwiderruflich. Daher ist ein Höchstmaß an Konzentration erforderlich.«

In seinem Atelier auf dem Arnoldshof in Klixdorf, wo er mit Bildhauer-Kollege und NRW-Staatspreisträger Gilbert Scheuss arbeitet, hat Ulrich Brinkmann ideale Bedingungen: viel Platz für die tonnenschweren Findlinge und Gerät wie Transport-Anhänger oder Kran. Im Herbst ist Eröffnung des Ateliers.

Zurzeit geht Brinkmann der Frage nach »Was verbirgt sich unter der Oberfläche?« Dabei ist der gebürtige Moerser, der seit acht Jahren in Kempen lebt, hin und her gerissen: »Zum einen möchte man aus Respekt vor dem Alter der Steine die Oberfläche nicht unnötig verletzen, zum anderen hat man als Bildhauer das Verlangen, dem Objekt eine Form zu geben.« Mit diesem Zwiespalt im Kopf hat er zum Beispiel vor einiger Zeit im Rahmen des internationalen Salzburger Steinbildhauer-Symposiums rund sechs Wochen

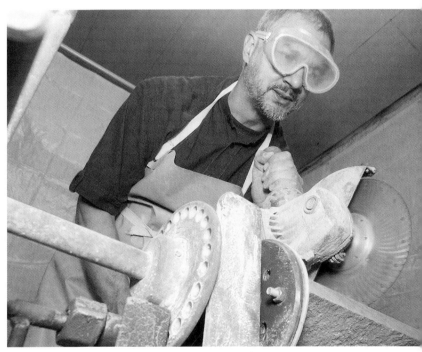

Mit der Flex und einer Augenschutzbrille bearbeitet Bildhauer Ulrich Brinkmann den Stein

an einem zwei Tonnen schweren Findling gearbeitet.

Dass solche anstrengenden Arbeiten mit Flex, Bohrer und Hammer an die Substanz gehen, liegt auf der Hand. »Und ohne die Unterstützung durch die Frau meines Lebens, Anne Klümpen, wäre das alles auch nicht möglich«, lacht Brinkmann – und macht sich wieder an den Stein.

Lutz Mäurer

Äskulaps Stab wird hochgehalten

Nach 37 Jahren im Herzen Kempens nimmt Apotheker Heinrich Brünsing seinen Hut und übergibt an Andreas Bruns.

Heinrich Brünsing (r.) in der Löwen-Apotheke mit seinem Nachfolger Andreas Bruns. In der Hand hält Brünsing gerade das Apothekerbuch »Rote Liste 1998«, ein Arzneimittelverzeichnis

Die älteste Apotheke der Thomasstadt geht in neue Hände, und der dienstälteste Apotheker nimmt seinen Hut: Ab Oktober übernimmt Andreas Bruns, 30, in der Löwen-Apotheke am Buttermarkt die Geschäfte von Heinrich Brünsing. Der 71-Jährige, seit 50 Jahren im Beruf, hat dann 37 Jahre lang im Herzen der Altstadt mit gutem Rat und schneller Hilfe den Äskulap-Stab hochgehalten. »Jetzt werde ich mit meiner Frau erst mal längere Zeit Urlaub in Südfrankreich machen«, sagt Brünsing.

In der Stadt ist das Kempener Urgestein ferner bekannt durch seinen Ratssitz für die CDU in den 60er Jahren und durch den Reiterverein Schmalbroich-Kempen, den er mit ein paar Mitstreitern am 25. Januar 1965 neu aus der Taufe hob.

Es versteht sich von selbst, dass Heinrich Brünsing seinen weißen Kittel nicht auszieht, ohne ein bisschen Wehmut in der Brust zu verspüren. Bereits im Sommer 1946 war er junger Praktikant in der Löwen-Apotheke, noch bevor er die Studienjahre im schönen Bonn absolvierte.

1961 übernahm er als Pächter das Haus, in dem ursprünglich Bürgermeister Franz-Josef Tenhoff (Erster Bürger von 1800 bis 1805) wohnte. Zwei Jahrzehnte war Brünsing Mitglied der Kammerversammlung der Apothekerkammer Nordrhein sowie in der Prüfungskommission für das pharmazeutische Vorexamen bei Regierungspräsidenten in Düsseldorf. 1993 wurde er schließlich Eigentümer der Löwen-Apotheke.

Das Haus am Buttermarkt mit der Nummer 7 atmet mithin Geschichte: August Hucklenbroich verlegte dorthin 1887 die Apotheke »Zum goldenen Löwen«, die bereits seit 1810 in Kempen existierte, zunächst an der Judenstraße 7.

Die gute Tradition setzt nun Andreas Bruns fort, ein Sohn des Hauses. Der gebürtige Mainzer lebt seit 1982 im Kempen, hat das Thomaeum besucht, in Düsseldorf Pharmazie studiert und dort auch in einer Apotheke Erfahrung gesammelt. »Seit Juli ist er bei uns approbierter Mitarbeiter«, stellt Heinrich Brünsing seinen Nachfolger vor. »In der Löwen-Apotheke wird auch in Zukunft an Bewährtem festgehalten, und neue Möglichkeiten werden für unsere Kunden eingesetzt«, betont Andreas Bruns.

Axel Küppers

Badender Papa auf dem Dach

Seit anderthalb Jahren fertigt die Kempenerin Bärbel Buske Figuren aus Beton. Sie schmücken Haus und Garten.

Gänse strecken ihren Hals zum Wasser, am Rande des Gartenteiches steht ein kleiner Pinguin, im Blumenbeet sitzt ein Seehund – Gartenzwerge sucht man im Garten von Bärbel Buske vergebens. Dafür schmücken überall ihre handgemachten Betonfiguren Haus und Garten der Kempenerin.

»Ich mache das jetzt seit anderthalb Jahren«, erzählt Buske. Angefangen hat sie mit einem Töpferkurs. »Dann habe ich mir gedacht: Warum kann man das nicht mit Beton machen?« Doch im Gegensatz zu Ton muss Beton ganz anders verarbeitet werden. Buske: »Man muss viel über das Material lernen. Zum Beispiel, dass der Beton nicht sofort nach wenigen Stunden hart wird, sondern noch tagelang bindet.« »Anfangs habe ich gedacht, meine Figuren müssten an einem Tag fertig sein.«

Das Wichtigste sei die richtige Mischung aus Zement, Kies und Wasser. Buske: »Manche Leute denken außerdem, ich gieße den Beton nur in Formen. Dabei ist alles echte Handarbeit.« So ist eine ihrer Figuren zu Beginn nur ein Skelett aus Stahl. Mit einem Drahtgeflecht umwickelt nimmt es dann seine ungefähre Form an. Um diese Form wird dann der Beton gestrichen, das Innere wird mit Papier ausgestopft. Buske: »Ein Schwein aus massivem Beton wäre ja viel zu schwer.« Zu guter Letzt wird die Figur noch möglichst lebensnah bemalt – fertig ist das Betonkunstwerk.

Mittlerweile ist die Betonkunst für Buske zu einer Art Lebensinhalt geworden, und mit dem Verkauf ihrer Werke unterhält sie ihr »Hobby«. Den Preis von bis rund 250 Mark für ein lebensgroßes Schaf rechtfertigt nicht nur die Handarbeit, sondern auch die Haltbarkeit. Buske: »Die Figuren sind absolut wetterfest.«

Die Kempenerin Bärbel Buske mit einem ihrer Werke aus Beton: Der badende Vater steht jetzt auf dem Garagendach ihres Hauses

Tagelang könnte Bärbel Buske manchmal in ihrer Garage sitzen und Figuren formen. Mit viel Liebe zum Detail arbeitet sie dabei Federn und Augen in kleinen Hennen ein. »Besonders tierverbunden bin ich jedoch nicht«, meint Buske. Vielmehr legt sie Wert auf genaue Beobachtungsgabe. Ihr Perfektionismus trägt sein übriges dazu bei. Buske: »Nach jeder Figur frage ich mich: »Was kann ich noch besser machen?« Ihre größten Kritiker sind dabei ihre drei Kinder. »Sie sagen direkt, was ihnen nicht gefällt«, so Buske.

Was sie reizt, ist die Gestaltung von Menschen. »Ich möchte meine Figuren so lebensecht wie möglich gestalten«, erzählt Buske. Ein Beispiel: Ein Abbild ihres Vaters in einer Badewanne ziert seit einiger Zeit ihr Garagendach. »Ich habe es nach einem Foto geformt«, lacht Bärbel Buske, »und meinen Vater damit überrascht.« Jetzt grüßt der Papa badend die Besucher.

Daniel Ahrweiler

Bodenkontakt ist das Wichtigste beim Abheben

Eines der bundesweit größten Trampolin-Talente kommt aus Kempen. Doch außer Springen hat Julia Calefice noch weitaus mehr Interessen.

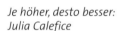

Je höher, desto besser: Julia Calefice

Sie spielt Klavier, hört gerne die Popgruppe REM, zuweilen Techno in Gelderns Disko »E-dry« und liebt Musicals. Meist turnt Julia Calefice allerdings. Die 16-Jährige ist gerade zum zweiten Mal Deutsche Meisterin im Trampolin-Springen geworden. Da hat man für die so genannten ganz normalen Dinge kaum Zeit.

»Ich bin sehr temperamentvoll«, beschreibt die Zehntklässlerin des Luise-von-Duesberg-Gymnasiums sich selbst. Was auf den Wettkampf bezogen heißt: bei Sieg himmelhoch jauchzend und wenn's nicht so gut läuft zu Tode betrübt.

Drei- bis viermal die Woche fährt sie mit der älteren Schwester Simone, 21, ins 25 Kilometer entfernte Schwafheim; für den Verein bei Moers gehen die Schwestern an den Start; Hiltrud Rowe, Synchron-Weltmeisterin von 1994, hat sie dort unter ihren Fittichen. Als Simone noch keinen Führerschein hatte, brachte die Mutter die Kinder zum Sport. Am Wochenende ist Julia meist auf Turnieren unterwegs.

Da Trampolin nicht zu den hochdotierten Arten wie Tennis gehört, hat Julia das Abitur fest im Blick. Danach will sie auf jeden Fall eine Universität besuchen. »Was ich studiere, steht noch nicht fest«, sagt die Kempenerin.

Nach dem Schulgong packt das Mädchen mit dem hugenottisch anmutenden Namen allerdings meist ihre Turnklamotten und konzentriert sich auf den nächsten Sprung. »Wichtig ist, dass man den Überblick behält und das Tuch fest im Auge hat«, beschreibt die 1,65 Meter große Sportlerin. Gar nicht so einfach, wenn sie mit vollem Schwung bis zu fünf Meter hoch abhebt.

Ihr Lieblingssprung »Flissis« ist ein Doppelsalto vorwärts mit anderthalb Schrauben; »Rudi« ist ein Salto vorwärts gestreckt mit anderthalb Schrauben. Der Laie schaut nur hoch und staunt...

Hoch hinaus will das Talent, das mit vier Jahren erstmals aufs Trampolin geklettert ist. Julia Calefice möchte eine feste Größe im Nationalteam werden und sich für die Weltmeisterschaft in Sydney qualifizieren.

Axel Küppers

Julia Calefice • 17.6.1997

Unternehmer-Geist als Grundstein für den Erfolg

Möbelhaus-Gründer Hans Dahlmann schaut auf ein bewegtes Leben zurück.

Mit einem VW-Käfer fing er 1955 an – heute beschäftigt das Unternehmen 170 Mitarbeiter. »Dass ich nur ein Bein habe, hat mich eigentlich nie behindert«, meint Hans Dahlmann. Trotz seines Alters von über 80 Jahren spürt man immer noch die Tatkraft, die ihn ausgezeichnet hat.

Geboren wurde er 1921 in Derenburg im Harz. 1939 wurde er von der Schulbank weg eingezogen und musste als Soldat in den Krieg. 1945 verlor er sein Bein, von nun an war er auf Krücken angewiesen.

Der Sohn eines Haushaltswarenhändlers wurde von den Sowjets wegen seines Dienstes als Offizier verhaftet, zu zehn Jahren Zwangsarbeit verurteilt und saß im berüchtigten Gefängnis von Bautzen. »1951 durften wir den ersten Brief an unsere Angehörigen schreiben. Ich kannte einen älteren Mann dort, der hielt die Bedingungen nicht aus und drehte durch.«

Im Rahmen einer Amnestie wurde Dahlmann 1954 entlassen. Über West-Berlin und Hamburg kam er nach Kempen. Dort lebte sein Bruder, der eine Kempenerin geheiratet hatte. Zunächst arbeitete Hans Dahlmann bei der Kreisverwaltung. Doch er hatte andere Pläne: »Ich wollte mich selbständig machen.«

Ohne kaufmännische Ausbildung, aber mit immerhin 3650 Mark Spätheimkehrergeld in der Tasche stand er da. Davon bestellte er sich erst mal einen VW-Käfer und holte ihn persönlich in Wolfsburg ab. Dahlmann erinnert sich: »Der Pförtner fragte mich, wie ich denn mit einem Bein fahren wolle.« Der Jung-Unternehmer hatte vorgesorgt und sich Bügel zum gleichzeitigen Treten von Kupplung und Bremse sowie zum Gas geben per Hand vom Schwager fertigen lassen.

So begann er damit, auf dem Dachgepäckträger seines Käfers Möbel auszuliefern. Er betätigte sich zuerst als Großhändler, bis er später in den Direktverkauf einstieg. »Problematisch war mein ständig wachsender Lagerbedarf. Mein erstes Lager war im Keller des Hauses meines Bruders, später hatte ich eine Kegelbahn dafür angemietet«. Inzwischen verheiratet, kaufte Dahlmann 1962 von der Gemeinde St. Hubert 9000 Quadratmeter Land und errichtete dort eine Halle, wo noch heute im Speefeld Möbel-Dahlmann residiert. Dort baute er 1983 Lager und Büros an. 1979 errichtete er in Straelen Baumarkt und Möbelhaus.

1987 setzte sich Dahlmann zur Ruhe. Seitdem führen seine Söhne Axel und Curd Louis erfolgreich die Geschäfte. Inzwischen hat die Firma 170 Mitarbeiter. »Ich habe den Eindruck, das Wir-Gefühl ist im Arbeitsleben etwas verloren gegangen«, stellt Hans Dahlmann fest. Gerne denkt er daran zurück, als die Firma Dahlmann am Samstagnachmittag nach der Arbeit, wie eine Familie, bei selbst gebackenem Kuchen zusammen saß.

Im Ruhestand hat er Zeit für Reisen, Wandern und Bergsteigen. Mit 71 Jahren stieg er in den Alpen noch auf 2400 Meter Höhe. Am Niederrhein ist er heimisch geworden. »Aber die Berge des Harzes haben mir immer gefehlt«.

Lutz Mäurer

Ein echter Nachkriegs-Unternehmer: Hans Dahlmann

Im Auge des Falken

Zwei Dutzend Greifvögel pflegt Heinz Deckers in seinem Garten. Der Kempener betreibt ein sehr ausgefallenes Hobby: die Falknerei.

"Lasko" schmust für sein Leben gern. Am liebsten piekst er dabei Knöpfe von Hemden oder Jacken. Das tut der 29 Jahre alte Steinadler aber nur auf der Faust von Heinz Deckers (65). Der St. Huberter ist einer der wenigen Falkner am Niederrhein und geht regelmäßig mit »Lasko«, der es bei 4,1 Kilo Gewicht auf eine Spannweite von 1,90 Meter bringt, auf die Jagd.

Ein imposantes Bild: Heinz Deckers mit »Lasko«. Der Steinadler hat eine Spannweite von 1,90 Metern und wiegt 4,1 Kilo

»Die Falknerei ist eine der ältesten und natürlichsten Jagdarten«, definiert Deckers, der bereits als Kind einen Mäusebussard groß gezogen hat. Ab den 60er Jahren verschrieb der Tierfreund sich dann vollends der Falknerei. In seinem Garten an der Tönisberger Straße hegen und pflegen er und seine Ehefrau Mathilde gut zwei Dutzend Greifvögel – von Turmfalke, Steinadler, Mäusebussard, Habicht, Uhu, Schleiereule bis hin zum Waldkauz. Das bedeutet unter anderem, dass immer zwei prall gefüllten Kühltruhen mit Fleisch bereit stehen und längere Abwesenheit von Zuhause nicht drin ist.

Aber der Preis ist es wert. Heinz Deckers Augen leuchten, wenn er von seinen Jagd-Erlebnissen, etwa auf Norderney oder in der Eifel, berichtet. Im November 1994, erzählt Deckers, da hat »Lasko« auf der Schwäbischen Alb einen 6,32 Kilo schweren Fuchs erlegt. Das sei aber die Ausnahme: Normalerweise schlägt der Steinadler – übrigens der stärkste Greifvogel Europas – Hasen und Rebhühner.

Ein klein wenig erinnert das Bild, wenn der stolze Adler auf der Handschuh geschützten linken Faust von Heinz Deckers thront, an die Feudalherren, die in alter Zeit hoch zu Ross die Falknerei zu ihrem ureigensten Hobby erkoren. Aber gleichfalls kann man sich so die Jäger und Sammler vorstellen, die vor 4000 Jahren mit Pfeil und Bogen, Keule und eben dem Falken ihr täglich Brot einholten.

Die Falknerei muss man erlernen. »Man absolviert zwei staatliche Prüfungen«, erklärt Deckers, der selbst Mitglied der Falkner-Prüfungskommission ist. Ebenso sensibel werde das Thema Artenschutz behandelt. Handel mit den im arabischen Raum hoch im Kurs stehenden Tieren ist untersagt. Von der Stange kann man die empfindlichen Greifvögel sicher nicht erwerben. »Es dauert lange, bis ein Greifvogel Vertrauen zu seinem größten Feind, dem Menschen, gefasst hat.« Das Licht der Welt erblickte Adler »Lasko« übrigens in Syrien, wo er 1973 ausgehorstet wurde.

Axel Küppers

»Froh, für andere da zu sein«

Das Jahr des Ehrenamts: Ohne die 77 Helfer im von-Broichhausen-Stift wäre Altenarbeit dort kaum möglich.

»Was sie tun, ist unbezahlbar«, sagt Christa Mauermann, Heimleiterin des von-Broichhausen-Stifts. Sie meint das Engagement der Ehrenamtler in dem Altenheim am Heyerdrink. Dort werden zurzeit knapp 150 Bewohner von qualifizierten Pflegekräften betreut.

Unterstützt wird diese Betreuung seit Jahren von momentan 77 Kempener Bürgern. Sie decken unterschiedliche Bedürfnisse ab: Die erste Gruppe, ins Leben gerufen durch Hermann-Josef Neeven, übernimmt abwechselnd einen Rollstuhlfahrdienst, um jeden Samstagmorgen Bewohner zur Messe in die Hauskapelle und zurück zu fahren. Bei den Fahrten werden große und kleine Neuigkeiten aus dem Wohnumfeld und der Stadt Kempen ausgetauscht.

Eine zweite Gruppe übernimmt zweimal im Monat den Fahrdienst und die Betreuung bei den Ausflügen. Die Kempener Kolpingfamilie führt jeden Samstag- und Sonntagnachmittag das Stifts-Café. Und eine vierte Gruppe begleitet schwerkranke und sterbende Bewohner. Zwei Personen aus dieser Gruppe sind in Hospiz-Arbeit ausgebildet.

Die fünfte Gruppe macht in der Hauptsache Besuche. Verwandte, Nachbarn und Freunde von Bewohnern finden so Zugang zur ehrenamtlichen Tätigkeit. Ein Beispiel: Manfred Wilmsen, ein rüstiger Senior, der seit 1998 täglich seine Frau im Stift besucht, macht Rollstuhldienst, organisiert das Kegeln auf der hauseigenen Bahn, schiebt am Wochenende Dienst im Café und ist Fahrer der Hausbusse. Wilmsen: »Mir macht das Spaß, und ich bin froh, für andere da zu sein.«

Aber natürlich muss man nicht gleich so viel Zeit opfern wie Manfred Wilmsen: Eine Stunde genügt schon, um das Netzwerk zu verstärken. »Ehrenamtler machen das Haus offen. Ehrenamtler fördern die Beziehung und die Integration zwischen Älteren und der Gesellschaft. Sie bilden so eine sehr wertvolle ergänzende Betreuung«, sagt Christa Mauermann.

»Wir suchen noch Patenschaften für bettlägerige Bewohner, die einfach jemanden brauchen, mit dem sie sich eine Stunde unterhalten können. Oder Bürger, die dienstags und freitags mit unseren Bewohnern den Marktbummel machen.« Oder einfach mit spazieren gehen oder sich kreativ einbringen. »Wir möchten«, so Christa Mauermann, »Interesse wecken für ehrenamtliche Tätigkeiten – zumal wir demnächst auch das St. Peter-Stift betreuen.«

Das Jahr 2001 wurde von den UN zum Jahr der Freiwilligen ausgerufen. Ziel ist, die Aufmerksamkeit und die Wertschätzung für Ehrenamtliche herauszustellen. Auch das Stift wird dies würdigen und im Rahmen eines Tages des Ehrenamtes am 5. Mai mit seinen Helfern feiern.

Philipp Wachowiak

Die ehrenamtlichen Helfer des von-Broichhausen-Stifts verrichten mit Freude ihre wichtige Aufgabe. Sie sorgen für einen reibungslosen Ablauf in dem Altenpflegeheim

Wenn Worte zu Beton werden

Jochen Enders will eine Selbsthilfegruppe gründen für Menschen, deren Sprache gestört ist. Gott hilft ihm dabei.

»Als Pfarrer predigt man leicht über die Köpfe hinweg«, erklärt Jochen Enders. »Die Kirche muss lernen, den Menschen konkret zu helfen und sie zu fördern.« Darum will der evangelische Pfarrer und Diplom-Heilpädagoge mit Schwerpunkt Sprachstörung helfen, in Kempen eine Selbsthilfegruppe für sprachgestörte Menschen nach einem Schlaganfall ins Leben zu rufen.

In Kempen gibt es etwa 300 Menschen mit solchen Problemen, wobei jährlich 40 hinzukommen. »Aphasie« heißt der böse Traum, in dem sich Menschen – meist nach einem Schlaganfall – plötzlich wiederfinden können. »Aphasie« bedeutet: Fehlen von Sprache. Die Störung reicht von der Wortfindung bis hin zu völligem Sprachverlust. »Im Gegensatz zu anderen Krankheiten, die sich langsam entwickeln, ist Aphasie plötzlich da und verändert das Leben radikal«, sagt der Fachmann.

Er ist der einzige in Deutschland, der seine therapeutische Arbeit mit Seelsorge verbindet. Enders Hilfe in diesem Krankheitsbereich ist ein Novum. Im nächsten Jahr erscheint seine Doktorarbeit mit dem Titel »Seelsorge – Therapie – Aphasie«. »Meine Arbeit geht weit über Sprachtraining hinaus«, sagt der 40-Jährige, »man muss nicht nur isoliert die Sprachstörung behandeln, sondern sich mit dem ganzen Menschen befassen.«

Durch Sprachverlust entstehen ungeahnte Lebensprobleme. So ziehen sich durch sprachliche Missverständnisse Freunde häufig zurück, die Ehe wird auf die Probe gestellt, Betroffene können den Beruf nicht mehr wahrnehmen. »Hier geht es darum, leben zu lernen und neu ins Leben zu finden«, sagt der Sprachspezialist. Seit einem Jahr betreut Enders, der in Kempen wohnt, vier Altenheime. In Zusammenarbeit mit einer Kempener Sprachtherapeuten-Praxis kommt er mit Aphasikern in der Thomasstadt in Kontakt.

»Tierische« Hilfe bekommt der angehende Doktor von seinen Schäferhunden Schelly und Jane. Einen der beiden nimmt er hin und wieder zur Therapie mit. »Das bringt Begeisterung für tierliebe Klienten, und ich kann sie damit aus ihrer Reserve locken«, sagt der Familienvater stolz.

Was die Seelsorge des Pfarrers zusätzlich leisten soll, ist für den Spezialisten ganz klar: »Mein Klient wird als Individuum geschützt, und Respekt steht an oberster Stelle.« Enders bespricht mit Betroffenen Lebensprobleme, die sich bei Sprachstörungen ergeben. Dabei spielen für den Pfarrer Konfessionen keine Rolle.

»Ich würde mir wünschen, in Grenzfällen mit einem Psychologen zusammenzuarbeiten«, so der Experte. Enders möchte seinen Klienten Trost vermitteln und bringt darüber hinaus durch die Theologie geschichtliche und philosophische Aspekte ein.

Voraussetzungen für die Selbsthilfegruppe sind genügend Nachfragen unter der Telefonnummer 0 21 52 / 55 93 84. Wenn sich Betroffene oder Vertraute für Enders Hilfe entscheiden, ist eine Beratung sicher. »Aphasie kann auch eine Chance sein, das Leben neu zu gestalten und sich neu entdecken«, ist er überzeugt.

Anke Blum

Jochen Enders mit seinen Schäferhunden Schelly und Jane, die ihn ab und an bei der Therapie unterstützen

Nicht nur an Pappköpfen arbeiten

Die Mühe hat sich gelohnt: Tanja Engst aus St. Hubert schnitt als bester Lehrling der Handwerkskammer des Kreises Viersen ab.

Nicht nur als Beste ihrer Innung, sondern als bester Lehrling der Handwerkskammer des Kreises Viersen hat Friseur-Lehrling Tanja Engst aus St. Hubert abgeschnitten. Am Freitag ist die Lehrlings-Lossprechung der Friseur-Innung. Engst: »Ich arbeite sehr gern mit Leuten und bin gern kreativ.« Und als Friseurin könne man das ausleben.

Die 20-Jährige ist beim Kempener Salon von Hartmut Höninger in der Altstadt in die Lehre gegangen. 1996 fing sie dort an und konnte ihre Lehre auf zwei Jahre verkürzen. Auf eine gute Ausbildung – zurzeit hat der Salon sieben Lehrlinge – werde bei Höninger großen Wert gelegt. »Ich hatte hier viele Freiheiten und konnte selbstständig arbeiten«, resümiert sie.

Als Assistentin von Hartmut Höninger konnte sie sehr viel praktische Erfahrung sammeln. Besonders wichtig: »Hier arbeitet man nicht nur an Pappköpfen.« Die Fertigkeiten können am »lebenden Objekt« geschult werden. »Und man lernt den Umgang mit den Kunden, was in dem Beruf sehr wichtig ist.«

Anstrengend sei die zweijährige Ausbildung auf jeden Fall gewesen. »Es gehört viel Initiative dazu, schließlich kann der Salon nur Angebote machen«, meint Engst. Und Angebote gab es genug: Oft standen nach der Arbeitszeit noch Lehrgänge an, und das ein oder andere Wochenende musste für ein Seminar geopfert werden – »dann ist man manchmal ganz schön fertig«, erzählt die junge Frau. Aber von »Reue« über die Entscheidung als Friseurin in die Lehre zu gehe, ist keine Spur. »Die Mühe hat sich doch auf jeden Fall gelohnt.« Was auch die Gesamtnote von 1,6 belegt.

Jetzt strebt der Blondschopf eine Karriere als Maskenbildnerin an. Engst: »Dass da eine Friseurausbildung Voraussetzung ist, wusste ich aber nicht, das war ein glücklicher Zufall.« Beworben hat sie sich schon beim WDR in Köln, die endgültige Zusage allerdings fehlt noch. Ganz unerfahren ist Engst in dem Fach nicht, schon bei Höninger standen

Friseur-Lehrling Tanja Engst hat viel vor. Nach der Lossprechung will sie Maskenbildnerin werden

Make-up und Schminken auf dem Programm. Bei einer Zusage stünden weitere zwei Jahre Ausbildung an – worauf die 20-Jährige sich jedoch eher freut: »Man sollte ständig versuchen, sich weiter zu entwickeln.«

Daniel Ahrweiler

Fit wie ein Turnschuh

Rudi Falkner ist das Kempener Laufwunder. Der 83-Jährige ist bis heute fidel wie ein junger Gott. Ganze Sportler-Generationen hat er ausgebildet.

Egal was er sagt: Sein verschmitztes Lächeln bleibt immer auf seinem Gesicht. Rudolf Falkner, von den meisten liebevoll Rudi genannt, »Laufwunder von Kempen«, blickt auf ein ereignisreiches Leben von knapp 83 Jahren zurück und ist trotzdem mittendrin.

Geboren wurde er in Kattowitz und wuchs in Krenzburg auf. »Wenn ich länger da geblieben wäre, wäre ich Pole wie Wojtyla«, schmunzelt er. Nach kurzer Schneiderlehre und Arbeitsdienst landet er im Krieg in Norwegen. Sein Norwegisch ist noch heute fließend: »Jei elske dei«, sagt er zum Beweis – und lächelt. »Das heißt: Ich liebe dich«, übersetzt er.

Während eines Heimaturlaubs sieht er auf der Straße eine Frau, spricht sie an. Heute ist Falkner mit Elisabeth (Lisa) 58 Jahre verheiratet. Sohn Jürgen (51) wohnt in Straelen und arbeitet in Kempen, Tochter Carola lebt und arbeitet in der Thomasstadt.

Nach vier Jahren russischer Gefangenschaft kommt er auf abenteuerliche Weise nach Kempen. Dort lebte bereits sein Bruder, Lisa kam im Mai 1950 nach. Von 1950 bis 1959 fuhr Falkner täglich mit dem Rad zur Arbeit nach Krefeld. Dann wurde ihm der Hausmeisterposten an der städtischen Turnhalle an der Wachtendonker Straße angeboten. Zusätzlich wurde er 1965 Übungsleiter und hatte bis zur Pensionierung 1985 zwei Jobs.

Seine sportliche Karriere begann schon in den 30er Jahren: Er lernte bei (Oberst) Heinz Heigl »Modernes Körpertraining«. Selbst unter schwierigsten Umständen während der Gefangenschaft trainierte er täglich eine Stunde. Noch heute steht er stets um 6 Uhr auf und macht 75 Dehnübungen. Als er mit 75 einen Bypass bekommen sollte, sprach er mit »Laufdoktor« Dr. Ernst van Aaken aus Waldniel. Der sagte: »Nicht notwendig.« Also lief Falkner weiter – ohne Bypass.

Zweimal pro Woche – egal bei welchem Wetter – läuft er eine Stunde in der Wankumer Heide. 1974 rannte er die antike Marathon-Strecke in fünfeinhalb Stunden und traf einen Kameraden aus Oslo wieder. 1978 lief er den ersten Nürburgringlauf (22 Kilometer).

Seit nunmehr 43 Jahren betreut er die Zeltlager der Vereinigten Turnerschaft Kempen in Bensersiel an der Nordsee, hält die Handballjugend fit. Lebendig an Körper und Geist beschäftigt er sich mit Wikingern und Azteken, Ägyptologie und aktueller Politik und sammelt olympische Medaillen von 1896 bis heute.

Philipp Wachowiak

Auch flott mit dem Rad: Rudi Falkner

Von den Vogelstimmen beeinflusst

Der Ausnahme-Pianist Udo Falkner ist auf den größten Bühnen der Welt zu Hause – und findet immer wieder zurück nach Kempen.

Aus der weiten Welt immer wieder an den Niederrhein zieht es den Musiker Udo Falkner. »Ich mache lange Wanderungen durch den Niederrhein. Das macht den Kopf frei und stimuliert zu neuen Ideen. Außerdem sind die Geräusche der Natur wie das Rauschen der Blätter gut fürs Gemüt.«

Der 1952 in Kempen geborene Falkner hat vor wenigen Monaten eine erfolgreiche Tournee durch die Metropolen Japans – wie Tokyo und Yokohama – absolviert. Er spielte den 1944 von Oliver Messiaen komponierten Klavierzyklus »Vingt Regards sur l'Enfant-Jesus« (etwa »20 Betrachtungen auf das Jesus-Kind«).

»Ich habe mich etwa ein Jahr mit dem Zwei-Stunden-Werk beschäftigt«, sagt Falkner. »Es ist fast wie eine Wagner-Oper: Es ist für beide Seiten sehr anstrengend.« Und kommt wieder auf seine Wanderungen zurück: »Die Musik von Messiaen ist vom christlichen Glauben und von den Vogelstimmen beeinflusst. Besonders die Amsel-Stimme versucht Messiaen in Musik zu transformieren.«

Erst mit neun Jahren begann Falkner, Klavier zu spielen. Und mit 16 war er schon in der Meisterklasse des Robert-Schumann-Konservatoriums in Düsseldorf. Studien in Düsseldorf, München und Wien und Kurse bei Alexis Weissenberg und Karl-Heinz Stockhausen fanden 1978 ihren vorläufigen Abschluss im Meisterklassen-Diplom in München.

Mit Auftritten bei Festivals und Solo-Konzerten machte sich Falkner einen Namen. Etwa beim Rheinischen Musikfest, bei den Wittener Tagen für Neue Musik, bei den Musiktagen Hitzacker oder beim Klavierfestival »Antasten« in Heilbronn.

In Kempen gab er 1974 sein Debüt und absolvierte immer wieder Solo-Abende. Heute ist er als freier Pianist tätig, hat je einen Wohnsitz in Kempen und Düsseldorf

Der Kempener Pianist Udo Falkner ist ein Virtuose am Klavier

und dort auch einen Lehrauftrag am Robert-Schumann-Konservatorium.

Privatschüler runden die Arbeitswoche ab. Und zwar sehr erfolgreich: Beim Regionalwettbewerb von »Jugend musiziert« gewannen gleich drei Schützlinge von Falkner erste Preise.

Philipp Wachowiak

Auf der Fiets jung geblieben

Bernhard Gall ist ein echter Zeuge dieses ausgehenden Jahrhunderts: Porträt eines Niederrheiners.

Mit dem Propst habe er immer schon einmal auf einem Foto verewigt werden wollen, schmunzelt Bernhard Gall spitzbübisch und lächelt anschließend gemeinsam mit Dr. Josef Reuter zufrieden in die Kamera von WZ-Fotograf Friedhelm Reimann.

Kein Wunder, ist der 100-jährige Kempener doch nicht nur in der Propsteikirche getauft worden, sondern auch noch dort zur Kommunion und Firmung gegangen. 100 Jahre, vom 1.1.1899 bis 1.1.1999 – in unserer schnelllebigen Zeit fast ein Quantensprung. Kaiserzeit, Erster und Zweiter Weltkrieg, Hitler-Ära, Wirtschaftswunder, Computer-Zeitalter... »Man kann es gar nicht begreifen, wie sich das verändert hat«, ist Gall, der heute bei seinem Sohn Horst und Schwiegertochter Christel lebt, ganz verwundert.

Während er Kartoffeln schält – »ich helfe gerne, wo ich noch kann« – beginnt er zu erzählen von den schwierigen Zeiten, als er noch mit seinen sieben Brüdern und einer Schwester im elterlichen Haus an der Aldekerker Straße in St. Hubert aufwuchs. »Wir hatten damals doch so gut wie gar nichts.«

So gut wie gar nichts an Habseligkeiten – dafür um so mehr Aufmerksamkeit für den anderen, Freundschaften und vor allem für die Familie. Galls Augen beginnen zu leuchten: »Mit meinem jüngeren Bruder bin ich viel unterwegs gewesen, der hatte immer wieder Ideen.« Einer dieser Ideen hat er es auch zu verdanken, dass er seine Frau Margarete fand: »Wir hatten auf der Kirmes so ein nettes Mädchen kennen gelernt. Das wollte mein Bruder unbedingt besuchen...«

Mehr als 40 Jahre stand der Kempener im Dienst der Bahn. »Ich habe von Venlo bis Kevelaer alle elektrischen Anlagen repariert und neu installiert«, berichtet er stolz. Zwei Weltkriege hat der 100-Jährige überlebt. Der Dienst an der Front blieb ihm beide Male nur knapp erspart. »1917 kam meine Einberufung«, erinnert er sich. Nur der Einspruch seines Vaters, er würde zu Hause gebraucht, rettete ihn vor dem Militär. Im Zweiten Weltkrieg erging es ihm ähnlich, doch als Elektriker im Dienste der Bahn wurde er dennoch Richtung Moskau in Marsch gesetzt. »Das war schrecklich«, bei der Erinnerung werden ihm die Augen feucht.

Mit Sorge betrachtet er auch heute die Vorgänge in der Welt. Per Zeitungslektüre und Blick in den Fernseher hält er sich auf dem Laufenden. »Ich habe mich immer für Politik interessiert.«

Wie man so alt wird? »Ich bin immer gerne Rad gefahren«, verrät er. Noch bis vor vier Jahren fuhr er beim Verein Niederrhein mit Landrat Hanns Backes immer vorneweg. Schmunzelnd erzählt Christel Gall: »Da ist mir häufig passiert, dass mich Bekannte angesprochen haben, sie hätten meinen Schwiegervater irgendwo mit der Fiets gesehen.«

Martina Nickel

Anmerkung: Bernhard Gall ist am 3. März 2001 sanft entschlafen.

Der 100-jährige Bernhard Gall (†)

Schwerstarbeit am Webstuhl

Ein aussterbender Beruf lebt in Kempen wieder auf: Der Handweber Heinrich Grünwald verarbeitet in einer Scheune auf Gut Heimendahl Baumwolle und Leinen.

74 Jahre und kein bisschen müde: Heinrich Grünwald setzt die lange Tradition in seiner Familie als Handweber fort. Auf Gut Heimendahl in Unterweiden fertigt der rüstige Rentner nun schon seit zwölf Jahren Tischdecken, Tafeltücher, Servietten und Sets aus Leinen und Baumwolle nach alten Vorlagen.

Aus dem Hobby, das »nicht in Arbeit ausarten sollte«, ist nun ein kleiner Familienbetrieb geworden. Heute eröffnet die »Handweberei Grünwald« auf dem Gut am Krefelder Weg einen neuen »Produktions- und Verkaufsraum«. Eine alte Düngerscheune ist in fünf Monaten in Eigenleistung von Grund auf renoviert worden und bietet jetzt Platz für drei Webstühle.

Mit Unterstützung seiner Töchter Doris und Ute, seinem jüngeren Bruder Manfred und dessen Frau Renate will »Meister Grünwald«, wie ihn Hofbesitzer Julius von Heimendahl mit Anerkennung nennt, die Handweberei an die Öffentlichkeit bringen. »An den Webstühlen kann man die Arbeit beobachten und auch nachvollziehen, wie ein Produkt entsteht. Das macht viel Spaß«, berichtet Doris Grünwald von ihren Erfahrungen auf dem Linner Flachsmarkt, bei dem die Handweber seit 1979 ein Publikumsmagnet sind.

In der neuen Scheune nehmen die drei gewaltigen Webstühle den meisten Platz ein. Der erste Webstuhl mit der so genannten »Jacquard-Maschine« wird durch ein Lochkarten-Sytem gesteuert. Hier wird nur Baumwollgewebe verarbeitet. Für die Leinenweberei steht daneben eine »Kontra-Marsch-Gegenzugmaschine«. Ein dritter Stuhl, der Leinenmaterial in einer Breite bis 170 Zentimeter fertigen kann, wird zurzeit von einem Schreiner gebaut. Er ist in zwei Monaten fertig.

An seinen Webstühlen leistet Heinrich Grünwald körperliche Schwerstarbeit. Nicht selten vergehen mehrere Stunden, bis eine Tischdecke fertig gewebt ist. Dennoch bleiben die Preise für die hochwertigen Waren, die natürlich auf Kundenwunsch speziell nach Maß gefertigt werden, im Rahmen. Eine

Heinrich Grünwald an seinem Webstuhl in der renovierten Scheune auf Gut Heimendahl

Leinendecke kostet, 140 Zentimeter breit, etwa 110 Mark den laufenden Meter. »Diese Decken halten ewig«, so Doris Grünwald. In der Handweberei werden nur Naturprodukte benutzt, eine chemische Nachbehandlung findet nicht statt.

Die Handweberei Grünwald auf Gut Heimendahl hat jeden Freitag von 10 bis 18 Uhr, samstags von 10 bis 14 Uhr und nach Absprache geöffnet. Telefonisch ist die Familie unter 0 21 52 / 56 04 (Handweberei) und unter 0 21 51 / 54 08 61 (Büro) zu erreichen.

Timo Bauermeister

Musketier auf allen Bühnen

Ein Wanderleben im Dienste der Kultur: Nachdem Horst Gurski den Neersener Schlossfestspielen den Rücken gekehrt hat, ist er ein viel gefragter Theatermacher.

Der Schauspieler, Choreograph und Regisseur Horst Gurski vor seinem Haus in Klixdorf

Er kennt fast jedes Theater im deutschsprachigen Raum aus dem Eff-Eff, hat schon für Regisseure oder Intendanten wie Roberto Cuilli, Gerard Mortier, Claus Peymann oder Jürgen Flimm Fechtszenen einstudiert, stand mit Sternchen, Stars und Statisten des deutschen Films vor der Kamera: Horst Gurski.

Der 49-Jährige ist am Niederrhein bekannt geworden als »Vater« der Neersener Schlossfestspiele. Dieses renommierte Freilicht-Theater hat der Kempener gegründet. Vor zehn Jahren hat er in Neersen den Intendantenstuhl nach acht erfolgreichen Spielzeiten eingeklappt. Seitdem arbeitet er als frei schaffender Schauspieler, Regisseur und Choreograph. »Im künstlerischen Bereich suchst du nach etwas Neuem. Aber es gibt nichts wirklich Neues«, sagt er aus seiner reichen Erfahrung.

Was nicht heißen soll, dass ihm die Ideen ausgehen. Gurski versteht sich als Anfeuerer einer oft erkalteten Kulturlandschaft. Auf der Bühne ein Irrwisch, hinter den Kulissen ein Inspirator, im Denken ein Freigeist und in der Aussage liberaler Chaot mit Hang zum Genialen: ein Geist, der stets bewegt.

Beispiele gefällig? In Gemünden bei Würzburg stellt er im zweiten Jahr als Intendant fröhliche Festspiele auf die Beine. Der »Sommernachtstraum« etwa kam »gigantisch« über die bajuwarischen Bretter, und die Gesamtauslastung liegt bei über 90 Prozent.

Gleichzeitig spielt er in »Solino« einen Ruhrpott-Kumpel. Der Streifen wird zurzeit in Duisburg abgedreht und läuft nächstes Jahr in den Kinos an; er handelt von der ersten Pizzeria in Deutschland. »Der junge türkische Regisseur Falih Akin ist ein echtes Talent«, schwärmt Gurski. Für die Rolle kam ihm zugute, dass er in Lünen nahe der Dortmunder Stadtgrenze aufgewachsen ist, also den Pütt-Jargon drauf hat.

Dennoch liebt er das Theater mehr als das Fernsehen. Ist er dort in alle großen Rollen geschlüpft. Und liebt den Puck aus Shakespeares »Sommernachtstraum« am meisten: seine Paraderolle. Vielleicht, sinniert er, weil er selbst ein wenig wie Puck ist: Traumtänzer, Tausendsassa, Entertainer, Frohnatur – und immer mit Leidenschaft.

Oft rufen Regisseure bei Horst Gurski an, für die er die Fechtszenen bühnenreif gestalten soll. Da macht ihm keiner was vor. Mitte September studiert er die Fecht-Choreographie für »Cyrano de Bergerac« im Stuttgarter Staatstheater ein. In der Stadt am Neckar ist er auch Dozent an der Hochschule für Musik und darstellende Künste: für Rollenspiel und Körperausdruck.

»Ich bin die nächsten drei Jahre ausgebucht«, lächelt Gurski und deutet an, dass ihm dieses »Zigeunerleben« Spaß macht. Er ist halt einer, der von der Muse geküsst ist – spätestens, seitdem er in jungen Jahren die Fliesenleger-Lehre sowie das Bau-Ingenieur-Studium an den Nagel hängte und sich bei der Essener Folkwang-Hochschule einschrieb. In Kempen, wo er im ländlichen Klixdorfer Feld mit seiner Frau und den beiden Söhnen lebt, tankt er zwischendurch auf. Spielt mal ein Tennis-Match, reitet als Dorf-St.-Martin vorneweg oder drückt der gelben Borussia die Daumen. Ansonsten und vor allem: Ein reisender Geselle in Sachen Kultur.

Axel Küppers

Die Liebe zur Thomasstadt ist ungebrochen

Egon Herfeldt ist Spross einer Kaffee-Großröster-Familie und hält seinem Geburtsort Kempen weiterhin die Treue.

"Ich habe nie auf Dauer in Kempen gelebt, aber meine freien Tage und alle Ferien hier verbracht. So kommen zusammengerechnet auch einige Jahre zusammen«, sagt Egon Herfeldt, Spross der seit 1801 in Kempen ansässigen angesehenen Kaufmannsfamilie.

»Ich bin eben hier geboren«, erklärt er mit einem fast bübischen Lächeln die Zuneigung zu seiner Heimatstadt. »Bei meiner Geburt war mein Vater Oberregierungsrat in Breslau. Also hat sich meine Mutter auf den Weg nach Kempen gemacht, damit ich im Hospital »Zum Heiligen Geist« zur Welt komme.

Der Ministerialdirektor außer Diensten im Bundes-Umweltministerium lud regelmäßig internationale Delegationen zu Tagungen in die Thomasstadt. Bei Verhandlungen mit einer Abordnung aus der ehemaligen DDR wurden die Stasi-Beamten nach Besichtigung von Schönmackers auf der Kegelbahn lockerer – nach dem x-ten Schnaps.

Dass er die Stadt liebt, merkt man seinen Erzählungen an. Wenn er von den Ferien bei Tante Josefine erzählt – im Haus an der Engerstraße 48, wo auch die »Ferdinand Herfeldt Kaffee-Großrösterei« ihren Geschäftssitz und Betrieb hatte. In der 48-Zimmer-Villa, zu der ein Gutshof und viel Land im nördlichen Teil der Stadt gehörte, spielte er mit Freunden.

Die Familie Herfeldt hat lange das öffentliche Leben in Kempen mitbestimmt. So war der Ururgroßvater Ferdinand Herfeldt von 1820 bis 1839 Bürgermeister der Thomasstadt. Sein Großonkel Hugo – »Ich habe als kleiner Junge auf seinen Knien gesessen« – ist für seine Verdienste als 1. Beigeordneter und stellvertretender Bürgermeister und besonders für die Stadtsanierung zum Ehrenbürger ernannt worden. Ohne ihn stünde das Kuhtor heute nicht in seiner vollen Pracht da. Nach ihm ist auch eine Straße benannt.

Nach Jugend, Schulzeit und Studium in Köln und Referendarzeit in Kempen wohnt der 75-jährige Träger des Großen Bundesverdienstkreuzes und Großoffizier im Orden von Oranien-Nassau heute in St. Augustin bei Bonn. In seinem Garten steht das schmiedeeiserne Gartenhäuschen der Weiland-Villa, das viele Kempener noch bestens kennen.

Aber Egon Herfeldt bleibt der Thomasstadt weiter verbunden: »Mein Sohn liebt Kempen über alles. Und seit einigen Monaten wohnt wieder eine geborene Herfeldt in der Nähe der Burg, nämlich meine Schwester.«

Philipp Wachowiak

Egon Herfeldt bleibt Kempen auch aus der Ferne treu

»Diese zehn Jahre haben mich reich gemacht«

Über seine Heimatstadt, das Amt des Bürgermeisters, die Holocaust-Diskussion sowie den Doppel-Pass äußerte sich Bürgermeister Karl-Heinz Hermans.

"Das Schicksal hat es gut mit mir gemeint." Bürgermeister Karl-Heinz Hermans muss länger nachdenken, wenn man ihn auf negative Erlebnisse in seinen fast 70 Lebensjahren anspricht. Gestern Mittag stand der Erste Bürger der Thomasstadt der WZ-Redaktion anderthalb Stunden lang Rede und Antwort.

Man hört nur Gutes über Sie. Sind Sie der gute Mensch von Kempen?

Karl-Heinz Hermans: Nun ja, ich sehe vieles positiv und lache gerne. Das habe ich wohl vom Vater geerbt. Trotz meines früheren schweren Berufs als Bäcker habe ich immer wert auf eine aufgeschlossene Art gelegt.

Kann man sich das in der Politik bewahren?

Das kann man sicher nicht lernen. Ich will durch meine Art dazu beitragen, Schwellenangst gegenüber dem Rathaus abzubauen. Ungemein geehrt hat mich beispielsweise, beim 100-jährigen Jubiläum des St. Huberter Musikvereins als Nicht-St.-Huberter dort Schirmherr sein zu dürfen.

Hat Ihr designierter Nachfolger Karl Hensel auch diese Gabe?

Ich halte ihn für überaus geradlinig und einen hervorragenden Verwaltungsfachmann. Deshalb stehe ich voll und ganz hinter unserem Modell für die Kommunalwahl am 12. September: Er als hauptamtlicher Bürgermeister, ich als 1. Stellvertreter mit Repräsentantenaufgaben. Sie müssen ja sehen, dass der künftige hauptamtliche Bürgermeister die Fülle der Aufgaben gar nicht bewältigen kann, wenn er zusätzlich noch repräsentieren muss.

Beim Blumengießen an der Ellerstraße

Im Redaktionsgespräch befragten (v.l.) Axel Küppers, Anke Blum, Anna Dubielzig, Niederrhein-Leiter Roland Busch sowie Barbara Leesemann den Kempener Bürgermeister Karl-Heinz Hermans

Was hat sich in Ihrer Zeit als Bürgermeister bewegt?

Ich denke schon, dass wir einiges auf die Reise geschickt haben und noch schicken werden. Die Altstadt hat sich gut entwickelt, wenn es hier und dort auch Ausrutscher – Stichwort Fischhaus Orsaystraße – gibt.

Sind Sie gerne Bürgermeister?

Diese zehn Jahre haben mich reich gemacht. Ich bin mit vielen Leuten zusammengekommen. Darunter waren einige Treffen, von denen ich noch schwärme, so das mit dem Kölner Kardinal Meissner.

Was darf man vom Gespann Hensel – Hermans erwarten?

Im Laufe der nächsten Legislaturperiode dürfte das Orsay-Center neben dem Museum ein Gesicht bekommen. Außerdem wollen wir dann den Umzug von Stadtwerken und Polizei über die Bühne bekommen. Ein neues Baugebiet an der Vorster Straße steht im Plan. Und wenn am Bahnhof dann noch ein schönes neues Viertel entsteht, sind wir zufrieden.

Was haken Sie unter »Negatives« ab?

Der Verlust des Kreissitzes war ein Schlag, ist aber gut aufgefangen worden durch sinnvolle Wirtschaftspolitik. Zuletzt hat weh getan, dass die Firma Arnold ihre Tore dicht gemacht hat.

Sie sind Bäckermeister: Backen Sie eigentlich heute noch?

Oja! Wenn ich mir vor St. Martin 100 Pfund Mehl kaufe, sind die bis Silvester im Backofen verwertet. Am liebsten backe ich Spekulatius.

Sie sind 1929 geboren, haben also die Kriegszeit sehr bewusst erlebt.

Ja, ich erinnere mich noch genau daran, als die Amerikaner nach Kempen kamen. Und ich weiß auch, welche Schergen von SA und SS die Plünderung jüdischer Häuser mitzuverantworten haben. In der ganzen Diskussion jetzt mit Bubis und Walser meine ich, dass man Auschwitz als Gedenkstätte unbedingt erhalten, über ein Mahnmal in Berlin aber noch mal nachdenken sollte. Ich habe junge Leute erlebt, die Auschwitz gesehen haben. Die sind hinterher sehr nachdenklich geworden.

In Kempen hat die Unterschriften-Aktion Ihrer Partei gegen den Doppel-Pass und der ablehnende offene Brief des Ausländerbeirates für Diskussionen gesorgt. Wie stehen Sie dazu?

Ich meine, Integration definiert sich nicht über eine doppelte Staatsbürgerschaft. In der CDU-Aktion sehe ich gottweiß keine Ausländerfeindlichkeit. Aber die vorige Regierung – das muss ich selbstkritisch sagen – hat auch versäumt, diese Sache rechtzeitig in Ordnung zu bringen. Aber, um noch einmal auf Kempen zu kommen, wenn ich etwa sehe, wie hervorragend an der Hauptschule die Integration klappt, habe ich keine Sorge.

Axel Küppers

Karl-Heinz Hermans mit seiner Ehefrau Resi

Spiel mit Formen und Farben

Wer Glaskunst sagt, meint Margret Hoever. Seit Jahren steht die St. Huberterin für ausgesuchtes Kreatives aus ihrer Werkstatt im Schatten der Pfarrkirche.

Glaskunst ist ihr Metier: Margret Hoever aus St. Hubert, hier vor einem ihrer Werke

„Formen und Farben sprechen für sich und für mich. Meine Sprache ist Glas." So beschreibt die bekannte St. Huberter Glas- und Mosaik-Gestalterin Margret Hoever ihre Beziehung zu ihrem Beruf.

Sie wurde 1937 in St. Hubert geboren und entdeckte schon in der Kindheit ihre Faszination für die Glaskunst, als sie ihren Vater, den Architekten Hannes Martens, oft in seine Werkstatt begleitete, wo die Fenster für verschiedene Häuser hergestellt wurden.

Von 1953 bis 1958 besuchte Margret Hoever die frühere Werkkunstschule in Krefeld und fertigte nach ihrem Abschluss als staatlich geprüfte Glas- und Mosaik-Gestalterin zahlreiche Arbeiten für kirchliche und öffentliche Einrichtungen an. „Unter anderem habe ich die Fenster an der St. Huberter Leichenhalle restauriert", berichtet die Künstlerin.

Zwar bedeuteten Heirat und Geburt ihrer fünf Kinder eine Pause vom kreativen Schaffen, doch Margret Hoever entwarf weiterhin Fenster für öffentliche Bauten und stellte kleinere Arbeiten für den Wohnbereich her.

Doch in all den Jahren ist die Künstlerin ihrem Kendeldorf treu geblieben, wo sie vor zehn Jahren auf der Hauptstraße 25 ihr Atelier eröffnete, das sie jetzt in Gemeinschaft mit Klaudia Hummen (Schalen, Glasverschmelzungen) betreibt. Hier gibt sie auch Kurse in Bleiverglasungen.

„Seit vier Jahren stelle ich auch Vasen und Schalen her, die ich in meinem Atelier zeige und verkaufe. Sie sind für mich ein zweites Standbein geworden", erläutert Margret Hoever. Alle Stücke seien Unikate und eigneten sich wunderbar als kleine Geschenke.

Vor kurzem fand die vierte Herbstausstellung in Haus, Garten und Atelier statt, bei der auch Stücke ihrer Tochter Martina Tetzlaff – sie ist Goldschmiede-Meisterin – zu sehen waren.

„Das Faszinierende an diesem Beruf", schwärmt Margret Hoever, „ist das Spiel mit Farben und Formen. Es ist nie langweilig, und man entwickelt mit der Zeit seinen eigenen Stil, den man immer wieder neu variieren kann."

Über Mangel an Ideen kann sich die Glaskünstlerin nicht beklagen. „Ich gehe mit offenen Augen durch die Natur und beobachte alles. Da kommen mir immer wieder neue Einfälle." Wer sich von diesem Ideenreichtum selbst überzeugen will, sollte einmal auf einen Sprung ins Atelier vorbei schauen. Jeder ist willkommen. (Öffnungszeiten: Di.–Fr. 10–12 Uhr und 15–18 Uhr oder nach telefonischer Vereinbarung, Ruf 67 68)

Florian Ferber

Weiterdenken im Bild

»Malkreise« sind das Hobby von Günter Hoff. Freizeitkünstlern bringt er die handwerklichen Fertigkeiten bei. In Arcen stellt er nun eigene Werke aus.

Berührungsängste kennt Günter Hoff nicht. Sein Leben ist geprägt von der bildenden Kunst, ob in seinem ehemaligen Beruf in der Werbebranche oder im Hobby als Maler. Der heute 71-Jährige hat bereits Hobbykünstlergruppen gegründet, in denen er ältere Menschen das Zeichnen und Malen näher bringt. Sein jüngster Malkreis ist vor drei Jahren im niederländischen Arcen entstanden. Hier wird am Sonntag um 11 Uhr seine Ausstellung »Weiterdenken – mit Bruegel und Hoff« eröffnet.

Gelernt hat Hoff Grafik, Fotografie, Betriebswirtschaft und Kommunikation. Der gebürtige St. Töniser hat in Düsseldorf gelebt und gearbeitet, lange in Herongen gewohnt und ist vor vier Monaten in die Kempener Altstadt gezogen.

Künstlerisches Talent durch das Erlernen handwerklicher Fertigkeiten fördern, diese Philosophie hat Hoff in seinen Malkreisen verwirklicht. Vor allem ältere Menschen hat er in St. Tönis in dem von ihm gegründeten »Kunst Kreis 80« und seit sieben Jahren in Herongen im »Malkreis« um sich geschart. »Ich habe so eine kleine soziale Ader«, meint Hoff.

Von Herongen war der Schritt nicht weit bis in den Freizeit-Ort Arcen kurz hinter der Grenze. Seit drei Jahren läuft dort der dritte »Hoff-Malkreis« ohne Verständigungsschwierigkeiten. »Wir reden Pidgin-Nederlands«, so der Maler.

Die Katholische Kirche sei schließlich auf ihn aufmerksam geworden, berichtet der Wahl-Kempener, denn diese beschäftige sich mit dem holländischen Maler aus dem 16. Jahrhundert, Pieter Bruegel. Und der ist Hoffs Vorbild.

»Ich habe Kirchenfenster in Oedt gestaltet. Ihr Motiv sind Kirchenfeste und wie das Volk sie feiert. Ein Düsseldorfer Kunsthistoriker hat die Fenster einmal mit Bruegel verglichen. Das sei ihm damals zwar »drei Nummern zu groß« gewesen, doch habe es ihn veranlasst, sich mit dem sozialkritischen Maler zu beschäftigen. Herausgekommen ist seine Ausstellung »Weiterdenken«.

Hoff hat sich Bruegels Bilder vorgenommen und sich gefragt, wie hätte der seine Aussagen heute gestaltet. Das Bild »Kinderspiele«, bei dem in einem Stich über 70 Kinder mit verschiedenen Spielen dargestellt sind, interpretierte Hoff in einer Bruegel sehr ähnlichen kleinteiligen Malart.

Nur symbolhaft konnte Hoff die Themen »Fette Küche« und »Magere Küche« aufnehmen. »Hunger gibt es in unserem Kulturkreis nicht«, meint der Maler. »Deshalb habe ich die Ich-Sucht dargestellt, und zwar als zwei ausgebrannte Eisberge.« Vor sieben bis acht Jahren habe er die sechs Bilder gemalt, die er in Arcen neben Bruegels Originalen ausstellen wird.

»Weiterdenken – mit Bruegel und Hoff« ist zu sehen im Franz-Pfanner-Haus im Freizeitpark »Klein Vink« in Arcen.

Sylvia Berndt

Pieter Bruegel nimmt Malkreis-Gründer Günter Hoff zum Vorbild für seine eigenen Bilder. Im limburgischen Ferienort Arcen stellt der Künstler seine Werke in Kürze vor

Jimi Hendrix vom Niederrhein

Der Kempener Gitarrist Dennis Hormes ist erst 15, aber er spielte schon mit so berühmten Leuten wie Klaus Lage.

Als das »Gitarrenwunder aus Kempen« oder der »Jimi Hendrix vom Niederrhein« ist Dennis Hormes schon von diversen Journalisten bezeichnet worden. Er spielte schon oft mit Musikern von »Purple Schulz«, Klaus Lage oder Westernhagen. Von Überheblichkeit ist bei dem 15-Jährigen allerdings keine Spur. »Ich find mich gar nicht so gut«, meint er.

Seit knapp vier Jahren spielt er nun Gitarre. Hormes: »Ich hab damals im Fernsehen einen Gitarristen gesehen und wie alle ihm zujubelten. Da dachte ich: Das will ich auch mal machen.«

Gitarren-Unterricht hat Hormes nie genommen. Durch Übung und mit Hilfe von Freunden hat er sein Können erworben. Hormes: »Mein bester Freund, Frank vom Endt, ist im Mai gestorben. Die meisten Tricks hab' ich von ihm.«

Die Beatles, Eric Clapton, Jimi Hendrix und die Hollies sind die Musiker, die Dennis am meisten beeinflussen. Seine musikalische Heimat ist aber eindeutig der Blues, weshalb er auch sehr für B. B. King schwärmt. »Vor allem das Gefühl, das B. B. King in seine Musik bringt, ist unglaublich«, schwärmt der Blondschopf. Andere Gitarristen wie Ingwie Malmsteen können ihn nicht so begeistern. Hormes: »Er zeigt zwar viel Technik, hat aber kein Feeling.«

Dennis Hormes inmitten seiner Lieblingsinstrumente, den Gitarren

15 Gitarren stehen in seinem Zimmer, darunter einige echte Schmuckstücke von Gibson oder Fender. Für eigene Aufnahmen hat er außerdem einen Bass und einen Drum-Computer. »Mein Taschengeld bessere ich mit Gitarrenunterricht auf«, erzählt Hormes. Zudem führt er Verstärker einer Endoursementfirma vor. Und für sein Hobby opfert er auch viel Freizeit: »Sommerferien hatte ich dieses Jahr keine.« Statt dessen war er auf verschiedenen Gitarrenlehrgängen.

Mit den »Großen« der deutschen Musikszene ist er schon häufiger aufgetreten. Mit Martin Engelien und Wolf Simon von der »Klaus Lage Band«, Charlie T. von Westernhagen, Hannes Bauer und Philip Canla von Udo Lindenbergs »Panik-Orchester«; und sogar mit Klaus Lage selbst hat er schon gespielt. Trotzdem ist er auf dem Teppich geblieben. Dennis: »Wenn solche Leute sich hinterher bei mir bedanken, weiß ich nie, ob die das ernst meinen.«

Sehr viel liegt Hormes auch daran, die Kempener Musikszene zu beleben. »Die Konkurrenz zwischen den Bands ist zu groß«, glaubt er. Natürlich engagiert er sich auch für seine eigene Gruppe, die »Lutz Only Ohne Band«. Hormes: »Mein im Mai verstorbener Freund hat da vorher Gitarre gespielt. Deshalb ist mir wichtig, dass die Band nicht auseinander bricht.«

Wer sich sein eigenes Bild von den Gitarrenkünsten des Kempeners machen möchte, kann dies bei regelmäßigen Sessions im Kulturbahnhof tun.

Daniel Ahrweiler

Katholizismus als Lebensgefühl

Professor Dr. Detlef Horster ist Wissenschaftler mit Wurzeln in Kempen. Sein Steckenpferd: Der Werte-Kanon des Katholizismus.

Zwölf Jahre arbeitete er an seinem Opus Magnum »Postchristliche Moral«, 629 Seiten stark: der Sozialphilosoph an der Uni Hannover und gebürtige Kempener Professor Dr. Detlef Horster (58). Darin geht es nicht nur streng wissenschaftlich um die Analyse christlicher Werte, Gut und Böse, um Aufklärung und Moral in der Politik. »Ich wollte meine katholische Vergangenheit aufarbeiten. Meine Wertebildung fand in Kempen statt.«

Sein Vater Jakob Horster (86) ist Ur-Kempener, dessen Großvater Jakob Schongen um 1878 den SPD-Ortsverein gegründet hat. Seit 1945 an der Vorster Straße 61 wohnend, besuchte Detlef Horster 1949 die Katholische Knaben-Volksschule (heute Martin-Schule). »Dort wie auch am Thomaeum waren noch viele richtige Nazis Lehrer«, berichtet er, »aber auch liberale wie Walter Schenk; ihm bin ich sehr dankbar.«

Für Horster ist die Keimzelle seines Buches, »dass Katholizismus für mich keine Religion war, sondern Lebensgefühl. Kempen war früher eine überschaubare Gemeinschaft, Frau Buckenhüskes eine Frühform des Internet.« Sie habe ein Info-Netzwerk geknüpft, Werthaltungen vermittelt. Horster erinnert sich, dass, tadelten ihn bei der Messe die »Kirchenschweizer«, seine Mutter davon noch am gleichen Tag erfuhr. »Die Kirche war überall, beim Karneval, beim Schützenfest.«

Seine Eltern, die aus der Mittelschicht stammen, hätten ihn tief beeindruckt mit dem Gleichheitsgrundsatz »Vor Gott sind alle gleich«, christliche Werte wie Freiheit und Gleichheit faszinierten. »Die enge christliche Gemeinschaft mit ihrer sozialen Kontrolle gibt es heute nicht mehr, nach 1945 aber war noch klar, was Gut und was Böse war.«

Kritischer Beobachter Kempens: Detlef Horster

1963 brach Horster mit den »Kempener Hierarchien«, trat in die SPD ein, war lange Juso-Vorsitzender, arbeitete in der Fraktion an der Stadtkern-Sanierung mit. Politischer Ziehvater war der Fraktionsvorsitzende Theodor Schlagermann, mit Rudi Zimmermann ging er Klinken putzen.

Horster, übrigens einer der Mitgründer des Judo-Clubs, lebt seit 1966 nicht mehr in der Thomasstadt. Doch er besucht seine alte Heimatstadt. Zwei- bis dreimal jährlich hält er an der Volkshochschule Vorträge, beobachtet die Veränderungen in der Altstadt. Verheiratet ist er seit 1970 mit der St. Huberterin Uschi Hirsekorn, mit der er zwei Kinder hat.

Ulrich Hermanns

In Rollenspielen Zivilcourage lernen

Der Politikwissenschaftler Dr. Klaus-Peter Hufer bietet ein Training an, wie man ausgrenzenden Stammtisch-Parolen entgegentritt.

Argumentiert gegen Hetz-Sprüche: Dr. Klaus-Peter Hufer

„Arbeitslose sind nur zu faul zu arbeiten." Diesen Spruch kennt jeder. Eine Stammtisch-Parole halt. Doch wie damit umgehen, wenn in der Kneipe der Nachbar derartige Phrasen drischt, dass sich die Thekenbalken bieten? Der Kempener Dr. Klaus-Peter Hufer hat jetzt ein Büchlein geschrieben, das Tipps gibt: »Argumentations-Training gegen Stammtischparolen«.

Auf 120 Seiten gibt der Politikwissenschaftler seine Erfahrungen weiter, die er in fünf Seminaren zum Thema gesammelt hat. Das funktioniert folgendermaßen: Im Kurs rufen sich die Teilnehmer Parolen zu. »Fast alle gehen in die ausländerfeindliche Richtung, aber auch Themen wie Politikverdrossenheit, Sexismus oder Wohlstands-Chauvinismus sind häufig«, so der 50-Jährige. Die Muster sind identisch, 80 Prozent der Sprüche kommen immer wieder, ganz gleich, wo und mit welcher Klientel man die Seminare macht.

Sodann werden Rollenspiele geprobt, wobei Hufer den »Wirt« spielt, die Stimmung anheizt. »Fast immer ist es so, dass diejenigen, die sich gegen die Parolen zur Wehr setzen, in die Defensive geraten«, hat Hufer beobachtet.

Was also tun? »Wir haben Alternativen erarbeitet, zum Beispiel kann man in heiklen Situationen mit Ironie viel bewegen«, so der Herausgeber zahlreicher Schriften zur politischen Erwachsenenbildung. »Wichtig ist, dass man Position bezieht, auch wenn man oft das Gefühl des Unterlegenseins hat«.

Eine Kempenerin habe beispielsweise aus dem Kurs mitgenommen: »Ich habe mir für die Zukunft vorgenommen, weiterhin meine Meinung zu vertreten, auch wenn ich mit ihr alleine stehe.« Die Resonanz sei gewaltig, sowohl das Buch als auch die Seminare seien Selbstläufer.

Das Taschenbuch kostet 20 Mark, ist im Buchhandel sowie über die »Bundeszentrale für politische Bildung« in Bonn beziehbar. Zur Auflockerung sind neun Illustrationen des Karikaturisten Chlodwig Poth abgebildet.

Axel Küppers

Fideler Turnvater Jahn

Elastisch in den Gelenken, ohne Verspannungen und mit kerzengeradem Rücken: Benno Jackwerth hat schon Generationen von Kindern trainiert.

Einen Parcours aus Sprungbrettern, Kästen und Matten hat Benno Jackwerth heute für seine Leichtathletikgruppe aufgebaut. Die Jungen und Mädchen können sich in der Halle am Bongert mal wieder richtig austoben. Dazwischen steht der 64-jährige Übungsleiter und ist durch nichts aus der Ruhe zu bringen. »Na ja, etwa 35 Jahre Routine als Trainer helfen da«, meint er schmunzelnd.

Seine Karriere als Übungsleiter hat Jackwerth beim TuS St. Hubert begonnen. »Vor knapp 20 Jahren bin ich dann vom Kempener Turnverein abgeworben worden«, erzählt der Berliner, der in den 50er Jahren ins Rheinland kam. Viele unterschiedliche Gruppen hat er beim KTV geleitet, den Koronarsport, die Behinderten- und Trampolingruppe und unterschiedlichste Turngruppen für Kinder.

»Jetzt hast du ja Zeit«, meinten seine Vereinskollegen, als er vor zwei Jahren pensioniert wurde. Und so betreut er die Behinderten- und zwei Leichtathletikgruppen für Kinder im Grundschulalter. Daneben ist er Turn- und Gerätewart des Vereins – hierbei kommt ihm sein Beruf als Autosattler zugute –, aktiv im Turngau und immer wieder unterwegs zu Weiter- und Fortbildungen.

Nach so vielen Jahren nicht in Einfallslosigkeit zu verfallen, wie macht man das? »Ein ehemaliger Ausbilder hat mir gesagt, schau dich auf Spielplätzen um. Da findest du Anregung genug«, erzählt Jackwerth. Früher waren auch seine zwei Kinder Inspiration, die er oft zum Sport mitgenommen hat. Heute ist es sein fünfjähriger Enkel Marcel. Bei all den Übungen ist es für Jackwerth sehr wichtig, dass das »ganze Kind« trainiert wird. Auch er stellt fest, dass immer mehr Kinder Bewegungsdefizite haben. Deshalb wählt er eine gute Mischung an gezielten Übungen und heiß ersehnten Wettspielen aus.

Typisch Benno Jackwerth: Unter seiner kundigen Anleitung haben die Kinder in der Halle Bongert viel Spaß am Turnen

Zwei Wünsche für den KTV hat Benno Jackwerth am Ende noch. »Als der Fußboden in der alten Halle an der Eichendorffstraße erneuert wurde, wurden die Bodenanker für die Spannbarren zugedeckt. Die hätten wir gerne wieder freigelegt«, sagt er. Der andere Wunsch: Fürs Geräteturnen würde der Verein gerne wieder mit allen Stunden in die Eichendorffhalle. »Eine Stunde müssen wir in die Halle der Realschule ausweichen, doch dort können wir keine Geräte lagern.«

Barbara Leesemann

Bauernsohn kennt Land und Leute

Weil er die Sprache des Volkes spricht, ist der neue Marktmeister Franz-Heiner Jansen die Idealbesetzung in diesem Job.

»Das Schönste ist für mich der Kontakt zu den Marktleuten.« Franz-Heiner Jansen hat nach eigener Einschätzung einen Traumjob. Der 36-Jährige ist seit vier Wochen Kempens Marktmeister. Ganz neu ist der Job für den Angestellten der Stadtverwaltung aber nicht. Denn schon in den letzten Jahren nahm ihn sein Vorgänger Heinrich Schmitz immer wieder mit, wenn er bei Markt- und Kirmesbeschickern mit der Bon-Maschine die Standgebühren eintrieb.

Die Bon-Maschine hat ausgedient. »Heute wird das alles per Einzug am Computer abgewickelt«, beschreibt Jansen. Damit könne er noch gut leben. Weniger schön, aber unumgänglich sei, dass er die Hälfte seiner Arbeitszeit »leider« im Büro am Buttermarkt im Haus Basels verbringen müsse.

Der Bauernsohn aus Schmalbroich-Wall war immer schon lieber an der frischen Luft und unter Menschen. Helmuth Ohletz, sein Dienstherr im Ordnungsamt, hat ihm mit auf den Weg gegeben, ein guter Marktmeister müsse »Land und Leute kennen«. Dafür ist der verheiratete Vater von zwei Töchtern geradezu die Idealbesetzung.

Der Wochenmarkt auf dem Buttermarkt, immer dienstags und freitags vormittags und einer der schönsten in der Region, sei schon »ein Klübchen für sich«, beschreibt Jansen. Was er positiv verstanden wissen will: Qualität bei Obst, Gemüse, Gewürzen, Blumen, Fleisch und Geflügelwaren wird gewährleistet. Wer neu hinzukommen will, muss Geduld haben. »Beengte Stände und Ramsch gibt es nicht.«

Der neue Meister des »grünen Wochenmarktes«, auch als Schmalbroicher Löschzugführer bekannt, will nicht nur attraktive Märkte erhalten – das sind außer Kempen noch donnerstags St. Hubert sowie Hubertus- und Halbfastenmarkt. »Die gute alte Kirmes muss in Kempen wieder Einzug halten«, sagt er. Ein Ziel ist etwa, die beiden Plätze Buttermarkt und Viehmarkt mit Kirmesbuden zu verbinden.

Axel Küppers

Franz-Heiner Jansen (l.) morgens auf dem Wochenmarkt: Ein Pläuschchen mit den Beschickern ist immer drin

Fast schon eine Vaterfigur

Hans-Gerd Jentjens von der Astrid-Lindgren-Schule geht in Rente. Der Pädagoge hat Akzente gesetzt.

Ein Unikat geht in den Ruhestand: Hans-Gerd Jentjens, Lehrer an der Astrid-Lindgren-Schule. Bei Kollegen und Schülern gleichermaßen beliebt ist der engagierte und hilfsbereite Pädagoge.

Seine Lehrer-Laufbahn begann 1966 an der Volksschule in St. Hubert. Zuvor hatte Jentjens bei den Steyler Patres in Wien ein Theologie-Studium und ein Noviziat absolviert. Es folgte ein Studium an der Pädagogischen Hochschule in Neuss. Nach Stationen in Schmalbroich und an der Kempener Martin-Schule unterrichtet er seit 1984 an der Astrid-Lindgren-Schule. Seit gut zehn Jahren ist er dort Konrektor.

In diesen 18 Jahren hat der 62-Jährige über 500 i-Dötzchen das ABC beigebracht, sie in das Einmaleins eingeführt und ihnen genau erklärt, wie das nun ist mit den Bienchen und Blümchen. »Er ist unheimlich lieb zu den Kindern, und sie hängen sehr an ihm. Für sie ist er fast schon eine Vaterfigur«, meint Kollegin Margot Erens.

»Der Umgang mit Kindern hat mir immer Spaß gemacht. Wenn sie dabei auch noch was lernen: Um so besser«, so der Pauker. Und alle sind sich einig: »Wir werden ihn vermissen.«

Doch auch nach seinem aktiven Schuldienst weiß sich der Neu-Rentner zu beschäftigen. Neben seiner Frau Maria zählen das Propstei-Archiv Kempen – das er ehrenamtlich leitet –, das Pfarrarchiv seines Wohnortes Hüls und der dortige Heimatverein zu seinen Hobbys.

»Er hat schon über 2000 alte Totenzettel im Propstei-Archiv gesammelt. Manchmal kommt er mir vor wie ein Altwarenhändler, immer auf der Suche nach Schmökern und staubigen Urkunden«, lacht Margot Erens.

Geht in Rente: Grundschullehrer Hans-Gerd Jentjens

Und dann ist da auch noch ein Enkelkind, das zwar mit dem Sohn in Südamerika lebt, aber dennoch Opas Liebling ist. Nächsten Mittwoch wird Jentjens mit einer kleinen Feier in der katholischen Grundschule verabschiedet.

Florian Ferber

»Meine Kinder sind doch hier geboren«

Beispiel für gelungene Integration: Eine Familie, in Sri Lanka bedroht, hat in Kempen eine neue Heimat gefunden. Der Weg war nicht immer einfach für Jeyaratnam Caniceus.

Er betet und rechnet in Deutsch – und kommt aus einem fernen Winkel der Welt. Caniceus Jeyaratnam ist Tamile aus dem früheren Ceylon. In diesem Land, das die Singhalesen heute stolz Sri Lanka nennen, herrscht seit 1985 Bürgerkrieg. Jeyaratnam Caniceus, 1966 geboren, war in seiner Heimat Anschlägen ausgesetzt.

Zur Erklärung: Die Singhalesen stellen in Sri Lanka mit 75 Prozent die größte Bevölkerungsgruppe und die Führungsspitze in Wirtschaft und Bildung. Die Tamilen sind mit 18 Prozent eine bedrohte Minderheit. Ein Studienplatz war für einen Tamilen nahezu nicht zu bekommen. So entschloss sich der damals 19-Jährige, nach Deutschland zu gehen. Auf abenteuerlichen Wegen kam er über Ost-Berlin und mit Durchreise-Visum nach Frankreich über Mönchengladbach (wo bereits einige Verwandte lebten) nach Vorst. Dort lebte er bis 1994 in der Obdachlosen-Unterkunft.

Trotz der Schwierigkeiten, denen Asylbewerber ausgesetzt sind, entschloss sich Jeyaratnam früh, in Deutschland zu bleiben. Und arbeitete aktiv an seiner Integration: Seine Deutsch-Kenntnisse erwarb er bei einem Kurs des Sozialdienstes SKM in Kempen.

1989 hörte er von einem Cousin seiner Deutschlehrerin, der in Wachtendonk eine Elektrofirma hat und Auszubildende suchte. Dort arbeitete Jeyaratnam zwei Wochen auf Probe. Dann war ihm der Ausbildungsplatz sicher. Um die fehlende Arbeitserlaubnis kümmerte sich die Firma. Und der Tamile büffelte weiter.

Heute sagt er: »Das erste Lehrjahr war schwer. Ich konnte noch zu wenig Deutsch.« Aber: Im Januar 1994 legte er seine Prüfung als Elektro-Installateur ab. Im Februar heiratete er seine Frau Jean, die er in Münster kennen lernte. Sie war in Sri Lanka Tanzlehrerin und kümmert sich heute um die drei Kinder. Tochter Caroline geht zur katholischen Grundschule Wiesenstraße, Sohn Joeneffen zum Kindergarten, und Nesthäkchen Cynthia ist drei Monate jung. Großer Vorteil für die Kinder: Sie wachsen mehrsprachig auf.

Während seiner Gesellenzeit in Wachtendonk paukte Jeyaratnam an der Abendschule für die Meisterprüfung, die er 1998 absolvierte. Heute arbeitet er als Elektromeister bei einer Krefelder Firma. Ganz besonders stolz ist er darauf, dass er am 17. Mai 1999, zwei Tage vor seinem Geburtstag, eingebürgert worden ist.

Caniceus engagiert sich politisch, sitzt als Vertreter der Grünen im städtischen Kempener Sozial- und Kulturausschuss und arbeitet in der Agenda-Gruppe »Integration« mit. Der Tamile betont: »Obwohl heute in Sri Lanka Ruhe herrscht, will ich nicht mehr zurück. Meine Kinder sind doch hier geboren.«

Philipp Wachowiak

Jeyaratnam Caniceus mit zwei seiner drei Kinder, Caroline und Joeneffen

Tatort Kamera

Ein vielgefragter Schauspieler ist Marcus Kaloff. Obwohl in Münster geboren, hat der Wahl-Berliner in Kempen den »Schliff fürs Leben« erhalten.

Augen: grüngrau, 186 cm, Haare: dunkelblond, Muttersprache: Deutsch, Dialekt: Niederrheinisch. So wird Marcus Kaloff in seiner Vita »angepriesen«. Das Niederrheinische hat der Schauspieler in Kempen gelernt. 1959 in Münster geboren, verschlug es ihn mit seiner Familie zur fünften Klasse in die Thomasstadt und ans Thomaeum. »Wir haben in Hause Velde gewohnt. Meine Oma lebt noch in Willich«, berichtet der Schlaks.

Zurzeit dreht der Wahl-Berliner mit Götz George in Köln. Bereits im vergangenen Jahr stand er mit dem Schimanski-Darsteller vor der Kamera, und zwar für die Komödie »Liebe ist die halbe Miete« – zu sehen am kommenden Mittwoch um 20.15 Uhr in der ARD. Er spielt einen schusseligen Makler, der gleich zweimal eine Wohnung vermietet. Mit von der Partie beim Dreh war auch seine Frau, Schauspiel-Kollegin Dagmar Manzel, zuletzt als Petra Kelly auf dem Bildschirm zu sehen.

Die Leidenschaft für die Schauspielerei entdeckte Kaloff in seiner Jugend. Da stand er als 16-Jähriger mit der Truppe »Schola ludi« auf den Brettern, die die Welt bedeuten. »Ende der 70er Jahre sorgten wir Schüler mit unseren Auftritten für Aufsehen«, erinnert er sich und grinst.

Gleich nach dem Abi 1980 in Kempen ergatterte er einen Platz an der Schauspielschule in Zürich. »Die Folkwang-Schule in Essen war mir zu nah.« Danach engagierte ihn das Schauspielhaus Zürich, dem er bis 1990 treu blieb. Gerne erinnert er sich an die Aufführung von Max Frischs letztem Stück »Jonas & sein Veteran«. Mit der Hauptrolle betraut, genoss er nicht nur die Anwesenheit Frischs, sondern auch die Zusammenarbeit mit Benno Besson. »Er gehörte zu den Regisseuren, die mir viel beigebracht haben.«

Engagements quer durch Deutschland folgten. »Doch nach der Geburt meines Sohnes Caspar wollte ich freier sein und entschied mich gegen feste Engagements.« So stieg er beim Fernsehen ein und wanderte über Soaps (»Marienhof«) und Serien (»Unser Charly«, »Für alle Fälle Stefanie«) sowie dem »Tatort« weiter zu Fernsehfilmen. Kaloff, der neben dem fast sechsjährigen Caspar noch die 18-jährige Tochter Karla hat, hat sich jedoch nicht vollständig von der Bühne verabschiedet. »Einmal im Jahr spiele ich noch Theater, beispielsweise im vergangen Jahr den Hamlet in Tübingens.«

Zehn Jahre lebt Kaloff in Berlin, wo er seinen Hobbys, »die ich auch für meine Schauspielerei gebrauchen kann«, nachgeht. Singen und Saxophonspielen sowie Tennis und Fußball gibt er an. Das Kicken hat er übrigens beim SV Thomasstadt gelernt. »Und auch heute noch bin ich oft auf dem Mönchengladbacher Bökelberg bei der Borussia zu finden«, betont der Mime.

Barbara Leesemann

Ein vielseitiger Schauspieler: Marcus Kaloff

Im Mittelpunkt stets der Mensch

Eine Institution feiert Jubiläum: Seit 30 Jahren wirkt der beliebte Dr. Rolf Kamp als Arzt für Hals, Nasen und Ohren.

„Die Arbeit im Krankenhaus ist für mich das Salz und der Pfeffer in der Suppe", so Dr. Rolf Kamp zu seinem 30-jährigen Dienstjubiläum als Belegarzt der HNO-Station im Hospital. Aber auch: »Ich bin froh, in einem Krankenhaus zu arbeiten, wo über jeder Tür ein Kreuz hängt.«

Dabei wollte der bekannte Hals-Nasen-Ohren-Arzt zuerst Kinderarzt werden; in einem überschaubaren Gebiet operativ tätig sein. Doch seine Zeit als Medizinalassistent am Klinikum Düsseldorf nach Abitur in Geldern und Studium in Bonn und Düsseldorf ließ ihn umdenken. So machte er die Facharztausbildung für HNO in Krefeld bei Professor Greven. »Und zwischendurch habe ich mal so geheiratet.«

So kennen viele Kempener Dr. Kamp: mit Spiegel auf dem Kopf und im Arztkittel. Der beliebte Mediziner feiert jetzt 30-jähriges Dienstjubiläum

Seine Frau Marianne lacht und zeigt auf eine große Fotowand mit vielen Familienbildern: »Wir haben uns Pfingstmontag 1961 kennen gelernt. Und mein Mann lässt nie locker. So hat er mich auch bekommen.« Und dann einigen sich die beiden darauf, dass sie 1967 geheiratet haben. Und den Stolz über die drei Söhne sieht man in den Gesichtern: Sohn Johannes, 32, ist Narkose-Arzt in Gladbach; Martin, 31, HNO-Arzt wie der Vater, soll einmal die Praxis übernehmen und die 80-jährige Tradition der Familien Kamp und Luft als Belegärzte im Krankenhaus fortführen, die bereits Dr. Hans Kamp, Vater von Rolf, anno 1920 begann. Der jüngste Sohn Rolf-Michael, 28 (»der Spanier in unserer Familie«), ist Psychologe in Lüttich.

Undenkbar ist Rolf Kamp ohne Frau Marianne: Sie unterstützt ihn mit Rat und Tat bei seiner Arbeit in Praxis und Krankenhaus. So hat sich die gelernte Laborantin auf Hör-Tests spezialisiert, besonders bei Kleinkindern. Eine Episode ist beispielhaft für Familie Kamp: Als Sohn Johannes am ersten Schultag zur Mutter sagt, die bei den Waschkörben mit den Abrechnungen sitzt: »Ich werde Arzt.«

Ist Rolf der Kopf der Familie und der Praxis, so ist Marianne die Seele. Beginnt ihr Tag auch meist schon um halb sieben – Kamp fährt mit dem Rad ins Krankenhaus –, so finden sie doch noch Zeit für Hobbys; Radeln, Reisen, Filmen, Fotografie, Eisenbahn und Schwimmen: Kamp war Bademeister im alten Hohenzollernbad, ist heute noch Vereinsarzt des SV Aegir.

Und beide zeigen aus der Küche mit der alten Holzbank, die stehen bleibt, weil es die Söhne so wollen, auf den herrlichen, selbst gepflegten Garten mit eigenhändig ausgehobenem Schwimmbad.

Bei der Feier im Café im Hospital würdigte Propst Dr. Josef Reuter die Arbeit und das Engagement des 63-Jährigen: 25 000 Operationen in 30 Jahren, Einführung der Intubationsnarkose und der kooperativen Beleg-Abteilung. Reuter: »Besonders sein Kampf für die Mutter-und-Kind-Betten zeigt: Im Mittelpunkt des Denkens des Jubilars steht immer der Mensch.«

Philipp Wachowiak

Männchen aus der Tuschefeder

Christa Karalus fertigt kleine Kunstwerke, setzt sie in einen Kasten und baut einen passenden Rahmen dazu.

Eine Elfe sitzt lesend in einer Astgabel, unter ihr wartet ein Schimmel geduldig. Eine märchenhafte Ansicht, die Erinnerungen an Fantasiegeschichten der Kindheit wach werden und bei längerer Betrachtung auch die eigene Fantasie erwachen lässt. Viele solcher Szenen, ob aus der Fabelwelt oder der eigenen Vorstellung entstanden, hat Christa Karalus gefertigt und in Kästen eingefangen.

»Die Natur ist mein Lieferant«, sagt die Künstlerin. Und davon hat sie auf ihrem Jahrhunderte alten Bauernhof, dem Fliethhof in St. Peter, reichlich. Als kürzlich die vielen Pappeln abgeholzt wurden, fand sie später jede Menge verwitterte Rinde. Ein großes Stück stellte sie – weiß gespritzt – in einen Rahmen mit zwei Männchen oben drauf. Jedes schaut in eine andere Richtung. »Ich habe es Gipfeltreffen genannt«, sagt sie spitzbübisch.

1929 im badischen Offenburg geboren, war ihre künstlerische Neigung schon zur Schulzeit klar. Zunächst lag die Betonung im Musischen, was in ein Studium der Geige und des Klaviers mündete. Männchen – wie sie sagt – zeichnete sie schon immer. Diese nahmen Gestalt an und flossen schließlich als Karikaturen aus der Tuschefeder. Etliche Ausstellungen hat sie damit bestückt. Darauf folgten Fotografien von Puppen. So machte sie für den Kempener te-Neues-Verlag einen Kalender. »Leider war der für das Jahr 2000 der letzte«, bedauert sie.

Durch ihr Nomadenleben – Ehemann Paul war renommierter Regisseur und Fernsehautor für Dokumentarfilme beim WDR – verlagerte sich der Schwerpunkt auf die gestalterische Seite. Karalus: »Durch die vielen Umzüge konnte ich mir keinen Stamm an Musikschülern aufbauen.«

Die Idee mit den Kästen kam ihr vor vielen Jahren, als sie die abstrakten Kasten-Kunstwerke einer Kölnerin bewunderte. Und so entstanden Jahr um Jahr kleine Kunstwerke, darunter auch eine Apotheke en miniature, eine Confiserie oder eine Bibliothek. An deren Entstehung erinnert sie sich noch gut. »Es war eine Auftragsarbeit für einen befreundeten Bibliothekar. Ich habe viele kleine Bücher gefaltet und geklebt. Es war eine endlose Arbeit.« Eine Lehre hat sie daraus gezogen: »Nie wieder eine Auftragsarbeit.«

Die Inspiration kommt bei Christa Karalus meist durch ein einzelnes Objekt – ein Stück Holz von einer alten Tür, eine Platine aus dem Fernseher («obwohl mir natürliche Sachen mehr liegen«) oder von Figürchen, die sie auf diversen Märkten findet und auf Vorrat kauft. Ist die Idee geboren, gibt es für sie kein Halten mehr. Karalus: »Dann wird meine Küche zur Werkstatt. Alles liegt herum, und die Späne fliegen schon mal in den Salat. Das muss die Familie dann vertragen.« Mann und Sohn tun es anscheinend gerne. Denn ist ein Kasten fertig, meldet sich meist einer von beiden und verkündet: »Das ist meiner!«

Dies ist auch ein Grund, warum sie sich von ihren kleinen Schätzen noch nicht getrennt hat – bis auf wenige als Geschenk für Freunde. Doch das will sie jetzt ändern. »Es werden einfach zu viele«, sagt sie. »Ich brauche nur noch einen Anstoß – eine Ausstellung vielleicht …«

Barbara Leesemann

»Gipfeltreffen« nennt Christa Karalus dieses Werk

200 Jahre keine Schraube locker

Seit 200 Jahren sorgt ein Laden an der Ellenstraße dafür, dass in keinem Kempener Haus eine Schraube locker ist oder fehlt. Die Rede ist von Eisenwaren Heitzer.

Agnes und Franz Josef Karges stehen bei Eisenwaren Heitzer für Kontinuität und Qualität

Und so präsentierte sich Heitzer vor 30 Jahren an der Ellenstraße

„Bei Heitzer bekommt man einfach alles" – das legendäre Sortiment des Kempener Traditionsladens ist schon sprichwörtlich in der Thomasstadt. Inhaber Franz Josef Karges lächelt, denn er kennt den guten Ruf seines Geschäftes für Haushalts- und Eisenwaren, Werkzeuge und Baubeschläge. Sage und schreibe 200 Jahre alt wird Heitzer an der Ellenstraße 16–17 in diesem Jahr.

»Das ist aber schön geworden«, freuen sich die beiden Kundinnen, die den Laden noch nicht nach dem Umbau gesehen haben. Extra zum Jubiläum erscheint Heitzer im neuen Outfit. »Hast du nicht gesehen«, könnte man das Warensortiment des Traditionsladens umschreiben. Da gibt es von edlen Bestecken über klassische Gläser bis zu Haushalts-Utensilien und Handwerkzeug einfach alles. Ja, und dann sind da natürlich auch die Schrauben, Muttern und Dübel, die Heitzer allzeit bereit hält. Neulich sei ein Kunde zu ihm gekommen, der für einen Tür-Zylinder die passende Schraube sucht. »Kann ich ihnen sofort geben«, lautete prompt die Antwort von Karges.

Die Geschichte des Ladens, der seit 200 Jahren an derselben Stelle existiert, begann 1794 mit Heinrich Heitzer aus Hinsbeck. Der Schmied eröffnete damals in Kempen seine Werkstatt, meldete sich 1797 beim Amtsgericht in Kempen an. »Wir wussten jahrelang nicht, was das H. vor dem Heitzer bedeutet.« Der geschichts- und traditionsbewusste Karges ließ nicht locker und setzte einen Archivar auf den Fall an.

Drei Generationen lang vererbte sich die Firma innerhalb der Familie, bis Josefine Heitzer 1931 an Ignaz Karges, den Vater von Franz Josef, verkaufte. »Sie ist damals ins Kloster gegangen, und weil mich die Geschichte interessierte, habe ich sie als Junge immer mit dem Fahrrad besucht.«

Im Jahre 1974 übernahmen er und seine Frau Agnes dann das Geschäft vom Vater. Seit den Anfängen im 18. Jahrhundert hat sich natürlich vieles geändert. »Mein Vater hat 1931 mit 28 Quadratmetern angefangen. Während einer Modernisierung 1981 wollte der Architekt auch den schönen alten Schraubenschrank aus den 50er Jahren wegnehmen.« Doch Karges, ganz traditionsbewusst, wehrte sich. Und heute steht der Schrank immer noch und bringt dem Laden viel Flair.

In den 90er Jahren zählt für Karges Service und Qualität. Den Inhaber stört es auch nicht, dass ihn Leute mit »Herr Heitzer« ansprechen: »Ich identifiziere mich mit dem Laden.« Und damit es Heitzer noch lange gibt, steht Karges Tochter zur »Übernahme« bereit.

Wibke Busch

Agnes und Franz Josef Karges • 20.11.1997

Show-Dinos am laufenden Band

Toni und Willi Kelleners sind seit über 40 Jahren im Showgeschäft. Als »Kelty-Brothers« sorgen sie für Furore.

Ganze Alben voll mit Fotos und Zeitungsausschnitten zeugen von ihrer bewegten musikalischen Vergangenheit. Als »Kelty-Brothers«, Taxi Toni und Taxi Willi, sind sie weit über die Grenzen des Niederrheins bekannt geworden.

Im »wirklichen« Leben heißen sie Toni und Willi Kelleners, erlernten den Beruf des Webers, fuhren beide 28 Jahre lang Taxi, sind verheiratet und haben je zwei Söhne. Toni lebt in Hüls, Willi in Kempen.

Am 20. Mai 1941 erblickten sie in Hüls das Licht der Welt, Toni fünf Minuten vor Willi. Kinder-, Kirchenchor und Mandolinenorchester sind die frühen musikalischen Stationen. Von ihren fünf Geschwistern schlug keines eine musikalische Karriere an. »Unsere Mutter konnte singen und pfeifen wie Ilse Werner«, erklärt Willi den Rhythmus im Blut.

Die erste Elektronik-Gitarre kaufte Toni 1957, und bald folgte der erste Auftritt im Hülser Heinrich-Stift. Elvis, Cliff Richard und die Shadows haben die eineiigen Zwillinge »gecovert« – wobei es diesen Ausdruck damals noch nicht gab. Als sich Werner Tysel, ein Allround-Talent an Instrumenten, zu den Kelleners gesellte, war ein Band-Name fällig. Heraus kam: »Kelty Brothers«.

Einschneidendes Erlebnis war 1961 der Besuch eines Konzertes der Tielmann-Brothers. »Da war klar, wir wollen eine Gitarrenband gründen.« Schnell waren weitere Musiker wie Hännes Spieckers (Solo-Gitarre) und Karl-Heinz Schiffhorst (Bass) gefunden – die Truppe war komplett. »Toni spielte übrigens Schlagzeug. Willi Rhythmus-Gitarre und Werner alles« ergänzen die Zwillinge. Wilde Zeiten waren das damals »und das Astoria in Mülhausen unser Stammhaus.« »Weißt du noch, wie wir ohne Wissen des Pastors

Taxi Toni (r.) und Taxi Willi vor der Burg

damals in Hüls eine Beat-Messe organisiert haben? Der Kaplan, der uns unterstützte, war dann nicht mehr lange da«, erinnert sich Willi.

1963 stieg Toni aus der Band aus, um zur Bundeswehr zu gehen. »Ich gründete dann meine eigene, die Taxi-Toni-Band«, berichtete er. »So benannt nach meiner Gaststätte, die Willi 1972 übernahm, und dem Beruf.« Taxi Toni und Taxi Willi blieben am Ball. 1976 hatten sie mehrere Auftritte bei Rudi Carell in der Sendung »Am laufenden Band«. »Und Mitte der 80er hat Willi die technische Unterhaltung am Niederrhein salonfähig gemacht«, betont Toni. »Da zog er als erster DJ mit Schallplatten los.« Im Laufe der Zeit wurden es CDs, »und jetzt sind's Computer«, ergänzt Willi. Als Show-Dinosaurier sind sie auch heute noch gefragt.

Einen glanzvollen Auftritt hatten die Brüder noch 2001, als sie mit Andy Tielmann in der ausverkauften Uerdinger Halle ihren 60. Geburtstag und ihr 40-jähriges Bühnen-Jubiläum feierten.

Barbara Leesemann

Die sechs Augen der Stadt

Die »Kempener Videofreunde« sind bei den wichtigen Ereignissen dabei. Das Trio hat Sinn für Tradition und Brauchtum.

Fast allgegenwärtig im Stadtbild sind zurzeit drei mit Kameras »bewaffnete« Männer. Man kennt sie nicht nur von Stadtratssitzung, Prinzenproklamation oder Martinsfest.

Das Team nennt sich »Kempener Videofreunde«. »Wir können jedes Film- oder Videoformat abspielen«, so Dieter Wolters. »Und suchen alte Schätzchen, die wir überspielen können. Als Dank fürs Ausleihen machen wir eine Kopie auf normale Video-Kassette.«

Der ehemalige Rettungssanitäter Wolters ist die treibende Kraft der drei munteren Mittfünfziger. »Uns ist letztes Jahr ein Film des Kempener Schmalfilmklubs von 1956 in die Hände gefallen. Da entstand die Idee, diesen mit allen Einstellungen nachzudrehen«, berichtet Wolters. Ein Projekt, das viel Zeit und Geld erfordert.

»Wir haben jeder unsere Schwerpunkte und harmonieren gut«, sagt Jürgen Jakobs, technischer Leiter bei de Beukelaer. Günter Pandel ist Fußbodentechniker und der »Finanzminister« des Film-Trios. Jakobs kümmert sich um das Schneiden der Streifen am heimischen Computer. Er spricht auch die Kommentare und druckt die Hüllen.

Kontakte knüpfen und kopieren ist hingegen der Job von Wolters. In seinem Keller zu Hause stehen zwölf Kopiermaschinen. CD- und DVD-Brenner samt Software gehören selbstverständlich auch zur Ausrüstung, wie eine digitale Kamera – für jeden der Drei. Und wenn es eine Einstellung erfordert, klettert Jakobs – so etwas wie der Stuntman der Truppe – auch schon mal eine 30 Meter hohe Drehleiter hinauf.

Aktiv wurden die Freunde am 9. Oktober vorigen Jahres. Bis das ehrgeizige Projekt des Nachdrehens des alten Films fertig ist, wurden Streifen über Martinsfest, Prinzenproklamation und Weiß-Blau-Kamperlings-Sitzung gedreht. Außerdem spricht Vizebürgermeister Karl-Heinz Hermans »Min Kempe« vom Kempener Heimatdichter Wilhelm Grobben – übrigens auch im Internet auf der Homepage der Stadt.

Jeder Film kostet 20 Mark. »Das ist der Selbstkostenpreis«, betont Wolters. Die Kassette ist bei der Service-Stelle im Rathaus am Buttermarkt zu kaufen. Ein Auftrag der Stadt liegt auch bereits vor: Ein Werbefilm, der Kempen in den vier Jahreszeiten zeigt, wird Ende 2001 fertig: »Die wenigen Schneestunden haben wir ausgenutzt«, so Wolters.

Einen »Gesamtkarnevalsfilm« über die laufende Session steht auch auf dem Programm. »Wir wissen, wo sich der Prinz zu jeder Minute aufhält.« Na, hoffentlich nicht wirklich…

Weitere Informationen gibt es unter www.kempener-videofreunde.de oder unter Tel. 0172 / 212 44 22.

Philipp Wachowiak

Das öffentliche Leben in Kempen halten die drei Videofreunde (von links) Jürgen Jakobs, Dieter Wolters und Günter Pandel fest

Hospital für stachelige Gesellen

Die Igel-Station von Margitta Kessel in Schmalbroich ist weit über Kempen hinaus bekannt.

Verletzte Tiere werden hier gesund gepflegt. Ordentlich aufgereiht liegen die Igel in ihren Kisten. Einigen fehlen Teile des Gesichts, andere keuchen bei der Anstrengung zu atmen oder liegen ruhig in ihrem Häuschen. Trauriger Alltag in der Igel-Station von Margitta Kessel. Die 58-jährige Hausfrau nimmt seit 20 Jahren zusammen mit ihrem Mann Willi verletzte und kranke Igel auf, um sie gesund zu pflegen.

Ein Full-Time-Job: Schon früh morgens müssen die Igel gefüttert und gereinigt werden, einige müssen zum Tierarzt, andere brauchen Medikamente. Wunden und Verletzungen müssen gesäubert und verbunden werden. Rasentrimmer, Laubsauger, offene Kellerschächte und Autoverkehr sind die Hauptgegner der stacheligen Gesellen. »Da fehlt mal ein Stück Kopf oder ein Bein«, so erzählt Kessel. Eigentlich pflegte sie Greifvögel, bis ihr jemand fünf Igelbabys brachte, deren Mutter verschwunden war. Seitdem hat Kessel die Greifvögel aufgegeben und kümmert sich nun um die kleinen Säugetiere.

120 bis 150 Igel pflegt sie im Jahr, und die Igel-Station ist von Aachen bis Emmerich bekannt. Etwa die Hälfte der Tiere kann später wieder ausgesetzt werden, die anderen erliegen ihren Verletzungen. Kessel versucht, die Leute auf die Gefahren, die den Igel in den Gärten bedrohen, aufmerksam zu machen: »Igel laufen nicht weg, sondern igeln sich ein, wenn es gefährlich wird.«

Ihre Bitte an die Hersteller von Gartengeräten, diesen Umstand doch in die Gebrauchsanweisung zu schreiben, blieb bisher ungehört. Deshalb setzt Kessel jetzt auch auf Jugendarbeit. Manchmal kommen Kindergarten- und Schulklassen zu ihr, um sich über die Stachelkugeln zu informieren. »Manchmal zeige ich auch einen, wenn er nicht ganz so stark verletzt ist.« Die Kinder achten danach bewusster auf Igel und erzählen auch ihren Eltern davon. Igel leben in unseren Siedlungen, und um ihnen das Leben nicht so

Margitta Kessel nimmt diesen Igel unter die Lupe. Auch er hat schwere Verletzungen davongetragen. Ob er durchkommt? Die Kempenerin tut alles für die bedrohten Stacheltiere

schwer zu machen, sollte man eine kleine Ecke des Gartens mit Laub bedecken und vielleicht eine flache Wasserstelle anlegen. Hunde und Katzen sollten nicht in die Nähe des Lagers kommen können, da sie den Nachwuchs oder die Mutter töten können.

Kessels Arbeit blieb jedoch auch von offizieller Seite nicht unbemerkt: Der Europäische Tier- und Naturschutzbund (ETN) sponserte Außenboxen für die Tiere. Ein willkommenes Geschenk, denn die Station finanziert sich nur von Spenden.

Tobias Kujawa

»Gute Seele« der Sparkasse geht

Der älteste Hausmeister der Thomasstadt hat seinen Kittel ausgezogen.

Einen Kittel hat Heinz Kindelein nie getragen. »Ich habe im Alter immer das Gefühl gehabt, dass ich noch gebraucht werde.« Der das sagt, ist fast 80 Jahre alt und seit gut 18 Jahren Hausmeister der Kempener Sparkasse: Heinz Kindelein.

Heinz Kindelein vor der Sparkasse an der Ecke Kuhstraße / Orsaystraße: Hier hat der drahtige Senior gut 18 Jahre nach dem Rechten gesehen

Gestern hatte der Ur-Kempener im herrschaftlichen Haus Horten an der Kuhstraße, wo die Sparkasse ihren Sitz hat, seinen letzten Arbeitstag.

Ein Auge will der noch sehr rüstige Senior aber nach wie vor auf »seine« Sparkasse werfen. Sind die Blümchen kräftig gegossen? Die Lampions zum Martinszug in allen Fenstern aufgestellt? Oder ist am Wochenende alles gut abgeschlossen? Heinz Kindelein war in all den Jahren die »gute Seele« dieses prägnanten Backsteinbaues mitten in der Altstadt. »Mit ihm geht ein echtes Original«, bedauert Karl Weckes, der Regionaldirektor der Sparkasse.

Bevor Heinz Kindelein in der Sparkasse nach dem Rechten sah, war er 35 Jahre bei der Post. Gelernt hat er – gebürtig von der Reckstraße 6 (hinter Kilders an der Peterstraße) im Herzen von Kempens Kern – den Beruf des Stoffdruckers, bevor er im Zweiten Weltkrieg an die Ostfront musste. Nach dem aktiven Arbeitsleben war es Kollege Zufall, der Kindelein den Job bescherte.

Kollege Zufall war ein Sportskamerad. Der sprach den damals 60-Jährigen an, ob er nicht bei dem Kreditinstitut aushelfen könne. »Daraus sind dann fast 20 Jahre geworden«, schmunzelt Kindelein, der auch künftig noch viel Beschäftigung hat: Basteln, Möbel bauen und die vier Enkel – das fällt ihm da spontan ein. Seit zehn Jahren kegelt Heinz Kindelein mit seiner Straßengemeinschaft – heute wohnt er »An der Bleiche« – im »Haus Berg« an der St. Huberter Straße.

Und natürlich: DJK-SV Thomasstadt. Kindelein gießt all sein Herzblut in diesen seinen Verein, in dem er heute noch Sozialwart ist. Lange stand der ehedem flinke Rhenania-Stürmer am Kassenhäuschen, trainierte den Nachwuchs und kümmerte sich um den Platz. Auch hier also: Stets die Ärmel aufgekrempelt. »Ich werde die Montage vermissen, wenn wir über die Fußball-Ergebnisse vom Wochenende philosophiert haben«, sagt Sparkassen-Chef Weckes mit einem Schuss Wehmut in der Stimme.

Axel Küppers

Kuchen an Indios verteilt

Die 19-jährige Abiturientin Vera Kirchesch geht für acht Monate nach Ecuador. Sie kümmert sich um Straßenkinder des Vereins Arbol de la Esperanza.

Am Montag geht Vera Kircheschs Flieger ab Madrid los, um 16.20 Uhr landet er in Quito/Ecuador. Dieser Wechsel reizt die Abiturientin von der Magdeburger Straße. »Ich will nicht einfach Urlaub machen, sondern sehen, wie es dort wirklich ist«, erzählt die Schülerin des Luise-von-Duesberg-Gymnasiums. Und dies kann man – ist ihre Meinung – am besten mitten im sozialen Brennpunkt – bei den Straßenkindern.

»Das mit Ecuador und den Kindern hat sich eher zufällig ergeben«, erinnert sie sich. Die 19-Jährige liebt die spanische Sprache. Und sechs Wochen au-pair in Madrid haben ihr gezeigt: »Das war's nicht.« Dann traf sie zufällig die Kempenerin Angela Aretz, die vor zehn Jahren ein Heim für Straßenkinder in Quito gründete. Mittlerweile gibt es den Verein »Hogar Arbol de la Esperanza«, der das Heim und seine Mitarbeiter unterstützt. So fiel die Entscheidung schnell für Quito.

Da Verein und Haus klein sind, hat es Vera leichter, ihre Ideen zu verwirklichen. »Neben normalen Dingen wie Hausaufgaben möchte ich mit den Kindern ein Theaterprojekt machen.« Der andere Schwerpunkt ist, den 20 Kindern im Alter von sieben bis zwölf Jahren Deutschland näher zu bringen. Dazu will sie – nach ihrer Rückkehr – eine Patenschaft mit einer Kempener Grundschulklasse anleiern. Die Abiturientin sieht ihre acht Monate in Südamerika als ein Berufspraktikum an. »Mit dieser Ausbildung kann ich später in der Entwicklungspolitik oder bei den UN arbeiten.«

Acht Monate später: Der harte Job in Ecuador und die Arbeit in zwei Entwicklungshilfe-Projekten haben der 20-Jährigen manche Illusion geraubt. Sie ist ausgezogen, die Welt zu verändern, doch wer sich geändert hat, das ist sie selbst. Viele Pläne hatte sie für ihre Zeit mit den 16 Jungen. Doch schnell stieß sie an Grenzen. »Große Projekte waren nicht möglich, es fehlten Geld und Zeit«.

So gab es einmal eine größere Spende, für die – ihre Idee – dickere Matratzen angeschafft werden sollten. Doch als sie zum Kauf schreiten wollte, war das Geld schon verbraucht. »Klar, die Kinder brauchen Schulkleidung, Essen und Bücher.« Eines hat sie daraus gelernt. »Man kann nicht weit voraus planen« So holte sie die Kinder von der Schule ab, aß mit ihnen zu Mittag, machte Hausaufgaben mit ihnen, spielte Fußball, bereitete Geburtstage vor. Verändert hat sie schließlich doch etwas: »Von meiner deutschen Abschiedsparty hatte ich etwas Geld. Davon habe ich Farben gekauft und mit den Kindern die Gartenmauer gestrichen.«

Gewohnt hat sie bei einer Gastfamilie. »Von dort, dem Norden, ging es mit dem Bus quer durch die Stadt zum Haus im Süden. Vorbei an den Villen der Reichen, den Corsas der Mittelschicht, der Altstadt – übrigens ein Weltkulturerbe – bis hin zu den Baracken der Armen.« Dieses Wechselbad empfand Vera als sehr anstrengend »Einen Abend fährt man mit dem Mercedes in die Disko, und an Weihnachten habe ich mit einem Bäcker Brot und Kuchen an die Indios verteilt. Ich fühlte mich richtig zerrissen.«

In Quito bei den Straßenkindern hielt sie es ein halbes Jahr, dann wollte Vera noch etwas anderes machen und unterrichtete zwei Monate in einem Umweltprojekt in San Miguel de los Bancos in einer Grundschule Englisch und Umwelt-Erziehung.

Noch Wochen nach ihrer Rückkehr verarbeitet Vera ihre Erlebnisse. Viele Einblicke haben sie berührt und geprägt. »Doch ich weiß jetzt, wo ich hingehöre, nämlich nach Deutschland, und dass Entwicklungshilfe weiter interessant für mich ist.« Deshalb wird sie in Berlin, wo sie jetzt wohnt, Sozialarbeit an der Fachhochschule studieren.

Barbara Leesemann

Vera Kirchesch hat sich für Straßenkinder in Ecuador engagiert

Brüder im Geiste brauchen keine Kutte

Stefan Kirsch hat den ersten Kempener Fanclub des Fußball-Bundesligisten Borussia Mönchengladbach gegründet.

Stefan Kirsch ist ein großer Fan von Borussia Mönchengladbach

Man kann die große Leidenschaft von Stefan Kirsch nur sehr schwer erkennen, wenn man seine Wohnung am Buttermarkt betritt. Das Arbeits- und Schlafzimmer des 21-Jährigen ist voller Helge-Schneider-Poster, und in den Regalen tummeln sich Video-Cassetten mit Konzerten und Filmen des »Kings« Elvis Presley. Nur die für jeden Fußball-Freund obligatorische »Kicker«-Stecktabelle gibt Zeugnis von Kirschs heimlicher Liebe. Der Mann ist nämlich glühender Borussen-Anhänger – der »richtigen« Borussia aus Mönchengladbach, versteht sich – und gründete mit »Brüdern im Geiste« den ersten und bislang einzigen Kempener Fanclub des Bundesligisten.

Am 1. August 1994, also wenige Tage vor der spektakulären Rückkehr des begnadeten Fußballers Stefan Effenberg zum Bökelberg, konstituierte sich unter Kirschs Vorsitz der Fanclub zunächst unter dem Namen »Bayernbusters«. Aber anfangs gab es einige Probleme mit dem geliebten Verein selbst. »In der Stadionzeitung Fohlen-Echo wurde zwar eine Meldung über unsere Gründung gedruckt«, erinnert sich der gelernte Verwaltungs-Fachangestellte, »aber es wurde so ziemlich alles falsch gemacht, was man nur falsch machen kann.« Aus dem Nachnamen Kirsch wurde Koch, aus seiner damaligen Adresse Wiesenstraße wurde – ein echtes Bonmot – die Phrasenstraße und die Vorwahl von Kempen wurde kurzerhand mit der von Krefeld vertauscht. Kein Wunder, dass Anrufe oder Briefe mit der Bitte um Aufnahme ausblieben.

Die mittlerweile zehn Mitglieder des Klubs sind in der Nordkurve des Bökelbergs nur schwer zu erkennen, da sie nicht so sehr auf Fan-Devotionalien und die berüchtigte »Kutte« stehen. Als das Grüppchen sich im Sommer letzten Jahres dem Fanprojekt des fünffachen Deutschen Meisters anschließen wollte, gab es wieder Schwierigkeiten. »Der Name Bayernbuster muss geändert werden, da er eine negative Aussage gegen einen Konkurrenten beinhaltet«, schrieb Borussias Fan-Beauftragter Holger Spiecker zurück. Der Bitte wurde Rechnung getragen, die Kempener Fangemeinde firmiert jetzt unter dem Namen »Fohlen Jump the Gun«.

Da jetzt alle Unstimmigkeiten ausgeräumt sind, kann Stefan Kirsch wieder an seinem Traum basteln. Zurzeit macht er das Abitur nach und hofft danach auf eine Karriere in Funk oder Fernsehen. »Meine Bewerbung beim Lokalradio Welle Niederrhein läuft«, sagt er, »vielleicht klappt's ja.« Eventuell kann er ja dann sogar mal live vom Bökelberg berichten.

Martin Mäurer

Gutes Beispiel soll Schule machen

Der pensionierte Lehrer Dr. Gustav-Adolf König gibt einem russlanddeutschen Jungen Nachhilfe – auf ehrenamtlicher Basis.

Zweimal in der Woche, pünktlich um 16 Uhr, drückt seit einiger Zeit ein dreizehnjähriger Junge auf die Klingel am Haus von Dr. Gustav-Adolf König.

Danach folgen zwei Stunden intensiven Sprachtrainings. Der pensionierte Studiendirektor, der früher Deutsch und Englisch am Gymnasium unterrichtet hat, freut sich inzwischen auf seinen jungen Besucher, dem er ehrenamtlich Nachhilfeunterricht erteilt. Doch längst sind aus den fachlichen Gesprächen auch private Unterhaltungen geworden. Viktor, der erst kurze Zeit in Deutschland lebt, interessiert sich nämlich ebenso für Musik oder das Schachspiel.

Der intelligente Junge frappiert seinen »Privatlehrer« immer wieder durch seine angenehmen Eigenschaften; er ist nicht nur höflich, pünktlich und zuverlässig, sondern auch außerordentlich lernwillig und fleißig. Zustande gekommen ist der Kontakt zwischen den beiden Generationen durch eine engagierte Lehrerin vom Thomaeum. Dr. Adelheid Hausen, die Philosophie und Kunst ebenso wie Sprachen unterrichtet, liegen die Probleme von Ausländerkindern sehr am Herzen.

Ihre Idee ist, dass möglichst viele pensionierte Lehrer unentgeltlich einem solchen Schüler Sprachunterricht erteilen und somit eine Art Patenschaft übernehmen. Bei Dr. König, dem früheren Vorsitzenden der Menschenrechts-Organisation »amnesty international« in Kempen, fand sie da sofort Unterstützung. Jetzt hofft sie, dass sein Beispiel Schule macht.

Denn was an offizieller Hilfe geboten werden kann, ist relativ gering. Hermann-Josef van den Boom, Beauftragter für die – derzeit 14 – »russlanddeutschen« Schüler am Thomaeum, bestätigt, dass die Sprachkenntnisse sehr unterschiedlich sind. Das betrifft allerdings nicht nur Jugendliche aus der früheren Sowjetunion, sondern auch andere aus Italien, Spanien, Portugal oder dem Iran. Um ihnen zusätzliche Hilfen zur Vertiefung der deutschen oder englischen Sprache anzubieten, geben verschiedene Lehrer – im Rahmen ihrer Wochenstunden – einzelnen Schülern oder kleinen Grüppchen Förderunterricht.

Angesichts des Lerninteresses gilt dies als angenehme Aufgabe. Darüber hinaus werden die fehlenden Sprachkenntnisse bei den Zeugnisnoten entsprechend berücksichtigt. Erfahrungsgemäß – so Studiendirektor van den Boom – dauert es zwei bis drei Jahre, bis solche Schüler ganz normal »mitlaufen«.

Veronika Schmitz

Anmerkung: Dr. König ist am 13. November 2001 verstorben.

Dr. Gustav-Adolf König (†) gibt dem dreizehnjährigen Viktor Sprachtraining. Längst ist aus der »Nachhilfe« ein intensiver Kontakt geworden

Gerechtigkeit auf dem Eis

Norbert Köppel ist seit 1993 Torrichter beim Eishockey. Seine Aufgabe besteht darin, den Hauptschiedsrichter zu unterstützen. Dazu sitzt er in seinem »Kasten« hinterm Tor.

Die Leidenschaft für die schnellste Mannschafts-Sportart der Welt war bei Norbert Köppel schon von Kindesbeinen an vorhanden. Nachdem er vor knapp zehn Jahren, er war gerade 28, seine aktive Laufbahn beim damaligen Grefrather EC beendet hatte – Knieprobleme zwangen ihn dazu – wechselte er die Seiten und versuchte sich als Eishockey-Schiedsrichter. Zunächst hatte der Finanzbeamte aus Kempen Lehrgänge in Krefeld besucht, bei denen er von NRW-Obmann und Schiedsrichter-Legende »Jupp« Kompalla in Regelkunde unterrichtet wurde.

Norbert Köppel im Krefelder Eisstadion

»Da habe ich dann erstmals in diese Branche reingeschnuppert«, sagt er. Da es ihm gleich sehr behagt habe, für Gerechtigkeit auf dem Eis zu sorgen, sei er mit Leidenschaft dabei geblieben. Inzwischen hat er sich, nach einigen Jahren in unteren Ligen, auf die Tätigkeit als Torrichter spezialisiert.

Erst 1993 ist im Zuge der Ligen-Reform des Deutschen Eishockey-Bundes diese Teilaufgabe des Unparteiischen in der obersten Spielklasse, der Deutschen Eishockey-Liga (DEL), wieder eingeführt worden. Und seitdem sitzt Norbert Köppel in Stadien in einem käfigartigen Kasten hinter dem Tor. Die Orte, an denen er im Einsatz ist, liegen in der Umgebung: Krefeld, Düsseldorf, Köln und Oberhausen. Seine Aufgabe besteht darin, eine rote Signallampe zu drücken, wenn er der Auffassung ist, dass ein Puck die Torlinie überschritten hat. »Doch ich habe letztlich nur eine unterstützende Funktion für den Hauptschiedsrichter«, umschreibt er seine Tätigkeit. Wenn der verantwortliche Referee wiederum der Ansicht ist, die Scheibe sei nicht in vollem Umfang über die Markierung gehüpft, muss Köppel klein beigeben.

Die Erfahrungen, die der 37-Jährige, der bei jedem Einsatz ein gestreiftes Trikot anziehen muss, bisher gesammelt hat, sind durchweg positiver Natur. »Glücklicherweise bin ich noch nicht, wie ein Kollege, von aufgebrachten Zuschauern mitsamt meinem Kasten umgeworfen worden.« Er habe nie Probleme mit den Fans, selbst wenn er gegen die Heimmannschaft entscheiden muss. Im Gegenteil: In manchen Stadien sitzt er direkt neben den Zuschauern. »Da kennt man sich dann schon vom Sehen«, erzählt er.

Dabei kommt es vor, dass es scherzhaft gemeinte Bestechungsversuche gibt. »Doch bisher habe ich immer widerstanden«, sagt Köppel lachend. Problematisch sind in einigen Stadien die Sichtverhältnisse: »Manchmal trübt das verschmutzte Plexiglas schon enorm den Blick.« Doch dies sei nie so gravierend, dass er wesentliche Szenen des Spiels nicht mitbekäme. »Das kommt eigentlich nicht vor«, berichtet der Torrichter aus Leidenschaft.

Stephan Klemm

Schwarzer Gürtel und Bauernhof

Annette Krajewski ist die erfolgreichste Karate-Kämpferin der Stadt. Nun verrät sie, warum die Ausbildung für sie so wichtig ist und was die Zukunft bringen soll.

Mit ernster Miene steht die mehrfache Landesmeisterin im Karate vor Justice. Wenige Sekunden später tobt Annette Krajewski mit ihrem Hund weiter über die Wiese. Stundenlang hält sich die erfolgreiche Sportlerin, aktiv bei der Vereinigten Turnerschaft Kempen, manchmal mit ihrem Liebling Justice in der Natur auf. »Ein perfekter Ausgleich, besonders vor den Wettkämpfen, wenn bis zu fünf Trainings-Einheiten in der Woche auf dem Programm stehen«, so die 18-Jährige.

Vor sechs Jahren begann die Ausnahme-Sportlerin im Anfängerkurs. Doch für den Kampfsport hat sich die gebürtige Polin schon viel früher interessiert. »Als ich etwa sechs Jahre alt war, habe ich immer Karatefilme im Fernsehen geguckt. Anschließend habe ich mit meinem Cousin draußen auf dem Feld die Griffe ausprobiert.« Doch erst in Deutschland hatte das blonde Mädchen die Möglichkeit, sich ihren Wunsch zu erfüllen. »1994 gab es ein Inserat für einen Anfängerkurs, da habe ich natürlich sofort zugeschlagen«, plaudert sie.

Mittlerweile ist aus dem Hobby eine richtige Leidenschaft geworden. »Trotzdem bin ich ein ganz normales Mädchen geblieben«, lacht sie. »Ich besitze nicht einmal einen Terminkalender, bisher habe ich alles ganz gut auf die Reihe gekriegt.«

Freundschaften hätten trotz des intensiven Trainings nie gelitten. »In Gegenteil: Meine Freunde unterstützen mich und sind stolz auf meinen Erfolg.« Vielleicht wäre das anders, wenn man, wie beim Tennis, richtig Geld mit dem Sport verdienen könnte. Doch reich könne man mit Karate nicht werden. So hofft die naturbewusste Sportlerin auf einen Lottogewinn, damit ihr großer Traum in Erfüllung geht: Auf einem Bauernhof mit vielen Hunden leben.

Als sportliches Ziel hat sich Annette Krajewski in diesem Jahr den schwarzen Gürtel und die Deutsche Meisterschaft gesetzt. »Meine Ausbildung steht aber an erster Stelle«, fügt die angehende Industriekauffrau gleich hinzu. Nach der Höheren Handelsschule sei es eine Umstellung, jeden Tag zu arbeiten.

Noch bis vor einem Jahr war Polizistin ihr Traumberuf. »Doch im kaufmännischen Bereich habe ich schließlich eher meine Zukunft gesehen«, so die junge Frau. »Was ich durch Karate vor allem gelernt habe, ist Körperbeherrschung und Selbstbewusstsein«, so die 18-Jährige. Das merke man daran, dass man Streitigkeiten bewusst aus dem Weg gehe. »Ich habe gelernt, vernünftig mit meiner Kraft umzugehen.«

Cornelia Driesen

Annette Krajewski und ihr Hund Justice, ein Terrier-Mischling

Kempens letztes Original

Ferdi Küsters ist neben Karl-Heinz Hermans der bekannteste Bürger der Thomasstadt.

Er ist Marktschreier, Wandervogel, Prophet und Wetterfrosch in einer Person. Vor einigen Jahren machte die WZ eine Umfrage – mit eindeutigem Ergebnis: Bekanntester Kempener ist Karl-Heinz Hermans, heute Vize-Bürgermeister. Doch gleich darauf kommt Ferdinand Küsters, jedermann besser bekannt als »Ferdi«.

Jeder kennt ihn, aber eigentlich auch wieder niemand richtig. Doch ohne den immer salopp gekleideten älteren Herrn mit der durch die Gassen dringenden Stimme wäre diese Stadt sicherlich ein Stück ärmer.

Wer ist nun Ferdi wirklich? Schwierig, von ihm selbst Auskunft zu bekommen, denn trotz seiner direkten, manchmal polternden Art ist »unser Ferdi« sehr bescheiden und will partout nicht im Mittelpunkt stehen.

Typisch Ferdi: Er erklärt mit ausladenden Gesten, was gerade angesagt ist in der Altstadt. Ohne dieses Original wäre die City ein Stück ärmer

Einige biografische Daten erfuhren wir von nahen Verwandten: Im Oktober 1937 wurde er in Kempen geboren. Die Mutter lebte auf dem Gelände, wo heute die »Fischel-Häuser« stehen im Viertel zwischen Vorster-, Dinkelberg- und Herckenrathstraße, und zwar als Selbstversorger. Der Vater war früh verschollen, so sorgte die Mutter ihr ganzes Leben für Ferdi.

Nach der Volksschule übte Ferdi verschiedene Tätigkeiten aus. Seit die Mutter 1999 im Alter von 82 Jahren starb, lebt er alleine in dem Häuschen an der Neustraße, das einer Cousine gehört. Wochentags isst er mittags im Heilig-Geist-Hospital und versorgt sich ansonsten selbst. Und tagsüber ist Ferdi aus dem Stadtbild nicht wegzudenken.

Durch sein Interesse an allem, was in der Gemeinde vorgeht, findet man ihn überall und nirgends. Wer nicht weiß, wann in welchem Bezirk die Mülltonnen geleert werden, fragt am besten Ferdi. »Der ist mindestens so zuverlässig wie der Schönmackers-Kalender«, sagt der Volksmund. Mit seiner netten, unkomplizierten Art kommt er mit jedem schnell ins Gespräch.

Zu Fuß ist Ferdi flott unterwegs. Nicht selten, dass er auf Schusters Rappen bis Viersen oder Wachtendonk unterwegs ist. Auch marschierte er einmal nach St. Tönis. Auf dem Rückweg begegnete er einem Streifenwagen. Die Beamten kannten Ferdi selbstverständlich und boten dem Original an, es nach Kempen zu fahren. Sein Kommentar: »Ich lauf noch wat.«

Regelmäßig besucht er Mutters Grab und hält Zwiesprache mit ihr. Beweis für sein waches Bewusstsein: Er erklärte kürzlich Bauarbeitern, dass die am Kran hängende Last nicht richtig befestigt sei. Kurz darauf fiel sie tatsächlich runter... Und als vor einigen Tagen Mittags die Restaurants ihre Stühle auf der Straße zurecht rückten: »Baut nicht so viel auf, nachher regnet es.« Und in der Tat schüttete es nachmittags aus Eimern.

Veränderungen mag er überhaupt nicht, das merkt man an seinen Kommentaren, wenn Kabel für die nächste Kirmes verlegt werden. Und auch im Rathaus sieht er täglich nach dem Rechten, kennt fast jedes Büro. Ein gern gesehener Gast.

Philipp Wachowiak

»Dann hat Gott durch mich gewirkt«

Nach 18 Jahren als Gemeinde-Referentin an St. Josef ist Marie-Luise Labrie nun im Ruhestand. Vielen stand die Seelsorgerin mit Rat und Tat zu Seite.

Ein bisschen länger schlafen kann sie jetzt, und sie freut sich darauf, mehr Zeit für ihre Freunde zu haben. Nach einer Verschiebung um drei Jahre ist die heute 68-jährige Marie-Luise Labrie im Ruhestand. Und obwohl sie auch weiterhin der Kempener katholischen Pfarrgemeinde St. Josef treu bleibt, vermissen werden sie alle, denn 18 Jahre lang war sie als Gemeinde-Referentin nicht nur Seelsorgerin, sondern auch die Seele von St. Josef.

Labrie als zum Inventar gehörend zu bezeichnen, wäre sicherlich richtig, aber nicht angemessen. Vor 18 Jahren holte sie der damalige Pfarrer und heutige Generalvikar Manfred von Holtum nach St. Josef, wo sie am 19. März 1980 gemeinsam mit ihm ihren Dienst antrat.

Erst mit 45 Jahren hatte Labrie sich entschlossen, Gemeinde-Referentin zu werden. »Meine drei Kinder haben mich damals zu dem Schritt ermutigt und mich unglaublich unterstützt. Ohne sie hätte ich es nicht geschafft,« betont sie und berichtet vom geputzten Haus und vom Tisch, der gedeckt war, wenn sie abends aus Aachen zurückkam.

Neben der pädagogischen Ausbildung in der Kaiserstadt studierte sie mehrere Jahre über Fernkurse an der Fachhochschule Würzburg, absolvierte ein Schulpraktikum am Thomaeum und arbeitete zwei Jahre als Assistentin in der Propsteikirche. »Da habe ich mir mein praktisches Rüstzeug geholt.«

Zurückhaltend, ja geradezu bescheiden ist sie bei der Bewertung ihrer Tätigkeit. Sie habe viel in der Arbeit mit den beiden Pfarrern an St. Josef – seit acht Jahre mit Regionaldekan Heiner Schmitz – gelernt. »Ich kann nicht von mir behaupten, eine bessere Christin zu sein, meine manchmal sogar, dass ich unorthodox bin.« Im Kontakt mit den Menschen habe sie nur versucht, ihren Optimismus zu übertragen, aus jeder Situation das Beste zu machen. »Wenn es gelungen ist, dann hat Gott durch mich gewirkt. Das ist Gnade.«

In St. Josef habe man ihr übrigens große Freiheiten in ihrer Arbeit eingeräumt. »Man hat meinem Temperament immer Rechnung getragen«, schmunzelt sie. Denn resolut könne sie werden, wenn es um ihre Arbeit und ihre Überzeugung geht.

»Ich habe gerne Kontakt zu Menschen und bin immer noch von meinem Gott fasziniert«, erzählt die sympathische Frau mit den lachenden Augen über ihre Motivation. »In einer Zeit, in der Menschen mit sehr vielen Ängsten und Sorgen belastet sind, habe ich versucht, sie im Glauben zu begleiten.«

Allerdings hat die fröhliche Frau so kurz vor der Abschiedsfeier auch manchmal Tränen in den Augen. Nur ein Abschied auf Raten? »Wo ich gebraucht werde, helfe ich.«

Wibke Busch

In den Mittelpunkt stellte Marie-Luise Labrie nie sich, sondern stets die Menschen, denen sie half. Als Seelsorgerin war sie immer eine Stütze in St. Josef, mit zwei Pfarrern arbeitete sie zum Wohle der Gemeinde

Die dritte Person

Wenn ich eins hasse, dann dat Jerede in der dritten Person, über einen weg, als ob man jar nicht da wär! Wenn man neue Klamotten braucht: »Wir suchen etwas für meinen Mann!« Dann verbündet sich auch jleich die Verkäferin mit »ihr«. »Was trägt er denn so? Sportlich oder klassisch?« Ich hab et sport... schon in de Mund, da heißt et: »Aus dem Alter is er raus! Er trägt lieber klassisch«! Wat immer dat sein soll!

Fängste dann an zu protestieren, sagt ausjerechnet eine unbeteiligte Kunden, die auch wat für »ihn« sucht: »Die Männers meinen immer, se könnten noch alles tragen!« Da möchte ich am liebsten laut schreien: »Und Sie mischen sich da draus!« Aber wenn ich »ihn« dann neben »ihr« sehe, sone janze arme Waschlappen, unjünstig jeschnitten, da denk ich für mich: jeder kriegt, wat er verdient hat!

»Er kann ja hier mal rein schlüpfen!« Und schon drücken se dich in de Kabine drin. Dat hass ich ja auf den Tod, dat An- und Ausjeziehe! Und dann krieste immer wat reinjereicht, so durch dä Vorhang. Da haste dat eine Teil noch nich an, da kriest schon dat nächste reinjereicht.

Und wennste nich schnell jenug bist, dann gucken se rein und halten dich bloß wat vor: »Ne, dat steht ihm nich, dat brauch er jar nicht erst anziehen!« Regste dich dann auf, tuscheln se draußen, aber so, dat du et hören kannst: »Immer stellt er sich so an, wenn er für sich mal wat braucht!« Und dann dat Echo von die Kunden mit ä Waschlappen: »Ich sag et ja, de Männers sind all jleich!«

Und wehe, dann trittste vor den Vorhang! Da komm ich mich vor wie auf de Bühne: »Na, das steht ihm aber! Trägt mein Mann ja auch!« meint die Verkäuferin. Bei denen steht einem ja alles! »Nur wieder zu lang! Alle Hosen muss ich ihm en paar Zentimeter kürzer nähen!« meint Billa und wieder mischt sich die Waschlappen-Tante ein: »Und obenrum en bisken spack! Wenn se mich fragen!« – Aber keiner hat se jefragt! Da stehste ohnmächtig vor dä Vorhang und innerlich kochste. »Wir können ja mal bei den Bauchgrößen gucken. Da könnten wir auch mit der Länge Glück haben!« sagt die Verkäuferin!

»Schicken se dem doch mal nach Russland zum Strecken! Die holen jlatt 10 Zentimeter aus ihm raus! Hab ich in et joldene Blatt jelesen!« sagt ausjerechnet der Waschlappen! Und jetzt lachen se alle im Chor, und der Waschlappen am lautesten, mit en richtig schadenfrohes Jesicht! Ausjerechnet dieses Würstchen, dem de so dä Wind durch de Backen blasen kannst! Da kannste bloß gucken, dat du schnell wieder in de Kabine drin kommst! – Ratsch, der Vorhang hinter dich zu!

Ich hab et mich jeschworen: Dat nächste mal kauf ich meine Klamotten wieder allein und zwar sportlich! Da bleibt »sie« klassisch außen vor, dat jlauben se mal! So wahr ich Paul Börtges heiß!

DIE 3. PERSON

Kultur auf höchstem Niveau

Peter Landmann ist Geschäftsführer der Ruhrtriennale. Mit Gerard Mortier macht er im Pütt Kultur vom Feinsten.

Der Schein trügt. Peter Landmann ist momentan alles andere als ruhig. Denn am 31. August beginnt in Halle 5 der Essener »Zeche Zollverein« die Ruhrtriennale. Jenes europäische Festival, das bereits im Vorfeld für eine Menge Gesprächsstoff gesorgt hat und mit dem das Land NRW sich ein künstlerisches Denkmal setzen will. Und Peter Landmann ist der Manager dieser Ruhrtriennale, die zunächst bis 13. Oktober die kulturell interessierte Öffentlichkeit auf den Plan rufen wird.

In seinem Häuschen im niederrheinischen Kempen erwischen wir den 52-Jährigen für ein akademisches Dreiviertelstündchen in aller Herrgottsfrühe. Dort hat er ein paar Tage Kraft getankt bei seiner Frau Bettina, der Solo-Flötistin der Niederrheinischen Sinfoniker, und den beiden Kindern. Gleich um Punkt 10 Uhr geht es wieder nach Gelsenkirchen zu der von ihm geleiteten »Kultur Ruhr GmbH«. Dort, im früheren Trafo-Haus der ehemaligen Zeche Rheinelbe, überschlägt sich jetzt im Endspurt alles. »Ein Jahr Vorbereitung ist nicht viel für solch eine Triennale mit 80 Aufführungen in sechs Wochen«, sinniert Landmann mit Blick auf sein 35-köpfiges Team, während er sich auf der Terrasse im Teakholzstuhl gerade macht, das Kinn in unnachahmlicher Manier in die Hand nimmt und am Kaffee nippt.

Die Ruhrtriennale: Ein Sparten-übergreifendes dreijähriges Kultur-Happening, das sich anschickt, das Loch zur Jahrtausendwende nach der Internationalen Bauausstellung »Iba« im Ruhrgebiet mit Leben zu füllen. Und endlich den Strukturwandel des Kohlenpotts mit einem glanzvollen i-Tüpfelchen vollzogen wissen will: Jawohl, der Kumpel hat Kultur. Die Botschaft soll die Touristen ins frühere Schlaraffenland der Schlote locken. »Es geht uns darum, die alten Industrie-Anlagen zu erhalten und sie als Spielorte für unser Festival zu nutzen«, bringt es Landmann auf den Punkt. Hierfür ist er als Geschäftsführer sozusagen das Kontinuum, der Intendant Gerard Mortier der künstlerische Zampano, der diese avantgardistisch angehauchte Perspektive des Kultur-Erlebnisses in Schwung bringen soll.

Gerard Mortier: Der Belgier kommt von den Salzburger Festspielen, hat diese nach Karajan »erneuert«, wie es Landmann nennt. Macht nun die Ruhrtriennale, um im Anschluss 2005 die beiden großen Pariser Opernhäuser zu übernehmen. Was kommt nach dem Flamen? Landmann, der wie Mortier zuvorderst von der Musik kommt, zuckt mit den Schultern: »Man muss uns etwas Zeit geben, wir wollen auch ein neues Publikum für diese Art von Kultur erreichen.«

Landmanns Job ist es auch, die Zahlen im Blick zu behalten. Ganz nüchtern, trotz aller Euphorie. 40 Millionen Euro haben NRW und Kommunalverband Ruhr für die erste Triennale locker gemacht. »Auf den ersten Blick viel Geld, aber man muss ja sehen, dass wir alles selbst produzieren, nichts einkaufen«,

Peter Landmann in typischer Pose: Die Hand fasst das Kinn

deutet er an, dass nicht alles Wünschenswerte auch machbar ist. Dennoch: Bereits der heiße Auftakt-Herbst beschert dem Pütt Events, die nicht nur Insider aufhorchen lassen. So lädt Matthias Hartmann, Intendant des Bochumer Schauspielhauses, zum Auftakt zu einer Reise durch das deutsche Liedgut in die Essener »Zeche Zollverein« ein: »Deutschland, deine Lieder« – von Schubert bis Grönemeyer. Christine Schäfer leiht ihren beachtlichen Sopran Schuberts »Winterreise« in der »Kraftzentrale« des Landschaftsparks Duisburg-Nord. Punkig kommen die »Hollywood Elegien« in der Essener Salzfabrik der Kokerei Zollverein rüber, denn die »Lieder aus dem Exil« inszeniert Schorsch Kamerun, Frontmann der schrägen Hamburger Band »Die goldenen Zitronen«.

Und Meister Mortier, ein Irrwisch des Musiktheaters, ist wild entschlossen, Mozarts »Don Giovanni« im Recklinghäuser Ruhrfestspielhaus von allem Schwulst zu entschälen. Hinzu gesellt sich eine Konzertreihe, die nichts, aber auch gar nichts mit dem Spielplan herkömmlicher Philharmonien zu tun hat. Beispiel: Die Symphonie Nr. 5 von Philip Glass. Oder ein siebenteiliger Jazz-Zyklus »Smoke Ruhr« in der Gladbecker Maschinenhalle der »Zeche Zweckel«, der renommierte Bigbands mit klingenden Namen wie Duke Ellington, Louis Armstrong oder Lester Bowie zusammenführt. Für das »White Oak Dance Project« bringt US-Choreograph Richard Move Mikhail Baryshnikov mit, der sich zu der Musik der isländischen Sängerin Björk bewegt.

»Die Übergänge sind fließend zwischen E und U«, nennt Peter Landmann den Anspruch, für den er wie Mortier stehen und den er bereits in seiner Zeit als Leitender Ministerialrat im NRW-Kultusministerium (1996-2001) sowie als Kempener Kulturdezernent (1985-1996) für sich als Prinzip erhoben hat. Doch neben all diesen klingenden Namen sind es vor allem die Spielstätten, die Landmanns Augen leuchten lassen und ihn diesen Hardcore-Job »faszinierend« finden lassen. Die Jahrhunderthalle Bochum, die jetzt »unter großem Druck« für die Triennale hergerichtet wird, nennt Landmann in einem Atemzug mit dem von Frank Gehry geschaffenen Guggenheim-Museum in Bilbao: »Das wird einer der großen Kulturorte Europas.« Und in Duisburg-Meiderich wird in der Gebläsehalle gerade eine überdachte Freilichtbühne in einen Hochofen hineingebaut. Landmann: »Es ist sicher nicht neu, Kultur im ungewöhnlichen Ambiente zu präsentieren. Neu ist aber, ein komplettes Festival durchgängig so zu gestalten.«

Axel Küppers

Peter Landmann vor seinem Gelsenkirchener Büro. Hier brütet er am Konzept für die Ruhrtriennale.

30.8.2002 • Peter Landmann 69

Inspiration im Orchestergraben

Musik ist ihre Leidenschaft: Quer-Flötistin Bettina Landmann mag »leichte Musik« und Debussy.

Wäre ich hauptberuflich Mutter ohne Flöte – ich wäre eine schlechte Mutter.« Die Quer-Flötistin Bettina Landmann hat ihren Traumberuf gefunden. »Der Job macht mir immer noch unheimlich Spaß. Ich hatte seit dem 14. und 15. Lebensjahr nie Zweifel daran, Musikerin zu sein.«

Am 1. April vor 47 Jahren in Münster geboren, kam sie mit sechs Jahren nach Düsseldorf, machte dort Abitur und die ersten musikalischen Erfahrungen an der Jugendmusikschule. Anschließend studierte sie an der Musikhochschule Detmold. In dieser Zeit lernte sie ihren Mann Peter kennen, den künstlerischen Leiter der Kempener Klosterkonzerte. Seit 1980 spielt sie bei den Niederrheinischen Sinfonikern. Daneben macht sie Kammermusik, zum Beispiel mit dem »Ensemble Animabile«.

Musik ist ihr Traumberuf – das wusste sie schon, als sie 14 war. Die Kempener Quer-Flötistin Bettina Landmann will in diesem Jahr mit ihren Freundinnen eine CD aufnehmen

Das Programm des Konzertes mit Renate Schlaud und Ulrike Goldbeck (»Meine besten Freundinnen«) vor kurzem im Rokokosaal »wollen wir in diesem Jahr auf CD aufnehmen«. Die »leichte Musik« der Romantik (»Die muss man perfekt und brillant spielen, sonst wird sie flach«) liegt ihr ebenso am Herzen wie Komponisten der klassischen Moderne, beispielsweise Sergej Prokofieff oder Claude Debussy.

1986 zogen die Landmanns, als Peter in der Thomasstadt Kulturdezernent wurde, nach Kempen. »Und hier will ich auch nicht mehr weg«, sagt sie. »Kempen ist nicht provinziell und doch überschaubar. Und Traditionen wie das St. Martinsfest haben noch eine Bedeutung.« Die beiden Kinder Friederike (16), zurzeit für ein Jahr in den USA, und Martin-Lukas (14) spielen Geige bzw. Cello.

Geboren wurde Bettina Landmann übrigens als Bettina Löns. Vielleicht gibt es eine Verwandtschaft mit dem Dichter Hermann Löns. Neben der Musik sind Lesen und die Familie ihre Hobbys: »Mein Mann und ich haben Berufe, mit denen gemeinsame Familien-Unternehmungen nicht planbar sind. Aber ich habe den Vorteil, dass ich nachmittags zu Hause bin.«

Aber auch: »Der Spagat, dass weder die Kinder noch das Publikum zu kurz kommen, war manchmal hart.« So nahm sie die Kinder schon früh mit ins Theater, damit »mein Beruf möglichst ein verbindendes Element in der Familie ist«. Und so steht Martin-Lukas bei »Der Idiot«, einer Oper von Thomas Blomenkamp nach dem Dostojewski-Roman, »auf der Bühne, während ich im Orchestergraben spiele«.

Philipp Wachowiak

Mit Gottes Segen ganz nach oben

Mit der Frau fürs Leben entflammte bei Werner Leenen auch die Liebe zum Berg. Mittlerweile hat der Kempener die höchsten Gipfel erklommen.

Die Leidenschaft für die Berge wurde für Werner Leenen (64) im wahrsten Sinne durch ein romantisches Erlebnis entfacht. Bei einem Abendspaziergang in den 50er Jahren erzählte Freundin Agnes, gerade aus den Tiroler Alpen zurückgekehrt, über die traumhaften Berglandschaften, die den turmhohen Wolken sehr ähnlich sähen. Die Hochzeitsreise mit Agnes ging 1961 natürlich in diese Gefilde. Die Sextener Dolomiten in Italien waren das Ziel.

Zuvor hatten die beiden naturverbundenen Niederrheiner in den Allgäuer Bergen rund um Oberstdorf erste Höhenerfahrungen gesammelt. »Der Hochvogel und Heilbronner Weg waren meine ersten Klettertouren«, berichtet der Mann aus Kamperlings, der sich an die Erlebnisse noch genau erinnert. Auch mit den beiden Töchtern ging es im Urlaub meistens in die Berge.

»Ich habe mit meinem Freund Manfred die Liebe zu den großen Bergen entdeckt«, so Leenen, der in den folgenden Jahren mit seinem Bergkumpel die höchsten Gipfel Europas erklimmen sollte.

Eine der schwersten Touren war 1972 der Großglockner (3978 Meter), dessen Gipfel er mit einem österreichischen Kaplan und dessen Haushälterin bei gefährlichem Eisregen erreichte. Kurz darauf war in den Walliser Bergen mit dem Allalinhorn auch der erste 4000er geknackt.

Ein Schlüssel-Erlebnis gab es für Leenen am 4099 Meter hohen »Mönch«, als es unter schweren Bedingungen über den Aletschgletscher wieder hinab ging. »Man hat früher die Gefahr nicht immer gesehen und war manchmal leichtsinnig«, erinnert sich Leenen.

Entsprechend bestand Frau Agnes darauf, dass bei der Matterhorn-Besteigung ein Bergführer mit dabei war. Am Morgen des 18. August 1974 stand Leenen mit seinem Bergführer Xaver Buhmann aus Saas Fee auf dem Gipfel des »Berges der Berge«, dem Matterhorn (4474 Meter). »Ein unbeschreibliches Gefühl für mich.«

Zwei Jahre später war der höchste Punkt Europas, der Mont Blanc (4807 Meter) erreicht. Xaver und Manfred hießen seine Begleiter. Leenen war in den 80er und 90er Jahren auch viermal im Himalaja, lernte in Nepal Land und Leute kennen. Er sah den Mount Everest, auf dem Poon Hill einen unvergesslichen Sonnenaufgang und war zwischen Annapurna und Dhaulagiri in der tiefsten Schlucht der Welt.

1992 bestieg er den höchsten Berg Afrikas, den in Tansania gelegenen Kilimandscharo (5895 Meter) – und das in nur fünf Tagen. «Die Liebe zu den Bergen wird niemals aufhören«, so Leenen. Bescheidenheit und Respekt seien die Tugenden, um erfolgreich auf die Berge zu gehen. Im Sommer stand er mit Freund Hugo Kristen schon wieder auf dem Großvenediger (3672 Meter). Und für diese Saison fordern den ehemaligen Uhrmacher und Feinmechaniker wieder etliche Bergziele heraus.

Uli Geub

Werner Leenen liebt den Kampf gegen den Berg

Riesenknacker vom Radschlägermarkt

Familie Lehmann aus St. Hubert befindet sich auf Schnäppchenjagd in Sachen Nussknacker, Räuchermännchen und Pyramiden aus dem Erzgebirge.

Baron Münchenhausen lauert nur darauf, Walnüsse zwischen die Zähne zu bekommen. Ein Spanier, der die harte Frucht mit dem Fuß zerquetscht und ein Mohr im roten Gewand stehen wachsam auf der Vitrine. Sind es doch genügsame Zeitgenossen, die bei Familie Lehmann am Kendel gleich zu Hunderten übernachten: Räuchermännchen und Nussknacker sind die stillen Mitbewohner.

Hier und da qualmt es aus der Pfeife des Bergmannes oder aus dem Rachen des alten Wanderers. »Allesamt stammen sie aus dem Erzgebirge«, berichtet Axel Lehmann. Gut 100 stramme Gestalten bevölkern in der Zeit zwischen Weihnachten und Neujahr dem Kaminsims und das Wohnzimmer der Familie. Da steht der Betrachter von einem ganzen Heer unterschiedlichster Schalenbrecher und traut kaum seinen Augen. »Erzgebirgische Volkskunst nennt man es traditionell«, erklärt Barbara Lehmann, die stolz ein Exemplar aus der Jahrhundertwende von Drechsler Wilhelm Füchter in der Hand hält. »Die wertvollsten Figuren haben noch Arme, Beine oder Füße aus Brotteig«, schildert die St. Huberterin, auf welches Detail der Sammler achtet. Wichtig seien das Alter und der Herstellungsort.

Die meisten Nussknacker und Räuchermänner werden in Seifen- oder Olbernhau gedrechselt oder sogar geschnitzt, was dann besonders den Geldbeutel strapaziert. »Doch wir kaufen nicht alle Werke um jeden Preis, sondern suchen die Schnäppchen, darin liegt auch der Spaß des Sammelns«, erklärt Axel Lehmann. Wo das Ehepaar mit seinem zehnjährigen Sohn Cornelius fündig wird, weiß es ganz genau: Die Antiquitätenläden und Trödelmärkte im Erzgebirge selbst sind keine preiswerten Fundgruben. Viel interessanter sind Märkte am Niederrhein. »Auf dem Düsseldorfer Radschlägermarkt haben wir kürzlich einen Riesenknacker erstanden«, schwärmt der Liebhaber. Und ein besonderes Schätzchen kam aus Neukirchen-Vluyn: Es sieht aus wie ein Nussknacker, ist aber ein Räuchermännchen – sehr wertvoll.

Beim Blick über den Flohmarkt muss man eines wissen: »Die Räuchermännchen stellen meist die damalig arbeitende Bevölkerung dar und die Nussknacker die Adligen oder Privilegierten.« Wenn die Kombination verdreht ist, leuchten den Lehmanns die Augen. Ein Nachtwächter als Knacker ist eine Seltenheit, aber in der St. Huberter Familie prompt vertreten. »In meiner Heimatstadt finden wir auch immer ein paar Sammlerstücke.« Als gebürtiger Berliner kennt der Holz-Begeisterte viele Trödelecken für Insider. Die Familie hat auch einen guten Draht zum Erzgebirge.

Lehmann: »Bei schwierigen Reparaturen helfen uns dort unsere Bekannten. Und Tipps für das Sammlerwissen gibt es obendrein. Auf die Frage, wie alles angefangen hat, wendet sich der Ehemann einer hübschen Tischpyramide zu und schwelgt in Erinnerungen. »Das war 1954 ein Geschenk meiner Tante, 20 Jahre später habe ich die Pyramide wieder entdeckt.« Seitdem wuchs die Liebe zu Holzfiguren nicht nur bei ihm, sondern auch bei Frau Barbara und später beim pfiffigen Sohn. Mittlerweile drehen sich im Wohnzimmer der Lehmanns rund 30 Pyramiden.

Anke Blum

Barbara und Axel Lehmann sowie Filius Cornelius inmitten ihrer zahlreichen hölzernen Gesellen, Räuchermännchen und Nussknacker. Die Familie sammelt auch Pyramiden

Osterbotschafter verbreiten Frohsinn

Hermann Leinders und Josef Harmuth pflegen einen alten Kendel-Brauch: Ostersamstag ziehen sie mit einem Bollerwagen los und beschenken die Leute mit Eiern.

Das ist guter alter Kendel-Brauch: Im achten Jahr verteilen Hermann Leinders und Josef Harmuth Ostersamstag in den Geschäften und auf den Straßen Eier. Wie lange es diese von Schouren »Männ« ins Leben gerufene schöne Tradition schon gibt – niemand kann das mit Bestimmtheit sagen. Leinders und Harmuth jedenfalls haben den Job seinerzeit von Willy Kranen und Leo Brückers übernommen.

»Natürlich freuen die Leute sich, wenn wir mit unserem Bollerwagen durch die City ziehen«, schmunzelt Hermann Leinders. Der 63-jährige Apotheker weiß aber auch: »Wir sind bekannt wie bunte Hunde hier, deshalb kommt diese Aktion des Werbe- und Bürgerrings so gut an.«

»Jeder bekommt mindestens zwei Eier, die Kinder bevorzugt«, schildert Josef Harmuth. Der 68-jährige Raumausstatter holt Ostersamstag in aller Herrgottsfrühe den Puky-Wagen aus dem Stall, der bereits tags zuvor hübsch geschmückt worden ist: »Um 9 Uhr geht's los, bis 14 Uhr sind wir in der Regel die 1000 gefärbten und gekochten Eier los.« Schon Gründonnerstag bekleben die Kinder der Werbering-Vorständler Winfried Kranen und Dr. Michael Gehlen jedes Oval mit dem Logo-Bärchen vom Werbering.

»Man muss schon aufpassen, dass man über die Runden kommt«, deutet Leinders verschmitzt an, dass der oft angebotene Schnaps in den Läden auch schon mal nur halb geleert zurückbleibt: »Sonst torkeln wir mittags nur noch durch die Gegend.« Ein Erlebnis sei etwa, wenn die Osterbotschafter im Friseurgeschäft den Damen unter der Haube ein Ei in die Hand drückten, erzählt Josef Harmuth lebhaft. Als Osterhasen verkleidet sind Leinders & Harmuth übrigens nicht. Das fröhliche Duo hat erfahren, dass einige wegen der Aktion Ostersamstag eigens ins Dorf kommen. »Dann wird schon mal vom Auto aus die Scheibe runtergekurbelt und ein Schwätzchen gehalten«, so Leinders.

Josef Harmuth (l.) und Hermann Leinders haben den Bollerwagen schon geputzt. Am Samstag geht es wieder mit den Eiern los

Finale ist übrigens am Mittag in den Kneipen bei Leyers-Zehnpfennig und Poststuben-Zens. Harmuth: »Auch dort sitzen schon viele Frühschoppler und warten auf uns – das ist immer lustig.«

Axel Küppers

Loser Quark – weil's einfach besser schmeckt

Seit 24 Jahren auf dem Wochenmarkt – ohne Jakob Linnartz wäre der grüne Basar im Herzen des Kendeldorfs ärmer. Der 73-Jährige sorgt stets für frische Molkereiprodukte.

Jakob Linnartz mit seiner Frau Mechtilde Anfang der 90er Jahre auf dem Marktplatz ...

... und in Begleitung seiner Schwägerin Hubertine im Jahre 1952

Seit 24 Jahren kennen ihn die St. Huberter und kaufen bei ihm ein. Regelmäßig – seit es den kleinen, beliebten Markt gibt – steht Jakob Linnartz (73) mit seiner Frau Mechtilde in seinem Käsestand donnerstags im Herzen des Kendeldorfs.

»Eigentlich bin ich Bäcker, habe sogar meinen Meister gemacht und war nach dem Krieg zwei Jahre in Krefeld selbstständig«, erzählt der sympathische Mann. »Ich bekam aber vom Umgang mit dem Teig ein schlimmes Ekzem.«

Durch seine Schwiegereltern, die damals in Vinkrath eine Gemüsegärtnerei besaßen, hat Linnartz das Marktleben kennen und lieben gelernt: »Bis meine Hände abgeheilt waren, bin ich mit meiner Schwiegermutter nach Viersen und Krefeld auf die Wochenmärkte gefahren und habe geholfen.«

Ende 1951 machte er sich erneut selbstständig – diesmal mit einem eigenen Käsestand auf den Märkten in Viersen und Krefeld. »Ich hatte auf einem Markt einen Händler beobachtet, der zentnerweise Speisequark verkaufte. »Diese Idee habe ich übernommen«, lächelt Linnartz, der heute auf den Wochenmärkten in Viersen, Krefeld und St. Hubert der einzige ist, der noch Quark und Butter »lose« verkauft.

»Im Grunde genommen wäre es viel einfacher, fertig verpackte Ware in den Supermärkten anzubieten«, meint der ruhige, ausgeglichene Händler, der nichts mit dem typischen »Marktschreier« gemein hat. »Aber die frische, nicht verpackte Ware schmeckt den Leuten besser.«

Zwischendurch hatte Jakob Linnartz noch einen Lebensmittelstand in der Krefelder Markthalle und später ein Lebensmittelgeschäft an der Gerberstraße in Krefeld. »Aber als immer mehr Supermärkte entstanden, lohnte sich unser Laden nicht mehr so richtig.«

Neben Eiern, Butter und Käse ist der Speisequark die Spezialität von Linnartz: »Früher bin ich mit dem Motor-Dreirad nach Wankum gefahren und habe in einer Molkerei die 50 Kilo schweren Quark-Tonnen abgeholt. Später haben uns die Molkereien beliefert.«

In den 44 Jahren, in denen Linnartz auf den Märkten steht, hat sich einiges geändert: »Die Leute sind anspruchsvoller geworden. Früher war es egal, ob jemand die Scheiben frischen Holländer vom Endstück bekommt. Heute müssen es große Scheiben sein.«

Und die Endstücke müsse man unter Einkaufspreis anbieten, damit man sie überhaupt verkauft bekäme.

Obwohl die Märkte nicht mehr das sind, was sie einmal waren – ans Aufhören denkt Linnartz nicht: » Solange wir gesund bleiben, werden wir weitermachen«, sagt der 73-Jährige, der noch nie Urlaub gemacht hat. »Den ganzen Tag nichts zu tun, das ist einfach nicht mein Ding.«

Jörg Müllers

Anmerkung: Jakob Linnartz hat sich vom hektischen Marktleben zurückgezogen und lebt heute mit seiner Frau in Süchteln-Hagenbroich.

Hubertusbote und flinke Feder des Dorflebens

Er gehört zu St. Hubert wie der Kendel: Jakob Louven. Das Urgestein ist heimatverbunden, sozial wie gesellschaftlich engagiert. Morgen wird Louven 70 Jahre alt.

Es gibt sie noch, die Charaktertypen. Jakob Louven zählt zweifelsohne dazu. Der St. Huberter feiert morgen seinen 70. Geburtstag. Geboren wurde Louven allerdings in Tönisberg, als ältestes von drei Geschwistern anno 1931. Vater Alfons und Mutter Josefine betreiben dort die Landwirtschaft des bekannten Lamershofs. Doch schon zwei Jahre später zogen seine Eltern ins Kendeldorf.

Die Gaststätte Louven an der Hauptstraße, die die Familie ab zirka 1900 von der bekannten Krefelder Bier-Dynastie Gleumes übernahm, war bis zu ihrem Abriss Legende. Nach der mittleren Reife am Thomaeum lernte der Jubilar Elektro-Installation und wurde 1960 Meister. Ein tiefer Einschnitt in seinem Leben war ein Arbeitsunfall, der ihn 1953 beinahe das Leben gekostet hat. Von diesem Schicksalsschlag rührt sein Lebensmotto »Et kütt, wie et kütt«. Schmunzelt gelassen und fügt hinzu: »Nix zu ernst nehmen. Vieles erledigt sich von selbst.«

Louven gründete mit seiner Frau Maria ein Elektrogeschäft und arbeitete nach dessen Aufgabe hauptsächlich auf Industrie- und Großbaustellen. 1988 ging er in den Vorruhestand.

Maria und Jakob Louven haben drei erwachsene Kinder und zwei Enkel. Über 50 Jahre hinweg war Jakob Louven, der im Ortskern unmittelbar gegenüber der Hubertus-Kirche wohnt, in den verschiedensten Vereinen aktiv. Unter anderem in der Pfarrjugend, der Maigesellschaft, dem St. Martinskomitee (1972 stellte Louven den St. Martin dar) oder der Pfadfinderschaft St. Georg.

1953 gründete er mit Freunden den Tischtennisverein, der heute knapp 100 Mitglieder hat. Louven engagierte sich stets für die Jugend. Dem Heimatverein gehört er seit der Gründung 1964 an. Acht Jahre lang hat er die Redaktion des Hubertus-Boten geleitet, war stets Verfechter für verständliches Deutsch: »Das habe ich so gelernt.« Jetzt will er sich zurückziehen und die Arbeit im Archiv des Heimatvereins fortsetzen.

Jakob Louven ist auch nie darum verlegen, wenn es heißt, Meinung zu bekennen. Noch zuletzt hat der St. Huberter eine fruchtbare Diskussion losgetreten, als es ihm darum ging, den historischen Marktplatz des Kendeldorfs wieder von Raiffeisenplatz in »Markt« umzutaufen. »Das wäre mein schönstes Geburtstagsgeschenk gewesen, wenn's jetzt schon geklappt hätte«, lässt er diesbezüglich nicht locker. Wie's so seine Art ist: hartnäckig, kritisch und mit Herz.

Sylvia Berndt und Axel Küppers

Jakob Louven, wie er leibt und lebt

Gute Tricks auf Lager

Sandra Marinello ist Kempens beste Badminton-Spielerin. Die Thomaeerin will locker Olympia und WM schaffen.

"Hartnäckig ist sie. So viel steht fest." Sandra Marinello stimmt ihrem Vater zu: »Wenn ich etwas erreichen will, dann arbeite ich auch hart daran.« Die 16-Jährige ist eine hervorragende Badminton-Spielerin. Westdeutsche Meisterschaften, Deutsche Meisterschaften und Internationale Wettkämpfe stehen auf ihrem Turnierplan – und immer mischt sie ganz vorne mit.

»Ich bin allerdings keine von diesen Getrimmten«, beschreibt Sandra ihr Verhältnis zum Sport. »Ich habe einfach Spaß daran. Und wenn das mal nicht so ist, dann lasse ich es eben etwas ruhiger angehen.« Viermal in der Woche wird sie zum Training nach Mülheim gebracht. Dort befindet sich der Stützpunkt des Badminton-Jugendkaders, in den nur die besten Nachwuchsspieler aufgenommen werden. Landes- und Bundestrainer kümmern sich hier um die jungen Sportler. Außerdem bekommt Sandra noch Training von ihrem Verein, dem BV Wesel.

Ohne ihre Eltern würde sie das alles gar nicht schaffen. »Schließlich habe ich noch keinen Führerschein«, so die Schülerin des Thomaeums. Hinzu kommen noch Turniere am Wochenende, die meistens außerhalb und manchmal sogar ziemlich weit weg stattfinden. Aber ihre Eltern unterstützen sie gerne. »Bei Talenten, wo die Eltern nichts tun, ist schnell Feierabend«, erklärt Sandras Mutter ihr Engagement.

Ihrer jüngeren Schwester Britta (15), die ebenfalls Badminton spielt, zeigt Sandra hin und wieder ein paar gute Tricks. Auch im Badminton-Unterricht in der Schule hilft sie ab und zu dem Lehrer oder bereitet ihre Freundinnen auf Prüfungen vor.

Viel Zeit für anderes bleibt Sandra neben Sport und Schule nicht mehr. »Ich höre furchtbar gerne Musik. Sobald ich aufgestanden bin, schalte ich auch schon das Radio ein.« Ansonsten geht sie gerne ins Kino oder trifft sich mit Freunden. Manchmal klappt aber selbst das nicht. »Montags habe ich zum Beispiel bis 21.30 Uhr Training. Bis ich da zu Hause bin, ist es zu spät für anderes.« Viele ihrer Freunde, die sie über den Sport kennen gelernt hat, wohnen außerdem weit weg.

Derzeit arbeitet Sandra daran, sich ihren großen Traum zu erfüllen. Olympia 2004 hat das Talent ins Auge gefasst. Die Chancen für eine Teilnahme stehen ganz gut, meint sie selbst. Auch die Weltmeisterschaften reizen die Sportlerin. »Jetzt brauche ich allerdings erst einmal eine Pause. Aber nach den Ferien fange ich wieder so richtig an.«

Philipp Wachowiak

Erfolgreich mit Badminton-Schläger und Federball ist Sandra Marinello

Wenn die Waage in die Knie geht

Dürfen's ein paar Pfund weniger sein? Hildegard Mergler hilft Menschen mit Problemen rund ums Essen.

Während für die einen ein paar Pfund mehr kein Problem darstellen, weil sie innerhalb kurzer Zeit wieder ihr Normalgewicht erlangen, quälen sich andere lange mit Übergewicht herum. Das kann zu gesundheitlichen und psychischen Problemen führen. Abnehmen mit fachlicher Hilfe ist dann oft der einzige Ausweg. Und hier setzt die Arbeit von Ernährungsberaterin Hildegard Mergler aus St. Hubert ein.

Als sich die 52-Jährige vor über 30 Jahren entschloss, Ernährungswissenschaften zu belegen, war der Studiengang noch neu. Bevor sie sich vor acht Jahren in der Arzt-Praxis ihres Mannes an der Drabbenstraße im Kendeldorf selbstständig machte, vertiefte sie ihr Wissen in unterschiedlichen Bereichen. So machte sie nach dem Studium ihr zweites Staatsexamen und bildete sich an der Düsseldorfer Universität in Ernährungsberatung und Diätetik weiter.

Natürlich widmete sich die Mutter von drei erwachsenen Kindern nicht nur ihrer Fortbildung. Im Bonner Verteidigungsministerium kümmerte sie sich um die Zusammensetzung des Essens für die Truppe, an einer Schule brachte sie ihre Kenntnisse an Jungen und Mädchen. Dazwischen erzog sie die Kinder, und als ihr Mann sich vor 17 Jahren in St. Hubert niederließ, packte sie dort mit an, belegte Laborkurse und unterstützte ihn als Arzthelferin.

»Doch schon damals hatten wir die Vision, dass ich mich selbstständig mache«, erinnert sie sich. Natürlich bezieht sie einen Teil ihrer Klientel aus der Praxis ihres Mannes. Sie ist aber unabhängig von ihm und rechnet selbst mit den Kassen ab. »Ich arbeite grundsätzlich mit dem Hausarzt meiner Patienten zusammen«, betont Hildegard Mergler.

Der überwiegende Teil von ihnen hat Gewichtsprobleme. In Gesprächen werden die Ursachen dafür erforscht. Ein individueller Weg zur Ernährungsumstellung wird gesucht mit dem Ziel, Gewicht zu verlieren und im Anschluss zu halten, ohne sich zu kasteien und dabei auch gesund zu bleiben. Aber auch Diabetikern, Menschen mit Neurodermitis oder Lebensmittel-Allergien, Magen- und Darmerkrankungen versucht Hildegard Mergler zu helfen.

Barbara Leesemann

Hilft in Fragen der Ernährung: Hildegard Mergler

Das Härteste, was die Natur hergibt

Der Steinbildhauer Manfred Messing erhält in Solingen den Staatspreis NRW für sein herausragendes Kunsthandwerk.

Ich orientiere mich an den Vorbildern der Antike. Deren archaische Formen versuche ich in die Moderne umzusetzen.« Anschauungsunterricht bei den – in diesem Fall – gallisch-römischen Altvorderen hat Manfred Messing soeben noch in der Bretagne

Mit Meißel, Schutzbrille und Gehörschutz geht Manfred Messing an den Granit

genommen. Beim Urlaub am Atlantik hat der Steinbildhauer sich inspirieren lassen.

Derart inspiriert hat der 33-Jährige auch die Stele »Paar« geschaffen. Granit aus Afrika, den härtesten Stein, den die Natur hergibt, hat der Kempener drei Wochen lang mit Schleifstein, Preßluftmeißel und Steinsäge bearbeitet. Herausgekommen sind zwei Steine à 150 Kilo, die als gertenschlanke Zwillings-Säulen den Blick einfangen. »Umarmen ist eine Geste von Liebe und Freundschaft, dabei jedoch nicht nur formale Abstraktion, sondern auch geistige«, erklärt Manfred Messing.

Eine Fachjury im Auftrag der Landesregierung hat unter vielen Bewerbern dieses Werk für Wert befunden, dem Erschaffer dafür den mit 10 000 Mark dotierten Staatspreis NRW zu verleihen. Dieser Preis – übrigens der höchstdotierte im deutschen Kunsthandwerk – wird nur alle zwei Jahre verliehen. Zu sehen ist die Messing-Stele im Verein mit den anderen acht Staatspreisträgern diverser Fachbereiche in der Ausstellung »manu factum« im Solinger Klingenmuseum.

Wenn man Manfred Messing bei der Arbeit beobachtet, wird schnell klar, warum er diese strenge, abstrakte Form etwa dem verspielten, feinsinnigen Jugendstil vorzieht: Geradeaus, beinahe kantig die Bewegungen, jeder Griff sitzt, die Idee wird spürbar über die bloße Geste gesetzt. »Das ist zwar ein Handwerk, aber man kann es doch nur bis zu einem bestimmten Punkt lernen«, sinniert Messing, der sich weniger als Künstler denn als Gestalter sieht.

In der Werkstatt an der Kerkener Straße hat er soeben eine 3,5 Meter lange und 400 Kilo schwere Granit-Stele für den Kempener Museumsvorplatz bearbeitet. Diese Säule mit dem Titel »Das Tor« wird Mitte September im Zuge des »Kulturraum Kempen« aufgestellt und ziert dann für ein Jahr den Platz vor dem Kulturforum Franziskanerkloster.

In der Thomasstadt sucht man übrigens im öffentlichen Raum noch vergebens nach einem Kunstwerk aus der Hand von Manfred Messing. In Kempens französischer Partnerstadt Orsay hat der 33-Jährige vor kurzem zum 25-jährigen Jubiläum eine Stele aus Maggia-Granit vor dem Rathaus aufgestellt. Ob so einer sich zutrauen würde, einen Beitrag für den Kempener-Skulpturenpark im Altstadt-Grüngürtel zu leisten? »Reizen würde mich das schon«, meint Messing.

Axel Küppers

An erster Stelle steht Kontakt zu den Menschen

Als neue Gemeinde-Referentin der Pfarre St. Josef will Schwester Patricia Meyer in Kamperlings besonders eng mit den Gläubigen zusammen arbeiten.

Das Personalkarussell in der Pfarrgemeinde St. Josef dreht sich erneut. Nach über zwei Jahren verlässt Christiane Parlings die Pfarre, in der sie ihre Ausbildungszeit zur Gemeinde-Referentin absolvierte. Schwerpunkt war die Kinder- und Familienarbeit. Gerne erinnern sich Kinder wie Betreuer an die von ihr geleiteten Ferienspielaktionen wie die Erarbeitung des Musicals »Ritter Rost« im Sommer.

Schwester Patricia Meyer ist nun als neue Gemeindereferentin eingeführt. Sie tritt damit die Nachfolge der 1998 verabschiedeten Marie-Luise Labrie an. Die 56-jährige gebürtige Saarländerin, die dem Salvatorianerinnen-Konvent in Neuwerk angehört, hat 18 Jahre an einer Berliner Schule Deutsch und Religion unterrichtet.

»Aber ich wollte«, erzählt Schwester Patricia, »noch direkter mit den Menschen einer Gemeinde zusammen arbeiten und habe deshalb Religionspädagogik studiert.« Nach ihrer Assistentenzeit in Düsseldorf hat sie fünf Jahre in Titz-Jackerath und Münt-Operten gearbeitet.

Von der freien Stelle in St. Josef hat die Ordensfrau per Zufall bei von Pfarrer Werner Rombach gehaltenen Exerzitien erfahren. Rombach: »Ich bin froh, dass wir trotz der schwierigen Personalsituation im Bistum die Stelle der Gemeinde-Referentin wieder besetzen konnten.« In einer so lebendigen Gemeinde sei es wichtig, den vielen Gruppierungen mit Rat und Tat zur Seite zu stehen.

Weitere Mitarbeiter in St. Josef sind Pastoralreferent Frank Seeger und Jugendbeauftragte Stefanie Schramm, die aber beide in anderen Kempener Gemeinden, Schulen oder im Dekanat stark eingebunden sind.

Auf die Nachfrage, welche Schwerpunkte ihr wichtig sind, antwortete Schwester Patricia: »Die Menschen sind wichtig, das ist das Erste. Und die Schwerpunkte, die in St. Josef wichtig sind, werde ich in den nächsten Wochen schon herausfinden.«

Philipp Wachowiak

Kümmert sich seit Mitte September um die Gemeindemitglieder in St. Josef: Schwester Patricia Meyer

Abgründe der Seele mit feinem Strich skizziert

Der grüblerische Comic-Zeichner Jürgen Mick ist kreativ in einem umgebauten Bauernhof. In seinen Adern fließt Wiener Jugendstil-Blut.

Er selbst ist ein bisschen wie Candide, die arglose Romanfigur Voltaires von 1759, die mit großen offenen Augen durchs Leben geht. Vielleicht hat Jürgen Mick auch deswegen seinen Comic-Erstling (erschienen bei Carlsen) von 1991 nach dem naiven Sucher getauft. Doch halt, nicht ganz:

Bei der Arbeit in seinem renovierten Bauernhof: der Grafiker Jürgen Mick

Des Illustrators Held schreibt sich nämlich ohne »e«. »Er ist vielleicht mein Alter Ego, weil er leidvoll die Welt erfahren muss«, sagt der 35-Jährige.

Dem Künstler, Spross eines Wiener Vaters und einer Mutter aus dem westfälischen Borken, fallen die Ideen nur so zu. Wenn dieser schöpferische Kopf in seinem Atelier, einem umgebauten Bauernhof in St. Hubert, so durchs Fenster hinaus ins Grüne sieht, liegt der Buntstift meist nicht weit weg.

»Ganz gleich was, Hauptsache zeichnen«, schmunzelt der blonde Hüne und dehnt die Vokale so schön, wie es eben nur ein Wiener kann. Über Hamburg hat es Mick vor vier Jahren an den Niederrhein verschlagen – die Liebe halt. Geadelt wurde das Œuvre dieses jungen Wilden in der Szene durch den mittlerweile dritten Eintrag im Jahrbuch »Illustrators«, international so etwas wie die »Bibel« der Illustratoren. Zum Vergleich: Kein einziger deutscher Künstler hat hierin 1997 seinen Namen wiedergefunden. In Wien besuchte er von 1978 bis 1982 die »Höhere Graphische Versuchs- und Lehranstalt«. Erste Sporen verdiente er sich danach als Layouter bei Zeitschriften und Werbeagenturen.

Was und für wen er mittlerweile schon gearbeitet hat – er kann es gar nicht alles aufzählen. »Bloßer Brotgewinst«, winkt er ab. Aber die Zeichnungen für »Playboy«, »Rolling Stone Magazin«, »Süddeutsche Zeitung«, »Zeit-Magazin«, »Spiegel« oder »Focus« und die »Illus« für CD-Cover der »Deutschen Grammophon« sind sicher nicht von schlechten Eltern.

Nach »Candid« hat Mick noch zwei Alben und diverse Anthologien vorgelegt. Zurzeit arbeitet er an Illustrationen zum Tagebuch des Briten Samuel Pepys aus dem 17. Jahrhundert – eher ein dokumentarischer Job, der noch seinen Verleger sucht.

Und in seinem jüngsten Werk »Ladykiller« (Carlsen Comics 1998, in Zusammenarbeit mit Szenerist Andreas Dierßen) eröffnet er »23 Zentimeter neben unserer Wirklichkeit«, wie es im Epilog heißt, mit einem plakativen Großstadt-Krimi ein apokalyptisches Bild einer Endzeitgesellschaft. Computer-Animation à la Lara Croft und düstere Visionen von Orwell haben hier Pate gestanden. Obwohl besagter »Ladykiller« vom Strich her auch wieder Candid-Mick ähnlich ist.

Sucht man nach dem oben bereits zitierten Leid, das den Comic-Zeichner zu solch künstlerischer Leistung antreibt, ist man schnell beim Vater. Liebevolle Briefe wechseln sich ab mit Erinnerungen an barsche Ablehnung durch den Alten. Auch der Erzeuger ein Kreativer, wenn auch gänzlich anderer Provenienz als der Filius: einfacher Arbeiter, aber mit Hang zum Plakativen. Hier der konservative Realist, dort der moderne Träumer, dessen Obsessionen zu Strichen und Farben werden.

Die haben Kraft, sind mit leichter Hand meisterlich entworfen, zeugen von irrwitzigen Ausschweifungen des Geistes und decken doch die Abgründe schonungslos auf, die sich in der Seele dieses Comic-Irrwischs auftun. »Nackerte« male er am liebsten. Doch fernab pornografischer Attitüde sind Micks Entblöße auf geschundene Kreaturen, deuten durch blasse Haut psychische Kratzer und Neurosen an.

Doch jenseits allen Leidensdrucks ist Jürgen Mick als Künstler verbindlich. Das merkt man nicht nur an seinem festen Händedruck. Verbindlich ist auch die Art und Weise, mit der er literarische Bilder ins Visuelle überträgt, beispielsweise bei seinen zahlreichen Buchtiteln für den Rowohlt-Verlag. Und genau hiermit stößt der Visionär Mick das Tor zur Malerei ganz weit auf.

Im Jugendstil hat dieser Besessene seine Wurzeln. Allein wie er seinen Namen mit ausladenden Serifen schwungvoll schreibt, das erinnert an allenthalben anzutreffende florale Ornamentik in seiner Heimatstadt Wien. Techniken sind für ihn Nebensachen. Mit Buntstift auf Packpapier, Bleistift, Tusche oder Aquarell-Pinsel geht er zu Werke; hat sogar für Vorarlberger Käse die Schere in die Hand genommen und das Milchprodukt werbeschnittig gemacht.

Und der Zweck heiligt mannigfaltige Mittel: anfänglich Gebrauchsgrafik, Händlerprospekte, Leporellos, die bunte Welt der Werbung: Den »Clio« haben er und sein Team vom New Yorker Art-Directors-Club für einen gelungenen Werbeprospekt erhalten, ebenso wie die in der Szene renommierte Auszeichnung »Venus« in Gold des Art Directors Club von Wien. Da hält er es mit Hugo von Hofmannsthal, ebenfalls Wiener: Du suchst Tiefe und findest sie an der Oberfläche.

Zufall – oder mehr als das? –, dass viele Designer den grüblerischen zarten Duktus des Jürgen Mick mögen und ihn für ihren Zweck nutzbar machen. Die Zeit ist offenbar reif für einen wie ihn.

Axel Küppers

Fotoapparate und Faible für Flamen

Gerd Mueser ist neuer Vorsitzender der Altenhilfe. Sein Steckenpferd ist die Kultur

Er verblüfft mit der Aussage: »Die Senioren werden oft unterfordert.« Zwei Jahre ist er jetzt bei der Altenhilfe. Und das mit Herz und Seele: Gerd Mueser. Seit gestern ist der Kamperlingser in die Fußstapfen des verstorbenen Vorsitzenden Willy Hartmann getreten. Mueser sieht seine Aufgabe vor allem im Organisatorischen. »Der

Sinn für Kultur und die Altenhilfe: Gerd Mueser

Erfolg unseres Vereins hängt von der guten Zusammenarbeit aller Mitglieder ab. Teamgeist spielt dabei eine große Rolle«, betont der 61-Jährige. Sein uneingeschränktes Engagement begründet Mueser so: »Ich fühle mich in unserer Gesellschaft sehr wohl. Aber dafür muss man etwas tun.«

Gerd Mueser wurde 1940 in Kleve geboren, ging dort zur Schule und absolvierte in Krefeld ein Elektrotechnik-Studium. Später war er Filialleiter eines Energie-Unternehmens.

»Leider bin ich mit 60 Jahren aufgrund einer Erkrankung in den Ruhestand gegangen. Aber mit einem Bein bin ich noch im Beruf. Ich habe einen Beratervertrag bei einem Energieleistungsverein«, berichtet er.

Die Arbeit in der Altenhilfe nehme viel Zeit in Anspruch. Trotzdem hat der 61-Jährige noch Hobbys: Ein Faible für niederländische, flämische und niederrheinische Kultur. »Mich fasziniert an der niederländischen Kultur, dass die Holländer diese als Geschenk sehen, sie aber nicht so toternst behandeln.« Er liebt klassische Musik und liest gerne. »Außerdem sammele ich Fotoapparate. Ich besitze mittlerweile etwa 60 Stück«, verrät er.

Ein Großteil seiner Familie lebt in Kleve. »Deshalb habe ich einen guten Draht zu meiner Heimat«, so der neue Vorsitzende der Altenhilfe. Durch die Arbeit in diesem Verein ist Mueser an Erfahrung reicher geworden. »Ältere Menschen sind sehr dankbar. Es tut gut, wenn man diese Dankbarkeit zu spüren bekommt«, ist er begeistert.

Natürlich gäbe es auch mal schwierige Situationen, sinniert er. Und manchmal sei man deprimiert. »Aber es geht immer weiter.« Was ändert sich mit Gerd Mueser als Altenhilfe-Chef? »Wir wollen uns noch mehr im Sozialen engagieren. Außerdem versuchen wir, noch mehr Kultur anzubieten.« Und betont: »Senioren werden oft unterfordert.«

Nicola Dickmanns

Highlander von Kempen ist ein sanfter Riese

Manfred Mühlenhaus trainiert eifrig für die schottischen »Highland Games«. Der 36-Jährige erfüllt sich damit einen Jugendtraum.

Mit Kilt und Baumstamm begibt er sich zur Trainingseinheit. Dann schwingt er das 5,30 Meter lange und 60 Kilo schwere Fichtenholz rückwärts über die rechte Schulter. Seit Januar übt Manfred Mühlenhaus für ein hochgestecktes Ziel: einmal an den »Highland Games« teilzunehmen.

»Ein Jugendtraum, einmal bei den Traditionsspielen mitzumischen«, verrät der 36-Jährige, mit 1,90 Metern Größe und 116 Kilo Lebendgewicht ein sanfter Riese. Irgendwie sei das Vorhaben nie verwirklicht worden. Beruf, Familie und seine Aktivitäten im American Football und Eishockey ließen dem Vater von Nele (2) kaum Zeit. Im letzten Jahr dann lebte der Jugendwunsch wieder auf: »Ich war mit meiner Familie beim alljährlichen Engländerfest auf Burg Linn, und da wurden die schottischen Disziplinen vorgeführt.«

Sofort wurden die ersten Kontakte geknüpft und sich kundig gemacht, ob es überhaupt machbar ist, als Nicht-Schotte dort mitzumischen. Aus traditionellen Gründen ist das nicht möglich, aber der gebürtige Hülser überwand die Hürden. »Mein schottischer Freund Ian J. A. Robb ist Schiedsrichter bei den Highland Games und hat's für mich organisiert«, freut sich Mühlenhaus, und seine Augen leuchten beim Gedanken an dieses Ereignis.

Doch den Kempener reizen nicht nur die Spiele. Seit Jahren schon ist er regelrecht vernarrt in Land und Leute. Für seine Freunde war die Idee am Anfang nur ein Hirngespinst. »Aber als wir gesehen haben, wie eifrig er bei Wind und Wetter trainiert, haben wir kurzerhand ein siebenköpfiges Begleitteam für Schottland gebildet«, so Freund Peter Brake. Und lacht: »Irgendwer muss die Schotten nach ihrer Niederlage schließlich wieder aufbauen.«

»Je näher die Games kommen, um so aufgeregter werde ich«, so Krankenpfleger Mühlenhaus. Am 8. August ist es soweit, da geht's ins Hochland nach Ballater westlich von Aberdeen. Bisher hat er sich auf der St. Töniser Kuhwiese von Bauer Drießen die Disziplinen Baumstamm-Weitwerfen, Steinstoßen, schottischer Hammer, Gewicht über eine Stange werfen oder Gewicht an Kette werfen selbst beigebracht.

»Die Technik hab ich mir vom Video abgeguckt, und den letzten Schliff bei den holländischen Meisterschaften geholt.« Da seine Trainings-Ausrüstung keine Originalteile sind, ist die exakte Technik gar nicht so einfach zu lernen. Alle Teile sind bunt zusammengewürfelt, denn Originale wären unbezahlbar. »Jeder, der von seinem Vorhaben erfährt, versucht meinen Mann zu unterstützen«, freut sich Astrid Mühlenhaus. So habe die Stadt Kempen beispielsweise nicht mehr benötigtes Gewicht aus einem alten Fahrstuhlschacht gesponsert.

Doch ihrem Mann beim Training zusehen kann sie nicht. »Wenn er 25 Kilo schwere Gewichte über eine Stange über sich wirft, hab' ich immer Angst«, gesteht sie. Aber trotzdem unterstütze sie ihn, wo sie nur kann, damit Gatte Manfred sein Ziel erfüllt: »Nur einen Schotten hinter sich zu lassen.«

Wer Tipps haben oder mit Mühlenhaus einen Verein gründen will: Tel. 0177-2527833.

Cornelia Driesen

Manfred Mühlenhaus hat Bärenkräfte. Hier schleudert er den schottischen Hammer in die St. Töniser Kuhwiese

Kultur als Steckenpferd

Als Rudolf H. Müller 1984 die Kempener Burg verließ, war Schluss mit der Politik. Heute liebt er Radtouren und Fotografie.

„Ich habe das Büro hinter mir zu gemacht und mich danach nie mehr öffentlich zu einer Angelegenheit im Kreis Viersen geäußert." Während Rudolf H. Müller das in seinem Wohnzimmer bei einer Tasse Tee erzählt, kribbelt es ihm merklich in den Händen. Der heute 75-Jährige war bis 1984 Oberkreisdirektor (OKD). Der Abschied von der Burg, von wo aus er 24 Jahre lang die Fäden des Kreises mit seinen 240 000 Einwohnern zusammenhielt, und der selbst verpasste »Maulkorb« sind dem Wahl-Kempener nicht leicht gefallen.

Altes Hobby neu entdeckt: Rudolf H. Müller mit einer Agfa aus dem Jahr 1927

Noch heute sprudelt es nur so aus ihm heraus, wenn man ihm einige Stichworte aus jener Zeit zuruft. In seiner guten Stube, wo unter anderem drei Drucke religiösen Inhalts von Marc Chagall, ein fast lebensgroßer gekreuzigter Jesus sowie einige Glaswappen Wände und Fenster schmücken, philosophiert Müller, von Haus aus Jurist, immer noch gerne über das politische Geschehen.

Stichwort »kommunale Neugliederung«: Müller war es, der diesen Stein ins Rollen brachte und für Furore sorgte, als er beim Innenminister forsch eine Neugliederung einforderte. »Dafür wurde ich von meiner eigenen Partei angegriffen, aber jetzt kann ich sagen: Ohne diesen Schritt gäbe es den Kreis heute vielleicht nicht mehr«, sinniert Müller, seit 1959 in der CDU. Unter seiner eisernen Hand wurden 24 verstreute Rathäuser in das Ensemble der heutigen neun Verwaltungseinheiten gegossen – ein historischer Schnitt.

Beim Stichwort »Verlegung des Kreissitzes« wird Müllers Stimme lauter: »Was man mir damals in die Schuhe schieben wollte, das ist ein politischer Kuhhandel anderer gewesen.« Hintergrund: Müller hatte zwar dem Innenminister seine Einschätzung pro Viersen (60 : 40 gegen Kempen) vorgelegt; die hatte der Kreistag aber abgeschmettert und es bei Kempen belassen. Als dann der Landtag doch Viersen durchsetzte, war das ein Deal »Kreissitz nach Viersen« gegen »Hüls nach Krefeld«, sieht er die Drahtzieher bei einer Krefeld-Viersener Seilschaft im NRW-Parlament. »Da habe nicht ich dran gedreht.«

Als OKD hat er vor allem kulturelle Pflöcke gesetzt: Dorenburg-Museum, Bücherei, Archiv, Berufsschule, Volkshochschule – das waren seine »Ziehkinder«. Den jungen Dezernenten aus Jülich beeindruckte vor allem dieses flächendeckende VHS-Angebot, als er 1960 als Verwaltungschef in den damaligen Kreis Kempen-Krefeld kam.

Die Kultur hat den gebürtigen Oberhausener auch nach seinem Ausscheiden aus der Spitze der Kreisverwaltung nicht losgelassen.

Bis vor kurzem hat er junge Musiker vom Niederrhein ans Orchesterleben herangeführt. Soeben hat er den Vorsitz der »Freunde der Grafschaft Cambridge« abgegeben, den er fünf Jahre innehatte. Im Mai organisiert der Katholik im Schwarzwald eine Aktions-Woche »Mitten im Leben vom Tod umfangen«. »Mein letztes Ehrenamt.« Somit hat der Vater von sechs Kindern mehr Zeit für seine acht Enkel oder Radtouren mit Frau Marianne (70) im Altmühltal. Und widmet sich der Fotografie.

Axel Küppers

In Kohlehalle künstlerisches Leben ankurbeln

»Art & Weise«: Das Trio Thomas Niermann, Martina Milius und Roland Ploch bildet eine Atelier-Gemeinschaft in einer alten Fabrikhalle am Donkring.

»Art & Weise« – so heißt eine neue Atelier-Gemeinschaft, die das künstlerische Leben in Kempen ankurbeln will. Dahinter steckt das Trio Thomas Niermann, Martina Milius und Roland Ploch. Die drei sind gerade dabei, sich in den Fabrikhallen der früheren Kohlehandlung Dicks am Donkring 31 einzurichten. Dort entsteht eine große, charmante und zentral gelegene Kreativ-Werkstatt.

»Roland Ploch kenne ich von meiner Aktion Kunst-(E)tagen in Moers, und Martina Milius habe ich damals bei ihrer Ausstellung im alten Lokal Palio geholfen«, erläutert Thomas Niermann (51), der Initiator, wie es zu der künstlerischen »Menage à trois« gekommen ist.

Auf 80 Quadratmetern – weitere 80 sollen hinzu kommen – schaffen die Drei: Niermann mit Bildern und Holzskulpturen; Milius mit ihrer Keramik sowie den Stelen; Ploch mit seinen Aquarellen, die vorzugsweise Zähne thematisieren (er ist Zahntechniker). »Vieles geht ineinander über, wir verwenden teilweise schon die gleichen Arbeitsmaterialien«, freut sich Thomas Niermann über den fruchtbaren Austausch.

Und das Trio will in Kempen aus dem Atelier am Rande der Altstadt einiges bewegen: »Es wird Workshops geben«, deutet Niermann an. Martina Milius, die Sozialpädagogin, hat bereits mit Behinderten in der neuen Werkstatt gearbeitet. Und es gibt regelmäßig »offene Tage«; es werden aber mindestens zwei Termine pro Woche anberaumt, an denen man dem Kunst-Trio beim Schaffen über die Schulter sehen kann.

»Außerdem laden wir so genannte Gastarbeiter ein, die hier 14 Tage mit uns arbeiten«, erläutert Niermann. Befreundete Künstler bevorzugt, die den Zirkel vorantreiben und Ideen mitbringen. Im nächsten Februar ist Premiere mit dem Euskirchener Jürgen Hemkemeyer, den Niermann ebenfalls von seiner Moers-Aktion kennt.

Und, vielleicht der weitreichendste Ansatz: Auf Initiative von »Art & Weise« soll ein Atelier-Rundgang durch Kempen angeschoben werden, an dem sich vier weitere Kunstwerkstätten beteiligen: 'ne *art* kempen. »Das Beispiel Krefeld zeigt uns, dass so etwas hervorragend funktionieren kann«, so Niermann. Anfang Dezember ist in Kempen der Startschuss.

Und zum Schluss erklärt Thomas Niermann, der als Parteiloser auch im städtischen Kulturausschuss sitzt, den Titel seiner neuen kreativen Keimzelle: »Wir machen's halt auf unsere Art & Weise.«

Axel Küppers

Die Künstler Thomas Niermann, Martina Milius und Roland Ploch (von links) haben sich am Donkring 31 eingerichtet

Keine eingezwängten Bahnen

Stadtjugendpfleger Ulrich Nieting ist nicht nur im Amt ein kreativer Kopf. Er schreibt auch spannende Bücher – für Kinder wie für Erwachsene.

Stadtjugendpfleger Ulrich Nieting schreibt nebenbei Bücher. Nach einigen Krimis versucht er sich nun an einem Kinderbuch

"Hör mal, Uli ..." ist wohl einer der häufigsten Sätze, die er hört, wenn er durch die Stadt spazieren geht. Ulrich Nieting, seit 1981 Stadtjugendpfleger, mag an Kempen die kurzen Wege. Geboren in Tönning bei Husum und aufgewachsen in Viersen, war er nach einer Schlosserlehre und Studium auf dem zweiten Bildungsweg als Sozialarbeiter in Mönchengladbach tätig. Dort kümmerte er sich hauptsächlich um die Drogenberatung und brachte als erster in Deutschland Streetworking ("Amt nach draußen") auf die Schiene. Aber: "Die Arbeit war zu spezialisiert, und ich konnte nicht weiterkommen."

So wechselte er nach Kempen und ist mit seiner Familie – seine Frau Marga arbeitet bei der Caritas, zwei erwachsene Kinder sind längst aus dem Haus – heimisch geworden. Er liebt die persönlichen Kontakte: "Durch 20 Jahre Ferienspaß kenne ich bestimmt drei Viertel aller Kempener – und sie kennen mich. Das ist ein Vorteil." In seinem Job ist er Ansprechpartner für Kinder, Jugendliche, Eltern und Lehrer.

Eingezwängte Bahnen, sagt er, mag er nicht. Er gestaltet gerne. So baute er das städtische Kinderbüro sowie den Kinder- und Jugendrat auf. Auf den Ferienspaß ist er besonders stolz: "Wir haben jedes Jahr über 500 Kinder dabei – in Geldern sind es vielleicht 150."

In seiner Freizeit greift er gerne zur Feder. Seine beiden Krimis "Mordsschönes Kempen" und jetzt "Bei Mozart Mord" zeugen davon. Die lässt er im Selbstverlag drucken und verteilt die wenigen 100 Exemplare an "einen erweiterten Freundeskreis". Der alte Band ist längst vergriffen, der neue kostet zehn Mark. "Ich habe schon immer geschrieben, zum Beispiel über die gesetzlichen Bestimmungen bei der Anatomie – heute ein Standardwerk an allen Unis."

Wieso schreibt er überhaupt? "Ich will Dinge festhalten, bei denen viele sagen: Ja und?" Von den Leichen in der Anatomie war der Weg zum Krimi nicht weit. Aber: "Ich schreibe keinen Krimi mehr, das nächste Buch wird ein Kinderbuch über ein freches Kempener Kind. Meine Nachbarin wird es illustrieren."

Philipp Wachowiak

Imker und Bauer in einem Boot

Honig und Bienenstich isst fast jeder gern. Christian Oehring kennt sich aus mit den fleißigen Insekten, die den süßen Stoff herstellen.

Wenn Christan Oehring hört, dass kürzlich rund 40 Bienenvölker im Kreis Kleve verendet sind, dann bricht er nicht in Panik aus. Der Imker weiß um das Zusammenspiel zwischen Vertretern seiner Zunft und den Landwirten. »Da kann schon mal eine Panne passieren, aber grundsätzlich sollte man den Landwirten keine böse Absicht unterstellen«, unterstreicht der Unterweidener. Für solche »Stäubeschäden« sei auch Unkenntnis der Bienen-Biologie verantwortlich.

Im Kreis Kleve war nämlich der Verdacht aufgekommen, dass die Tiere durch Pestizid-Einsatz auf den Feldern getötet wurden. »Ich habe mich mit vielen Imkern dort unterhalten. Es hat vermutlich ein Gärtner versehentlich ein Mittel gespritzt, das den Bienen zum Verhängnis wurde«, meint Oehring.

Normalerweise sei das Verhältnis zwischen Bauern, Gärtnern und Imkern von Harmonie geprägt, urteilt der Herr über 80 Bienenvölker, die über den gesamten linken Niederrhein verstreut sind. Das glaube der 57-jährige, der seit 30 Jahren mit Begeisterung Imker ist, auch für die anderen knapp zwei Dutzend Kempener Imker sagen zu dürfen.

Will sagen: Die Landwirte informieren die Imker, wenn sie gefährliche Stoffe auf ihre Äcker aufbringen. »Dann halten wir die Fluglöcher in den Waben so lange dicht, bis die Gifte unschädlich sind für die Tiere«, erläutert Oehring.

Aus Erfahrung weiß er jedoch, dass das schon mal ins Auge geht. »Voriges Jahr hatten wir in Unterweiden den Fall, dass die Bauern gegen den Kohlweißling gespritzt haben. Dabei sind 19 meiner Völker verendet«, schildert der Kempener. Aber der Insektenfreund

Christian Oehring an seinen Bienenstöcken. Der erfahrene Imker braucht keine Schutzkleidung

betont nachdenklich: »Die Bauern müssen doch spritzen, um überleben zu können.«

Heinz-Josef Tölkes, Kempener Ortslandwirt, unterstreicht die gute Kooperation zwischen Bauern und Imker. »Wir Landwirte weichen auf Nützling-schonende Mittel aus, wenn wir spritzen.« Außerdem wüssten die Garten- und Landschaftsbauern, dass Spritzen am Abend sinnvoller ist, weil dann der Bienenflug beendet sei. »Das ist die gute fachliche Praxis, die schon den Landwirtschaftsschülern vermittelt wird.«

Axel Küppers

Draht nach oben

In seinen 28 Jahren in St. Hubert hat Pfarrer Hermann-Josef Ortens manchen Wandel beobachtet. Nun geht er in den Ruhestand.

Um Priester zu werden, »muss man einen Draht nach oben haben«, sagt schlicht und ergreifend Pfarrer Hermann-Josef Ortens (68). Den haben offenbar nicht mehr ganz so viele. Am Niederrhein wie anderswo fehlt es an Geistlichen. »Viele sind religiös interessiert, aber nicht gebunden«, analysiert er nüchtern.

Der St. Huberter Pfarrer Hermann-Josef Ortens

Am 31. Juli geht Pfarrer Ortens in den Ruhestand. Aber die St. Huberter brauchen keine Sorge zu haben, dass sie sich demnächst einen Pfarrer mit anderen Gemeinden teilen müssen. Für »Nachschub« ist gesorgt. Im Herbst wird der neue Pfarrer in die Gebäude an der Hauptstraße 21 einziehen. Wer er ist, steht noch nicht fest. Für die Zeit dazwischen hilft ein kroatischer Kaplan aus Sarajewo aus.

Rund 28 Jahre hat Pfarrer Ortens als gebürtiger St. Huberter die katholische Gemeinde mit heute rund 4900 Mitgliedern geführt. War er vorher aufgrund seiner Studien- und Kaplanzeit weggezogen, kam er nach 18 Jahren »mit gemischten Gefühlen nach Kempen zurück«, wie der 68-Jährige sagt. »Aber da ich keine Geschwister habe, bestand auch keine Gefahr des Klüngels«, sagt er, und aus den Tiefen seiner Brust kommt ein amüsiertes Lachen herauf.

Mit 40 Jahren übernahm Pfarrer Ortens am 3. Dezember 1972 die 550 Jahre alte Gemeinde in St. Hubert. Mit entsprechend altem Archiv und kirchlichen Einrichtungsgegenständen. Was ihm sehr entgegen kam. Mit einem Faible für Kunst und Kunstgeschichte gab es einiges, was mit Gespür gepflegt werden wollte. »Ihm ist es auch zu verdanken, dass die 150 Jahre alten Malereien erhalten worden sind«, ist Joachim Sczyrba vom Pfarrgemeinderat voll des Lobes. Denn als man im Rahmen der Renovierung der Kirche die alte Farbe runterspachtelte, kam eine längst versunkene Malerei zutage.

Hermann-Josef Ortens hat in den 28 Jahren als Institution in St. Hubert manchen Wandel beobachten können: »Früher hatten die Landwirte eine Art Standesbewusstsein«, erläutert er. Wer viel Land hatte, war mehr wert. »Das hat sich ausgeglichen«, was er persönlich als positiv bewertet.

Anders dagegen die wachsende Anonymität auf den Straßen. »Die Leute nehmen keine Notiz mehr voneinander.« Aber es seien auch viele Kommunikationszentren verschwunden, wo die Leute ins Gespräch gekommen sind. »Früher gab es kleine Lädchen, wie das Lebensmittelgeschäft Flock an der Breite Straße«. Dass die Menschen wieder mehr miteinander reden, ist ihm wichtig. »Und natürlich mit dem da oben, für den ich stehe«, sagt er lächelnd. Am 11. Juni wird für ihn ein Dankesgottesdienst ausgerichtet.

Catharina Perchthaler

Das Herz einer Frau

Ein Abschied, der nicht leicht fällt: Ursula Orths hat die Geschicke des St. Huberter Pfarramts in jüngere Hände übergeben. Doch sie bleibt im Einsatz für die Kirche.

Eine Institution im katholischen St. Hubert hat leise ade gesagt: Pfarramts-Sekretärin Ursula Orths hat die Geschäfte an der Hauptstraße 21 in jüngere Hände übergeben. 28 Jahre lang – von der ersten Stunde dieses mittlerweile kräftig gewachsenen Büros an – war die 59-Jährige die direkte Ansprechpartnerin der über 5000 Gemeindemitglieder im Kendeldorf.

Mit ihrem Ehemann Erich, der die Einrichtung vor allem technisch auf den neuesten Stand gebracht hat, hat die Ur-St. Huberterin sämtliche Bereiche einer lebendigen Pfarrgemeinde gewissenhaft geführt: Archiv, Verwaltung, Rendantur (das sind die Geldgeschäfte), Liegenschaften, Lohnbuchhaltung, die immer noch handgeschriebenen Kirchenbücher und die unzähligen Gespräche mit den Menschen.

»Genau das hat sich verändert«, erläutert sie den Umbruch, den sie in fast drei Jahrzehnten beobachtet hat. »Heute ist das Pfarrbüro ein hochgerüsteter Dienstleistungsbetrieb, früher kamen die Leute mit ihren persönlichen Sorgen ins Haus.«

Beispiele fallen ihr da noch und nöcher ein. So wunderte sich eine Witwe beim Jahrgedächtnis ihres Mannes, dass Ursula Orths das genaue Sterbedatum in Kopf hatte – »und das bei 70 Sterbefällen im Jahr«, lacht die gelernte Kauffrau.

»Bei Lechner in Krefeld habe ich anfangs als Industriekaufmann gearbeitet«, betont sie das »-mann« in dieser Berufsbezeichnung und dass sie damit überhaupt keine Probleme hat. Und fügt selbstbewusst hinzu: »Ich musste hier nie die Krallen ausfahren. Das Herz einer Frau gehört bei einer Pfarre einfach dazu.« Das Herz: Sie trägt es stets auf der Zunge, und über ihre Lippen kommen oft und gerne Begriffe von katholischen Werten, die sie von Kindheit an in Ehren gehalten und nach außen vertreten hat. So war es für sie selbstverständlich, dass sie zur Trauerfeier des verstorbenen Erzbischofs Dyba nach Fulda gefahren ist. »Ein Mann, den ich hoch geschätzt habe.«

Der soeben in den Ruhestand verabschiedete Pfarrer Hermann-Josef Ortens nickt eifrig bei diesen Worten. Für ihn – nun Pfarr-Administrator, bis Nachfolger Pero Stanucic in einigen Wochen sein Amt antritt – war Ursula Orths immer so etwas wie die »gute Seele« der Gemeinde; außerdem hat das Ehepaar den Geistlichen die letzten elf Jahre nach einer Krankheit gepflegt – was es auch künftig unter neuen Vorzeichen machen wird. Nicht selten der naive Satz von Kindern, die Ursula Orths vom Kindergarten her kennen: »Mama, das ist die Frau vom Pastor.«

Ursula Orths mit ihrem Ehemann Erich vor dem Pfarramt in St. Hubert an der Hauptstraße: 28 Jahre lang, also von Anfang an, hat sie dieses Amt aufgebaut und geprägt

Obwohl Ursula Orths noch einige Ressorts weiterführt, hat Nachfolgerin Cäcilia Velroyen – Tochter des Heimatverein-Vorsitzenden Hans Dieker – die Geschäfte im 210 Jahre alten Pfarrhaus mittlerweile übernommen. Dort, wo anno dazumal die Pfarrer ihr Vieh stehen hatten und der Küster die Kerzen zog, bestimmen heute Internet, E-Mail, Fax und Kollege Computer den geordneten Büroalltag. Ein Werk vor allem von Ursula Orths, die – wie sie betont – »ein geordnetes Haus« übergibt und das Pfarramt 2000-tauglich gemacht hat.

Axel Küppers

Friedliche Flieger im Schlafzimmer

Wohnen in der Einflugschneise – kein Problem für Hans Palm. Wenn der Kempener seine Haustür betritt, umschwärmen ihn friedlich die Wespen.

Hans Palm liebt die Natur – und auch Wespen

Mit der friedlichen Koexistenz von Mensch und Wespe ist das so eine Sache, bei vielen hört diese nämlich dann auf, wenn sie selbst die emsigen Insekten vor der Nase, sprich in der eigenen Wohnung haben. Nicht so bei dem Kempener Hans Palm. Im Eingangsbereich zu seiner Wohnung herrscht reger Flugverkehr. »So 30 Wespen pro Minute fliegen hier schon ein und aus«, sagt Palm, der auch Leiter der Ortsgruppe Kempen im Naturschutzbund Deutschland (Nabu) ist.

Zwischen zwei Waschbetonstufen und der Eingangstreppe haben sich die Insekten häuslich eingerichtet, in einem Bereich also, den jeder Besucher benutzen muss. »Da muss ein Hohlraum unter der ersten Stufe sein«, vermutet Palm. Für ihn sind solche »Untermieter« nichts Neues. »In den letzten Jahren hatten wir dort Hummeln«, berichtet er mit einem Anflug von Stolz.

Palm will um Verständnis werben, will selbst zeigen, dass das Zusammenleben zwischen Mensch und Tier überhaupt nicht kompliziert ist. »Man soll halt keine hastigen Bewegungen machen. Aber davon werden schließlich Menschen auch nervös«, schmunzelt er. Man könne den Eingang ganz normal nutzen, seine Frau und seine Tochter hätten ebenfalls keine Probleme. Davon hätten sich schon einige überzeugen können, auch wenn sie sich im ersten Moment erschreckten, wenn man sie auf das Nest hinweise.

Wie groß der Stamm ist, der unter der Stufe haust, kann Palm nicht sagen. »Wahrscheinlich handelt es sich um die sächsische oder die gemeine Wespe, und die kann leicht einige 100 Exemplare erreichen«, vermutet er. Außerdem fräßen die Tiere ja Schädlinge. Und noch weitere Gründe gegen eine Vernichtung oder Umsiedlung der ungebetenen Gäste führt der Naturschützer an: »Im Spätherbst ist alles vorbei, und das Nest wird nicht – wie viele vermuten – wieder besiedelt.«

Außerdem muss Palm nicht soviel Toleranz aufbringen wie andere Menschen. »Ich habe von einer Frau gehört, die hat ein Nest im Schlafzimmer. Da die Tierchen aber nichts tun, lässt sie die Fenster einen Spalt offen, damit sie fliegen können.« Und Wespen in einem Rolladenkasten könne man durch ein einfaches Fliegengitter davon abhalten, in die Wohnung zu fliegen.

Peter Korall

»Onkel Moses« auf der Suche nach dem Gemüt

Jürgen Pankarz hat Illustrationen für Bücher von Hanns Dieter Hüsch und unzählige Plakate und Logos gezeichnet. Er liebt vor allem Männekes.

Am liebsten zeichne ich Männekes«, schmunzelt Jürgen Pankarz, den Freunde nur »Moses« nennen, und nippt an seiner Kaffeetasse mit einem Berg von Milchschaum oben drauf. Er genießt den Schatten einer Kastanie im blühenden Garten seines idyllisch gelegenen Bauernhauses »Bliexhof« am Rande von St. Hubert. Hier lebt und arbeitet der 59-jährige Grafiker, bekannt geworden mit seinen Kinderbüchern und vor allem durch Illustrationen für Bücher von Hanns Dietrich Hüsch.

Zur Welt kam Pankarz in der Nähe von Posen, wuchs aber in Schweden, Lübeck und Duisburg auf. »Meine Mutter war Schwedin, daher habe ich einige Jahre meiner Kindheit dort verbracht.« Sein acht Jahre älterer Bruder lebt bis heute dort.

In Düsseldorf hat er nach der Schule eine Lehre zum Trickfilmzeichner gemacht. »Dort haben wir zum Beispiel mit Hilfe der Tricktechnik die Funktion von Kernreaktoren oder Maschinen gezeigt. Aber Menschen und Figuren zu zeichnen, hat mich damals schon am meisten gereizt.« Ende der 60er Jahre verschlug es den Zeichner an den Niederrhein, wo er sich 1969 mit einem Atelier in der Wackertapp-Mühle im Kendeldorf selbstständig machte. Dort lebte er bis zum Umzug 1992 in das Bauernhaus mit seiner Frau und den beiden Kindern Nina und Florian.

Entwürfe von Brettspielen, Werbeplakaten, Logos unter anderem für das Moerser Jazzfestival und die Stadt Kempen sowie unzählige Buch-Illustrationen entstanden auf seinem Zeichentisch. »Ich habe wirklich Glück, dass ich mit dem, was ich gerne tue, nämlich Zeichnen und Gestalten, jetzt schon seit über 30 Jahre mein Geld verdienen kann«, lächelt Pankarz.

Im Jahr 1989 gründete der Wahl-Niederrheiner den Verlag »Edition Moses«, heute »Moses Verlag«. Hier erschien auch das von ihm illustrierte Kinderbuch »Ein Bär auf Jagd«. Ein schwedischer Möbel-Riese war davon dermaßen begeistert, dass er das Werk vor 13 Jahren ins Sortiment nahm und rund 50 000 Exemplare verkaufte.

Hüschs Buch »Auf der Suche nach dem Gemüt« ist das aktuellste Beispiel für das gestalterische Geschick von »Moses«. Kleine, heitere Zeichnungen, koloriert mit leuchtender Aquarellfarbe, illustrieren die Texte des Kabarettisten rund um das Thema Garten.

Geht es ins Private, tauchen wieder jede Menge »Männekes« auf. Kaum zu zählen sind die Freundschaften, die der 59-Jährige im Laufe der Jahrzehnte aufgebaut hat und intensiv pflegt. Und für Freunde streift er in seiner Freizeit die Küchenschürze über: Pankarz gilt als begnadeter Koch mit einem feinem Händchen für besonders gelungene Soßen und fein abgestimmte Ingredienzen. »In der Küche stehen und leckere Dinge zubereiten ist meine Leidenschaft«, bekennt er. Zum Ausgleich geht's dafür jeden Morgen außer montags – da ist geschlossen – in aller Frühe ins Schwimmbad nach Kempen.

An Ruhestand will der passionierte »Männekes«-Zeichner gar nicht denken: »Solange ich noch einen klaren Kopf und eine ruhige Hand habe, will ich arbeiten, denn es macht mir Freude«, meint »Onkel Moses«, wie er schon mal scherzhaft unterschreibt. Übrigens: Der Name »Moses« ist ein Relikt aus Kindertagen, als ihn Freunde in der »Wandervogel«-Bewegung und Mitschüler so riefen.

Sabine Kückemanns

Pankarz mit seinem Freund Hanns Dieter Hüsch Mitte der 90er Jahre bei einer Buchvorstellung in der Kölner Buchhandlung Gonski

Rilkes Gedichte in St. Huberter Platt

Seit über 50 Jahren beschäftigt sich der Heimatdichter Jupp Pasch mit der Mundart. Demnächst erscheint sein 13. Buch.

De Loover falle, falle wie von wiet, als welkde en dän Hie-emel feär de Jarde«. Bitte lesen Sie diese Zeilen einmal laut. Hätten Sie gedacht, dass Sie Rainer Maria Rilke lesen? Die Zeilen sind aus dem neuesten Buch von Jupp Pasch, »Noahjedeit«. Hier hat er Gedichte der Weltliteratur von Walther von der Vogelweide über Goethe, Schiller bis Brecht, Ringelnatz und Heinz Erhard »nachgedacht« – daher der Titel des Buches.

Pasch wurde vor 67 Jahren in St. Hubert geboren und beschäftigt sich seit über 50 Jahren mit der Mundart seiner Heimat. Seine erste Begegnung mit Platt war ein Buch des Pädagogen und Heimatdichters Wilhelm Grobben, den er noch als ehemaligen Nachbarn seiner Mutter in der Peterstraße in der Kempener Altstadt gekannt hat.

So fühlt sich Jupp Pasch am wohlsten: Mit einem Buch in der Hand im St. Huberter Naturschutzgebiet Schadbruch

Er bekam zum achten Geburtstag das neue Grobben-Buch geschenkt. Und: »Ich war stolz und konnte es nicht lesen!« Der Vater, Bäcker in St. Hubert, sprach nur Platt. So veröffentlichte der junge Jupp mit 16 Jahren seine ersten Gedichte und Geschichten in der Mundart von »Sänkt Hubäet« – die Betonung auf der zweiten Silbe »ist ein Relikt aus der Franzosenzeit«. »Über diese Aussprache gab es sogar«, weiß er zu berichten, »einen Beschluss des ehemaligen Gemeinderats« seiner Heimatgemeinde.

Nach vielen Veröffentlichungen seit Beginn der 50er Jahre ist der ehemalige Justizbeamte heute Mitglied der Vereinigung der Rheinischen Mundartschriftsteller – seit 1993 ist er Vorsitzender. 1988 bekam er den Möökeshüß-Orden für Verdienste um Mundart und Brauchtum in Keppeln verliehen. Ihn schmerzt noch heute, dass zur Verleihung, obwohl eingeladen, kein offizieller Vertreter der Stadt Kempen erschienen ist.

Ihn schmerzt auch, dass Platt langsam aus dem Sprachgebrauch verschwindet: »In Hüls kann noch ein Kind Platt, in St. Hubert keins mehr«. Daher rechnet er es besonders den Karnevalsvereinen hoch an, dass sie durch ihr Brauchtum – wenn auch unbewusst – die Mundart erhalten. Jegliche Mundart findet er spannend. Es ist eine Freude, ihm zuzuhören, wenn er Schlesisch spricht (»Bin von der Laiter jefallen«) oder über die Frauenrunden im Café Haberstroh in Hüls berichtet.

Sein nächstes Buch (es ist schon die Nr. 13) ist eine Sammlung von Niederrhein-Märchen in Platt – illustriert mit Scherenschnitten eines Künstlers aus Kamp-Lintfort.

Philipp Wachowiak

Leicht wie eine Feder

Kathrin Peter ist Stadtmeisterin im Geräteturnen. Die Realschülerin liebt besonders das Bodenturnen.

Wenn Kathrin Peter über ihren Sport spricht, dann bekommt sie leuchtende Augen. »Ich würde am liebsten jeden Tag trainieren«, sagt sie. Die 13-Jährige ist Stadtmeisterin im Geräteturnen geworden, bislang ihr größter sportlicher Erfolg. Bürgermeister Karl Hensel hat sie dafür neben 18 weiteren Stadtmeistern gestern bei der Kempener Sportler-Ehrung 2000 besonders ausgezeichnet.

Mit acht Jahren ist Kathrin Peter in den Kempener Turnverein eingetreten. »Ich habe zu Hause immer Radschläge und Handstände gemacht«, erinnert sie sich. »Da hat meine Mutter mich zum Turnen angemeldet.« So übte sich das Mädchen zunächst in den Disziplinen Reck, Boden, Balken und Sprung.

Nach einem Trainerwechsel kam sie in die Kurse von Maureen Bernt. Zweimal pro Woche turnt sie jetzt mit 15 anderen Jugendlichen, vor Wettkämpfen auch noch häufiger. »Momentan müssen wir fast wöchentlich ran. Interessant sind auch die Jahn-Wettkämpfe, wo zusätzlich Schwimmen und Leichtathletik gefragt sind«, erklärt die Realschülerin.

Bernt betreut die Schülerin intensiv und arbeitet mit ihr die Kür aus. Am liebsten sei ihr das Bodenturnen, sich bewegen zu der Musik, verrät Kathrin strahlend. Leicht wie eine Feder schwingt sie dann durch die Halle. Die Arbeit auf dem Schwebebalken sei auch schön, »aber klar, manchmal fällt man eben runter«. Über das Pferd macht Kathrin Handstand-Überschläge.

»Der Sport bedeutet mir sehr viel. Später möchte ich selbst eine Gruppe leiten.« Grundschullehrern möchte Kathrin werden, und sie ist fest entschlossen, dafür auch ihr Abitur zu machen. Schule mache ihr Spaß, Zeit zum Lernen bliebe ja noch am Wochenende. Ihre Lieblingsfächer sind Deutsch und Französisch – »natürlich auch Sport«.

Sylvia Berndt

Körperbeherrschung pur bei der Kempenerin Kathrin Peter

Gemeinschaft wird großgeschrieben

Über Mangel an Nachwuchs können sich die Kempener Pfadfinder nicht beklagen. Dagegen schrumpft die Zahl der Leiter.

Lagerfeuer, Waldbesuche und alten Leuten über die Straßen helfen – so stellen sich viele die Gemeinschaft bei Pfadfindern vor. Auch heute wird noch besonderes Augenmerk auf soziales Engagement und Gruppenzugehörigkeit gelegt, obwohl auch die Pfadfinder moderner geworden sind. Mit zwei Holzstöckchen ein Feuer zu machen gehört zwar noch immer dazu, ist aber nicht mehr so wichtig. »Wir legen viel Wert auf die Gemeinschaft, die bei uns groß geschrieben wird«, so Nicole Beckers, die seit über zwei Jahren als Leiterin bei den Deutschen Pfadfindern Sankt Georg im Stamm Kempen (DPSG) dabei ist.

Eine große Gemeinschaft: Die Kempener Pfadfinder treffen sich regelmäßig im Jugendheim »Kom'ma«

Die DPSG ist einer der größten Pfadfinder-Vereine in Deutschland, der sogar in vielen kleinen Städten mit eigenen Stämmen vertreten ist. Es gibt vier Altersgruppen, in denen Kinder und Jugendliche sich von acht bis etwa 20 Jahre regelmäßig treffen, um in den Truppstunden gemeinsame Interessen zu verwirklichen. »Mit den Kleineren wird viel gebastelt, wobei die Leiter vorher mit den Kindern die Themen aussuchen, damit es allen Spaß macht«, sagt Beckers.

Gemeinsame Ausflüge, bei denen der ganze Stamm oder auch nur einzelne Truppen wegfahren, sind immer noch der Höhepunkt für alle Pfadfinder. So waren alle zusammen vor zwei Jahren für zwei Wochen in Holland. Solche großen Fahrten werden ungefähr alle drei Jahre angeboten. »Da die Leiter alle ehrenamtlich mitarbeiten und für große Reisen der ganze Jahresurlaub benötigt wird, versuchen wir, in den anderen Jahren nur kleinere Trips zu machen«, erzählt Nicole Beckers. Über Pfingsten geht's ins Intercamp, das dieses Jahr in der Nähe von Straßburg stattfindet. Hier treffen sich die Scouts aus der Thomasstadt mit anderen Pfadfindern.

Über mangelnden Zuwachs an »Kleinen« können sich die Kempener nicht beklagen. »Meistens können wir jedoch alle aufnehmen, die sich auf unserer Warteliste eingetragen haben«, so Nicole Beckers. »Wir müssen jedoch gucken, dass wir auch genügend Leiter haben, die sich um die Truppen kümmern«.

Und genau hier hat die DPSG ihr größtes Problem. Da viele Leiter aus beruflichen Gründen aufhören müssen, ist die Betreuerzahl schon jetzt an einem kritischen Punkt angelangt. Viele Leiter bleiben noch bis September, um nicht ein noch größeres Loch zu schaffen. »Wir haben jetzt noch ungefähr 20 Leiter. In vier Monaten werden wir nur noch mit zehn Leuten dastehen«, berichtet Nicole Beckers.

Jeder, der Spaß an Jugendarbeit hat, ist daher bei der DPSG willkommen. »Es ist nicht nötig, dass man bereits Erfahrung hat, da man hier unheimlich schnell dazulernt«, betont die Leiterin. Die Pfadfinder sind montags bis donnerstags im katholischen Jugendheim »Kom'ma« zu finden und freuen sich auf jeden Interessierten.

Sina Meyer

»Polizei soll Dienstleister für Bürger sein«

Kommissar aus Leidenschaft ist Hans Pimpertz. Der 54-Jährige sieht sich als Sozialarbeiter im besten Sinne und betont: »Auf der Wache wird viel gelacht.«

Wie Schimanski kommt Erster Kriminalhauptkommissar Hans Pimpertz nicht daher, auch wenn er im Rahmen seiner Ausbildung von 1974 bis 1976 in Schimis Duisburger Revier im Streifenwagen unterwegs war. Der Leiter der Kempener Kriminalpolizei betrachtet seine Arbeit auch nicht unbedingt als Kampf Gut gegen Böse. »Zu platt« ist ihm diese Definition. »Ich verstehe meinen Beruf als Sozialarbeit plus Action«, meint der 54-Jährige gebürtige Schmalbroicher, dem man auch die Rolle eines engagierten Sozialarbeiters abnehmen würde. Augenzwinkernd fügt er hinzu: »Leider kommt die Action seit einigen Jahren etwas zu kurz.« Denn die Leitung des 15-köpfigen Kommissariats erfordere viel Schreibkram. Trotzdem ist Pimpertz nach eigenem Bekunden »Polizist aus Leidenschaft«.

Dabei waren es eher praktische Gründe, die ihn dazu brachten, 1971 Staatsdiener zu werden. »Ich wollte damals den Wehrdienst umgehen und habe mich bei der Polizei gemeldet«, erinnert sich Pimpertz. Schnell sei er dann vom Sinn dieses Berufes überzeugt gewesen: »Schließlich tut man etwas Gutes, wenn man als Kriminalbeamter das Verbrechen bekämpft.« Dass längst nicht alle Bürger ein ähnlich positives Bild von den Beamten haben, weiß Pimpertz: »Polizei soll Dienstleister für Bürger sein und auch so auftreten. Ich versuche, ein gutes Beispiel vorzuleben.«

Täglich hat er mit Einbrüchen, Raub und Körperverletzung zu tun. Eine Zunahme im Bereich der Jugendkriminalität hat er mit Besorgnis festgestellt. In vielen Fällen sei dann der Polizeibeamte tatsächlich so etwas wie ein Sozialarbeiter, findet Pimpertz: »Man muss die Ursachen der Taten hinterfragen, mit den Eltern der Jugendlichen sprechen, sich viel Zeit nehmen.«

Solche Fälle sind aber Lappalien im Vergleich zu einigen Verbrechen, die der Vater von drei Töchtern bis heute nicht vergessen kann. So wie das bis heute ungeklärte Verschwinden einer Studentin auf dem Weg von Kempen nach Köln vor zwölf Jahren. »Man beschäftigt sich so intensiv mit einem solchen Fall, dass man noch Jahre später darüber grübelt.« Aber bei allen Problemen es werde auf der Kempener Wache auf viel gelacht. Vor einigen Monaten wurde auf einer Baustelle ein WC-Häuschen gestohlen. »Das bietet natürlich Stoff für Witzchen«, schmunzelt der Kommissar.

Hans Pimpertz macht seit zwei Jahren bei der Agenda »Kempen fair-ändert sich« mit. Dort hat man gerade eine »Klima-Schutz-Fibel« herausgegeben. »Leider gelingt es nicht, Parteipolitik außen vor zu lassen«, meint der Beamte ohne Parteibuch nachdenklich.

Pimpertz' große Liebe ist Handball. Der 54-Jährige, der sich selbst als »Mannschaftsmensch« bezeichnet, trainierte jahrelang die Teams seiner Töchter und war selbst bei VT und HSG als Kreisläufer aktiv auf Torejagd. Jahrelang hat er 90 Prozent seiner Freizeit in den Sport gesteckt. »Vor einiger Zeit habe ich einen Wandel vollzogen, ohne Entzugserscheinungen zu bekommen. Zum Beispiel interessiert mich jetzt auch Kunst«, erzählt Pimpertz. Kürzlich habe er eine Surrealisten-Ausstellung besucht. »So 'was hätte es vor zehn Jahren nicht gegeben.«

Lutz Mäurer

Hans Pimpertz in seinem Büro auf der Kempener Wache. Der Kommissar hat trotz Aktenbergen immer ein Lächeln parat

»Gelber Riese« cool und freundlich

Zehn Mitarbeiter kümmern sich in der Post um die Belange der Kunden. Doch nicht nur Briefmarken, sondern auch Beratung in Finanzdingen wird angeboten.

Als sich um 18 Uhr die Glastür am Moorenring schließt, wirken die zehn Mitarbeiter der Post und Filialleiter Ferdinand Willems immer noch locker. Obwohl sie wieder knapp 700 Kunden bedient haben und fünf Minuten vor Feierabend noch großer Trubel herrscht. Und man merkt allen an, dass sie stolz auf ihre Filiale – pardon: Center-Filiale – sind. »Von diesen neuen Kompetenz-Zentren gibt es zurzeit bei insgesamt 13.500 Filialen etwa 600 in Deutschland, bis nächstes Jahr 720«, erklärt Friedrich Buttgereit, Sprecher der

Eine fesche Truppe – das sind die Bediensteten der Kempener Post vom Moorenring

»Gelben«. »So wichtig nehmen wir die Stadt Kempen«, ergänzt er.

Alle zehn Mitarbeiter an den »Bedien-Theken« – früher hießen sie schlicht Schalter – sind Beamte und haben ihre Ausbildung noch bei der Deutschen Bundespost absolviert. Und da kommen locker 328 Dienstjahre zusammen. Aber eben auch entsprechende Kompetenz. Natürlich kann man an den drei Bedien-Plätzen, die man über den zentralen Wartepunkt erreicht, auch Briefmarken kaufen und Pakete abgeben.

Aber neben den herkömmlichen Leistungen gibt es noch Fachberatung in vielen Bereichen. Wie bei »Youngster« Manfred Grandt (16 Dienstjahre), der über ISDN, Telefone, Handys und neuerdings sogar Strom berät. Das Schalterteam mit Herbert Wolters, Wilhelm Littmanns, Klaus Scholz (mit 42 Dienstjahren der Nestor) und Wilhelm von Rißenbeck kümmert sich um Post-, Fracht- und Postbankdienste. Dass alle Postler freundlicher geworden sind, fällt auf. Einfache Erklärung: Keine Schulung, sondern der Wegfall der Glasscheiben macht's. »Was, das habt ihr auch?« ist eine häufige Reaktion von Kunden.

Allein vier – natürlich zusätzlich geschulte – Finanzberater kümmern sich um das Geld der Kunden. Gabriele Hülshammer, Edwin Pannes, Werner Bonnes und Jürgen Schlösser. »Kommen Sie zu uns und machen einen Termin aus«, sagen sie. Ganz neu: Leo Hoffmanns kommt als Geschäftskunden-Berater auf Wunsch auch in die Betriebe, nicht nur in der Thomasstadt. Denn die Kempener Filiale ist auch zuständig für Grefrath, Tönisvorst und Willich. Da wird die Ausbildung für junge Leute interessant. Sogar ein weltweiter Einsatz ist möglich. Ein 17-jähriger Azubi: »Post ist cool.«

»Wir ergänzen uns hervorragend, jeder kann für jeden einspringen«, so Filialleiter Willems. »Und wir haben eine gute Stimmung hier«, ergänzt er und nimmt sich eine Schnecke vom Teilchen-Tablett, das er seinen Mitarbeitern spendiert hat.

Philipp Wachowiak

Tänzchen auf der Töpferscheibe

Keramik-Künstlerin Gitta Radtke stellt in ihrem Kempener Atelier nicht nur Gegenstände für den täglichen Gebrauch aus, sondern auch Kunstwerke.

Bereits mit 14 Jahren war mir klar, dass ich ins Töpferhandwerk wollte«, erklärt Gitta Radtke. Und lässt die Keramikschüssel eine letzte Runde auf der Töpferscheibe drehen. Doch eine Ausbildungsstelle nach dem Realschulabschluss zu finden, war für die Güterslocherin schwierig. So schob sie eine Erzieherinnen-Ausbildung dazwischen, bevor sie ein Keramik-Praktikum ergatterte. Danach hatte es die 38-Jährige richtig erwischt. »Ich fand eine Lehrstelle in Süddeutschland, wo es traditionsbedingt mehr Töpfereien gibt als in unserer Gegend.«

Der handwerklichen Ausbildung setzte die Künstlerin noch das Studium des Keramik-Designs an der Fachhochschule in Krefeld obendrauf. »Auch hier wurde mir ganz schnell klar, dass ich in die Freie Keramik wollte.«

So einfach die Entscheidung für den Beruf war, so schwer war es dann, sich selbstständig zu machen. Da Gitta Radtke bereits während des Studiums in Kempen wohnte, bot es sich an, in der Thomasstadt zu bleiben. Seit drei Jahren arbeitet sie und stelle in ihrem Atelier am Heyerdrink aus. »Es war schon mühsam, bis es lief«, erinnert sie sich. Märkte und Ausstellungen im weiteren Umkreis fährt sie an, um ihre Ware anzubieten. Immer wieder fragen Galerien oder Museen nach ihren Plastiken. So stellt sie beispielsweise zurzeit im städtischen Kramer-Museum aus.

Die Künstlerin liebt die strenge Grundform. Schnörkellos präsentiert sie die so genannte Gebrauchs-Keramik wie Teekannen, kleine und große Becher, Müslischüsseln, Übertöpfe und Vasen in ihrem Atelier. Bei ihren Kunstwerken liebt sie auch die schlichte, strenge Form. Mittlerweile hat sich Gitta Radtke eine kleine Stammkundschaft aufgebaut. Sie arbeitet auch auf Wunsch. »Meine Abschluss-Arbeit war ein Brunnen, eine Auftragsarbeit«, erzählt sie.

So wie sie ihren Ton selbst mischt (»Dann weiß ich die Zusammensetzung und kann

In ihrem Atelier am Heyerdrink zeigt Gitta Radtke ihre Gebrauchskeramik. Im Atelier entstehen auch ihre Kunstwerke

damit viel besser arbeiten«), stellt sie auch ihre Glasuren selbst her. Durchsichtig, blau, beige und helles Grün sind die bevorzugten Farbtöne.

Alle Zutaten für die Glasuren besorgt sie sich beim Großhändler. Da ist oft Schleppen angesagt, genauso wie an Marktwochenenden. »Die Ware ein- und auspacken nimmt auch immer sehr viel Zeit in Anspruch.« Sorgfalt ist hier wichtig, denn Scherben verheißen bei ihr kein Glück. »Bruch habe ich eher selten«, sagt sie. »Merkwürdigerweise gehen mir kaum einzelne Teile kaputt. Wenn es bei mir scheppert, dann richtig.«

Barbara Leesemann

Musik ohne Grenzen produziert

Manfred Raem macht Musik in einer schallgedämpften Garage. Der Firmengründer will vor allem Nachwuchs-Talente fördern.

Vor seinem Mischpult: Der Kempener Manfred Raem

Ob rhythmische HipHop-Elemente, beruhigende Trance-Melodien oder knallharter Techno – für Manfred Raem sind in Sachen Musik keine Grenzen gesetzt. Vor einem Jahr hat er ein Heimstudio eingerichtet. Jetzt winkt das große Musikgeschäft. Im November letzten Jahres kam die erste CD »Niederrhein Rave« (Auflage 500 Stück) in den Handel, die bei dem 31-Jährigen zu Hause entstanden ist. Nachdem es unter seiner Regie Ausschreibungen für Newcomer gab, beteiligten sich mit ihm 15 Gruppen an der CD.

»Für uns ging es darum, jungen Leuten die Möglichkeit zu geben, sich einem größeren Publikum zu zeigen«, meint Raem. »Es macht auch einen Unterschied, wenn die Künstler Plattenfirmen oder Konzert-Organisatoren ihre Stücke professionell auf CD präsentieren können.« Viele Kontakte für alle Beteiligten sind durch »Niederrhein Rave« geknüpft worden. Zusammen mit Thorstens Ahrens hat der Jung-Produzent jetzt eine eigene Firma.

Anfang Mai ist ein zweiter Tonträger mit gleicher Auflage erschienen. »Evolution« heißt die CD, an der er mit sechs weiteren Gruppen beteiligt ist. Mittlerweile sind internationale Beziehungen entstanden. Musiker aus Dänemark und der Schweiz arbeiten mit ihm und Ahrens zusammen. Hitverdächtig ist »Creeky« von der Gruppe Psygone aus Dänemark, an dem Raems Firma die Verwertungsrechte hat. Sogar Robert Miles (»Children«) wird darauf seine eigene Version von »Creeky« veröffentlichen. 500 Vinyl-Pressungen für Diskotheken und 5000 CD's sind in den nächsten Monaten erhältlich. Für das zurzeit in Kanada gedrehte Video der Gruppe interessiert sich der Musiksender Viva.

Als gelernter Kli matechniker arbeitet der Einsteiger ganztags in seinem Beruf, so dass jeder Tag 16 Stunden hat. »Nebenberuflich macht das Musikgeschäft enorm viel Spaß.« Das Studio ist noch in der schallgedämpften Garage. Ende November soll in dem neuen Haus An der Flöth in Kamperlings der 40 Quadratmeter große Keller als Studio dienen. Sound-Modul, Sampler, drei Keyboards, Computer und ein riesiges Schaltpult lassen den Laien staunen. »Der Computer ist sozusagen eine Spielhilfe«, sagt Manfred Raem.

Viel Erfahrung hat der Produzent in seinen zehn Jahren als Diskjockey gesammelt. Angefangen hat er als Zehnjähriger mit klassischer Gitarre. Ab fünfzehn hat er über fünf Jahre in einer Flamenco-Gruppe gespielt, mit 20 wechselte er zur E-Gitarre und trat mit einer Hardrock-Gruppe auf. Er war dann Mitglied der »Original Kempener Showband«. Um live auftreten zu können, hat der Familienvater sogar eine eigene Bühne.

Anke Blum

Lächelnde Nachdenklichkeit

Armin Raether ist ein viel gefragter Experte für jiddische Musik.

Seine künstlerischen Aussagen wurzeln tief im Glauben. »Die schönen Frauen haben immer Recht«, singt Armin Raether. Bei der Erinnerung an seine erste »Tournee« als Siebenjähriger durch die Geschäfte von St. Hubert lächelt er. »Somit dauert meine musikalische Karriere 44 Jahre.« Und zum Lächeln gesellt sich Nachdenklichkeit.

Geboren wurde Raether 1950 in Oedt. »Bis 1954 haben wir mit acht Personen in Klixdorf in einem Stall gelebt.« Die Nachdenklichkeit breitet sich weiter auf seinem Gesicht aus.

»1954 ist mein 14-jähriger Bruder vom Baum gefallen und war tot. Das Erlebnis läuft mir heute noch nach.« Er erzählt weiter: »Meine Mutter hat von neun Kindern vier verloren. Als ihr viertes Kind starb, hat sie zu Jesus gefunden.« Die Mutter hat »sein Leben geformt« – auch zur Musik hat der Protestant durch sie gefunden.

So gründete Raether vor 30 Jahren die Darktown-Singers mit und vor zehn Jahren zusammen mit Achim Straeten das Duo »Kalumet«. Heute singen die zwei jüngeren Töchter von Raether mit. Der für die Engagements notwendige verständnisvolle Arbeitgeber ist Schönmackers. Dort kümmert sich Raether ums Firmennetzwerk und ist Vorsitzender des Betriebsrates. »Ich verdiene seit 1974 mein Geld mit EDV«, erklärt er seinen beruflichen Werdegang nach mittlerer Reife am Thomaeum und einer Ausbildung als technischer Kaufmann.

Den Platz der Mutter, die vor fünf Jahren im Haus der Raethers nach einem Abschiedsfest mit der ganzen Familie starb, nimmt heute wohl seine Frau ein: »Beate ist der letzte frei fliegende Engel. Ohne sie versänke mein Leben im Chaos.« Für ihn sind seine drei Töchter Miriam (23), Mania (21) und Sarah (19) der Beweis für sein Gottvertrauen.

»Ein Arzt hat meiner Frau mit 18 Jahren zu einer Totaloperation geraten.«

Jiddische Musik ist seit einer Israel-Reise mit den Darktown-Singers 1975 Raethers große Liebe. Seine Lebenseinstellung, während er den Mischling Biena krault: »Mein größtes Geschenk neben meiner Gabe zu singen ist, dass ich ein zufriedener Mensch bin.«

Philipp Wachowiak

Armin Raether (l.) mit seinen Töchtern Mania und Sarah und Kalumet-Mitgründer Achim Straeten

Auf Thomas' Spuren wandeln

Der ehemalige Thomaeum-Direktor Martin Reiß hat wegweisende Texte des weltbekannten Kempener Kirchenlehrers vom Lateinischen ins Deutsche übersetzt.

Ich bin vollkommen ausgelastet mit meinen drei Hobbys« sagt Martin Reiß, von 1966 bis 1984 Direkter des Thomaeum. Der hochgewachsene Reiß, dem man seine knapp 80 Lenze nicht ansieht und beim Gespräch nicht anmerkt, sammelt Briefmarken – Spezialgebiet Griechenland – und hat für seine Ausstellungen diverse Preise bekommen. Dann spielt er Bridge, auch Turnier, und gibt Kurse für Anfänger. »Meine Frau zählt wohl auch dazu.« Seine dritte große

Die Freude an der Übersetzungsarbeit von Thomas-a-Kempis-Texten sieht man Martin Reiß an

Leidenschaft: Übersetzungen vom Lateinischen ins Deutsche.

Hier sieht Reiß sich in der wissenschaftlichen Nachfolge von Josef Pohl, Thomaeum-Direktor um 1900. Der gab damals eine sechsbändige Ausgabe über Thomas von Kempen heraus – natürlich in Latein. Vier davon hat Reiß mittlerweile übersetzt. Seine letzten Übersetzungen liegen handschriftlich nun vor: »Hortulus Rosarum«, auf Deutsch »Das Rosengärtlein« und »Valus Liliorum« – Das Liliental.

In den beiden Traktaten, so Reiß, schreibt Thomas über Lebensregeln, »die man heute auch übernehmen könnte.« Der Kirchenlehrer gibt in den Schriften von 60 bzw. 90 Seiten seinen Mitbrüdern Anweisungen, wie sie mit den Schwierigkeiten im Klosterleben fertig werden. Wenn die Aufsätze von der handschriftlichen Form in den PC übertragen sind, sollen sie vielleicht als Schriftenreihe des Thomas-Vereins herausgegeben werden. PC-erfahrene Helfer, die die Texte abschreiben, werden im Pfarrbüro St. Marien noch gesucht.

»Die Texte von Thomas«, erklärt Reiß, »sind im einfachen Latein des Mittelalters geschrieben. So hatte ich selten Zweifel, was Thomas theologisch gemeint hat.« Wenn er einmal am Schreibtisch sitzt, schafft er in zwei Stunden etwa drei Seiten.

Körperlich fit hält sich der Knapp-Achtziger mit Gartenarbeit und nennt seine drei Hobbys, »alles Bereiche, die den Geist fit halten«. Im Gespräch mit ihm tauchen immer wieder Anekdoten aus seiner Zeit als Pädagoge auf. In seine Thomaeum-Zeit fallen viele Neuerungen, die wegweisend für dieses älteste Gymnasium der Stadt gewesen sind.

Seine ganze Leidenschaft gehört aber dem Latein, wenn er erzählt, wie er zum 500. Todestag von Thomas a Kempis zusammen mit Abt Egger die Grußbotschaft des Papstes aus der Kirchensprache übersetzte. Neue Projekte? »Zurzeit nicht, ich fahre für zwei Wochen in Urlaub – nach Italien.«

Philipp Wachowiak

Martin Reiß • 13.3.2001

»Mein Traum ist, Erfahrungen mitzugeben«

Erika Rödiger hat den Kindergarten St.-Peter-Allee aufgebaut. Jetzt übergibt sie eine blühende Einrichtung an Nachfolgerin Elisabeth Hinrichsen.

Die Kindertagesstätte St.-Peter-Allee ist erwachsen geworden – jetzt ist Zeit für mich loszulassen«, sagt Erika Rödiger nicht ohne Wehmut. Am Sonntag wurde die Leiterin des evangelischen Kindergartens mit Dankgottesdienst und Empfang verabschiedet. Offiziell beendet die 46-Jährige ihre Tätigkeit zum 31. Juli. Nach der Sommerpause übernimmt dann Elisabeth Hinrichsen die Leitung.

Seit Eröffnung der Tagesstätte mit zunächst vier Gruppen im Dezember 1993 war Erika Rödiger dabei und hat das junge Unternehmen engagiert und beherzt mit aufgebaut. Wenig später wurde eine fünfte Gruppe gegründet, die Zahl der Kindergartenplätze somit von 85 auf 100 aufgestockt. »1995 haben wir eine Gruppe in eine integrative Gruppe umgewandelt – und ich bin sehr froh, dass wir das gemacht haben. Das war schon ein Meilenstein«, resümiert Rödiger.

Vor zwei Jahren haben die Mitarbeiter in Zusammenarbeit mit Kinderärzten zudem ein pädagogisch-therapeutisches Förderkonzept zur Vorbeugung von Schulschwierigkeiten gestartet. »Darauf bin ich schon stolz – wir haben das ohne öffentliche Mittel auf die Beine gestellt. Wir wollen die Kinder in St.-Peter-Allee gezielt fördern«, erklärt die Pädagogin begeistert.

Jetzt, wo die Tagesstätte »erwachsen« ist, möchte sich Erika Rödiger ein bisschen mehr auf ihr Privatleben besinnen, »einfach eine kreative Pause einlegen«, meint die Erzieherin. Immerhin hat sich die Kempenerin – Mutter von drei erwachsenen Söhnen – neben ihrem Vollzeit-Job u.a. in Presbyterium und Jugendhilfeausschuss engagiert. »Mein Wunschtraum ist, angehenden oder ausgebildeten Erzieherinnen ein wenig von meinen Erfahrungen mitgeben«, verrät die 46-jährige.

Elisabeth Hinrichsen (35) freut sich auf ihre neue Aufgabe und ist schon »ganz neugierig«. »Ich bin sehr beeindruckt von der Tagesstätte: Das Haus ist so liebevoll gestaltet, ich bin begeistert, wie die Mitarbeiter Hand in Hand arbeiten. Überhaupt ist die therapeutische Kooperation hervorragend.« Und die Diplom-Sozialarbeiterin hat schon einige Einrichtungen gesehen. Zuletzt arbeitete Hinrichsen in Norddeutschland. Jetzt freut sie sich, wieder zurück zu kommen. »Ich bin ein absoluter Naturmensch, liebe das Ländliche.« Momentan wohnt sie noch in Sonsbeck, will aber bald ins Umfeld von Kempen ziehen.

»Ich trete ein großes Erbe an. Wie das oft so ist, sind vielleicht manche Eltern erst einmal misstrauisch. Aber ich möchte auf jeden Fall immer ein offenes Ohr haben«, so Hinrichsen. So sei die Elternarbeit, die ihre Vorgängerin Rödiger intensiv betrieben hat, auch für die 35-Jährige sehr wichtig: »Dafür will ich mir viel Zeit nehmen. Es geht nur mit der Zufriedenheit der Eltern und Kinder.«

Silvia Haiduk

Erika Rödiger mit einigen Kindern und Eltern im Garten der Kindertagesstätte an der St.-Peter-Allee

Mit dem Säbel aufs Siegertreppchen

Der Kempener Bert Röhlen kam mit großen Erfolgen von der Fecht-Weltmeisterschaft der Rollstuhlfahrer zurück. Zu diesem Sport kam er eher zufällig.

Spaß hat es ihm gemacht. Und zwar nicht nur wegen des eigenen sportlichen Erfolgs. Der Kempener Bert Röhlen nahm vom 27. Juli bis vergangen Sonntag an der Rollstuhl-Fecht-Weltmeisterschaft in Euskirchen teil. Dabei belegte er im Säbelfechten, seiner Paradedisziplin, den siebten im Florett den zwölften Platz und gewann mit seiner Säbelmannschaft sogar die Bronzemedaille.

Seit drei Jahren betreibt Röhlen diesen außergewöhnlichen und noch eher unbekannten Sport – und das als einziger in Kempen. »Seit einem Betriebsunfall vor vier Jahren – Röhlen war Dachdecker – ist der heute 33-jährige an den Rollstuhl gefesselt. »Ich hatte nach dem Unfall eine Verknöcherung eines Muskels und daher eine sehr geringe Beugung. Ich kam noch nicht einmal runter, um einen Ball aufzuheben.«

Bert Röhlen mit dem Säbel und Labrador-Hündin Umba

Damals habe er nach einer geeigneten sportlichen Betätigung gesucht – der Rest war Zufall. »Ein Kempener Fechter gab mir die Adresse eines Mannes, der in Dormagen das Rollstuhl-Fechten trainiert.« Seitdem verbringt Röhlen viel Zeit in der Bayer-Stadt, und zwar in einem Sportgerät der besonderen Art. »Man braucht einen Fecht-Rollstuhl, der in ein metallenes Gestell eingespannt ist und dadurch freisteht.« Gefochten wird dann mit dem »Nicht-Waffenarm«, mit dem anderen hält sich der Fechter am Stuhl fest.

Obwohl er in Dormagen trainiert, ist Röhlen Mitglied in der Behinderten-Sportgruppe in Duisburg, aber nur, weil es in Kempen keine gibt. »Ohne eine Mitgliedschaft kann ich bei keinen nationalen und internationalen Wettkämpfen teilnehmen.« Und das ist dem ehrgeizigen Sportler wichtig: Für die WM-Qualifikation reiste er sogar bis Pisa – aber das Reisen ist eh eines seiner Hobbys.

Bei der Weltmeisterschaft in Euskirchen traten 138 Fechter aus 17 Nationen an. »Traditionell sehr stark sind die Franzosen und auch wir Deutschen. Aber die Chinesen haben stark aufgeholt.« In seinem Heimatland gibt es den Sport bereits seit über 30 Jahren, und dennoch sind derzeit nur etwa 42 Rollstuhl-Fechter in ganz Deutschland organisiert. »Das liegt daran, dass in den Rehabilitationszentren vor allem Sportarten wie Tischtennis und Basketball angeboten werden. In den letzten zwei Jahren hat sich die Fechterzahl aber verdreifacht.

Anstrengend ist der Sport auf jeden Fall. »Man kommt schon ins Schwitzen«, meint Röhlen bescheiden. Das Equipment koste in der Anschaffung um die 3000 Mark, ansonsten müsste hier und da eine Klinge oder ein Seil ausgewechselt werden. Die meisten Kosten entstehen für Röhlen allerdings durch das Turnier-Reisen. »Manchmal übernimmt das auch der Verband, vor allem, wenn man gute Platzierungen nachweisen kann.«

Wibke Busch

Mit Trudi auf dem heißen Ofen

Die Liebe zum Roller prägt das Leben von Jacky Röskes. Mit dem Vespa-Club gewann er viele Trophäen.

»Es war schon eine tolle Zeit«, hält Jacky Röskes ein wenig traurig die Fotos in den Händen. Der 61-Jährige blickt auf 35 Jahre aktiven und erfolgreichen Vespasport gerne zurück.

Ob Gelände-Rallye auf den Süchtelner Höhen, Europameisterschaft auf dem Nürburgring oder ein Rennen in Sardinien. Hinter jeder Fahrt verbirgt sich eine Geschichte, und für Jacky war jede Fahrt einzigartig und unvergesslich. 21 Deutsche Titel und 15 mit der Mannschaft des Vespa-Club Oedt, davon vier im Einzel und elf mit der deutschen Mannschaft, holte Röskes.

Dann das überraschende Ende vor zwei Jahren in Hamburg: »Das war meine letzte Europameisterschaft. Irgendwann kommt die Zeit, dann ist Schluss.« Standing Ovations in dem Festzelt, und 2500 Vespafahrer feierten mit Jacky. »Unsere beiden Söhne und ich dachten, wir hören nicht richtig«, erinnert sich Ehefrau Gertrud.

Das italienische Zweirad hat aber nicht nur sportlich eine große Rolle für den Hausmeister der Volksbank gespielt. Die Vespa prägte sein ganzes Leben. »Sogar meine Frau habe ich durch die Liebe zum Roller kennen gelernt«, lacht der 61-Jährige. Irgendwann sei Trudi, wie Röskes sie liebevoll nennt, im Club aufgetaucht. »Den Heiratsantrag machte ich natürlich auf einer Vespatour«, lacht der gelernte Installateur- und Heizungsbauer. Die Reise ging nach England. Keiner habe von dem Antrag gewusst, doch auf der Rückreise habe der Club und Bekannte an der Grenze auf das Paar gewartet.

Auch bei der Hochzeit durfte die Vespa nicht fehlen. Nach der Trauung standen alle Clubkameraden Spalier, jeder mit weißer Vespa. »Und ich bin natürlich in meinem weißen Brautkleid zu meinem Mann auf den Roller gestiegen und zum Lokal gefahren«, schmunzelt Trudi.

»Damals war dieser Roller das Kultfahrzeug überhaupt«, erinnern sich beide. Jeden Samstag habe man in der Vereinskneipe zusammengesessen. »Unser erstes eigenes Turnier haben wir auf dem jetzigen Bolzplatz hinter der Niers ausgerichtet«, schwelgt Jacky in Erinnerungen. »Einzigartig sind vor allem die Freundschaften, die im Laufe der Jahre in ganz Deutschland entstanden sind«, so der 61-Jährige.

Obwohl Röskes den Motorsport an den Nagel gehängt hat, wird er seine Leidenschaft zur Vespa nicht verlieren. Derzeit besitzt er zwölf Maschinen, die er alle restaurieren will. Sein größter Traum ist, einmal beim Vespa-Treffen in Kalifornien dabei zu sein. »Doch so ein Unternehmen kostet ein paar Euro«, meint Jacky, und seine Frau zwinkert mit dem Auge »Vielleicht wird es ja was im nächsten Jahr.«

Jacky Röskes hat ein weiteres Steckenpferd: die Feuerwehr. 42 Jahre hat der Kempener den Blaurock getragen, ist letztes Jahr als Oberfeuerwehrmann in die Ehrenabteilung verabschiedet worden. Und bei der »heißen« Garde der Wehr, der Funken-Artillerie, tritt Jacky immer dann auf, wenn ein neuer Karnevalsprinz gekürt wird. »Das macht mir unheimlich viel Spaß.«

Cornelia Driesen

Jacky Röskes auf seinem Lieblingsgefährt

Keine Zeitung

Wie ich diese Wochen hasse, wo ein Feiertag drin steckt. Wie jetzt, Allerheiligen. Et is zwar schön, wennste frei hast, aber dann der nächste Tag! – Keine WZ in de Briefkasten! Und man weiß nicht, was man am Frühstückstisch machen soll. Da sitze dein Billa gegenüber und du siehst schon an der ihre Blick, dat se et wieder drauf hat. Immer an so ne Tage schmiert se dich auf et Butterbrot, wat all jetan werden müsste im Haus, wat repariert werden muss und wem man dafür mal anrufen könnt. »Alles bleibt liegen, alles schiebste vor dich her!« Und wehe, ich sag: »Da tu et doch einfach selbst!« – »Ich? Soweit kommt dat noch, wo ich schon dä janze Haushalt mach! Sowat kann ich auch jar nich!«

De einfachsten Sachen, mal eben en Schraube irjendswo drin drehen, oder en Jlühbirne: »Nä sowat kann ich nich, da hol ich mich nachher ne Schlag!« – Den Schlag hat die schon, dat können se mir glauben! Oder se nervt dich mit Telefonate, die man immer so vor sich herschiebt. – »Soll ich dich schon mal et Telefonbuch holen? Sonst wird et ja doch wieder nich jetan!« »Billa, dat hat keine Zweck, da ist jetzt noch niemand, erst ab 9! Ich ruf später von et Büro aus an!« – »Und da verjisst du et sowieso wieder, dat kenn ich! Und dafür lässt der Herr sich extra et Telefonbuch bringen!« Wennste jetzt sagst, wat du denkst, dann haste verloren. Aber da ja de Zeitung fehlt, kann man jetzt bloß woanders hingucken, aus et Fenster! – »Immer wenn mal wat jetan werden muss, guckst du aus et Fenster, als wenn et dich nix anjing! Aber dat kennt man ja von Herrn Börtges, dat is ja immer et selbe! Et bleibt ja doch wieder an mich hängen! Da tu wenstens dä Frühstückstisch abräumen, dat is ja et Mindeste, wat du mal tuen kannst!«

Dann jeht se meist mit de Hund und ich sitz allein da. Alles, bloß wegen die verdammte Zeitung, die nich da ist. Normal tu ich se in Ruh am Frühstückstisch lesen und de Billa auch, aber jetzt! Da sitze belanglos da und weißt nich, wat du tun sollst. – Und dann schiebt die Billa mich et Tisch abräumen unter, wat ich auf den Tod nich leiden kann! – Ich kann ja nich an jejen so'n klebrige Sachen, woste dich immer de Finger ablecken musst. Da packste ahnungslos die Quarkdos an und schon haste de Händ voll Quark, den ich ja nie ablecken tät; bah, ausjerechnet Quark. Dat kannste dann nur an ne Teller abstreifen. Dann fällt dich dat Honigglas aus de Hand, weil se den Deckel nie richtig drauf schraubt, et Marmeladenjlas klebt sowieso von außen, und schon haste beide Hände klebrig. Dann packste in dä Teller von unsrem Jüngsten, der ja immer zu viel Butter nimmt und dann mit dat Honigmesser an seine Teller abschmiert, und wer packt immer da drin, jenau. – Mit die klebrigen Fingers trägste dann dat Tabelett in de Küch, wäschst dat Klebrige ab und packst de Marmelad und dä Quark in de Kühlschrank und schon haste wieder alles voll.

Und dat alles, weil kein WZ da is! – Aber ein Gutes hat et ja, so kann wenstens de Zeitung mal nich klebrig werden, wie jede Morgen, wenn de Billa zuerst de Todesanzeigen liest!

Fast täglich von den Socken

»Barfuß im Regen«: Der olle Schlager von Michael Holm passt mit Blick aufs Wetter haargenau auf Michael Royen. Denn der hat ein Faible für Füße.

Der Sommer rückt näher, dann ist auch wieder Barfuss-Zeit. Am Strand, im Park oder in der City, überall werden dann wieder Menschen mit bloßen Füßen zu sehen sein. Begeisterte Barfuß-Fans und solche, die es werden wollen, treffen sich auf der Homepage von Michael Royen. Der 32-jährige Kempener, der eigentlich im Bereich Kundenservice in einem Call-Center arbeitet, entwickelte vor zwei Jahren die Internetseite www.hobby-barfuss.de.

»Bis zu 4000-mal wird die Seite täglich aufgerufen«, so Royen. Unter anderem findet man dort auch witzige und ästhetische Bilder von Füßen von meistens weiblichen Besitzern in allen Lebenslagen, die von Nutzern geschickt oder spontan von Royen selbst gemacht worden sind.

Außerdem können sich passionierte Barfüßler in einem stark belebten Forum austauschen und Anfänger ihre ersten Gehversuche schildern. Damit sich niemand auf die Füße getreten fühlt, sind Fußfetischisten nicht erwünscht.

Royen selbst ist natürlich ebenfalls bekennender Fan des Ohne-Schuhe-Laufens. Allerdings auch nur im Sommer. »Im Forum gibt es ein paar, die auch im Winter barfuß laufen, aber so verrückt bin ich dann doch nicht«, meint er schmunzelnd.

Natürlich sind auch Fußpflege und die besten Orte zum Laufen ein Thema. Mit den T-Shirts aus dem Online-Shop kann man sich auch in kälteren Tagen als Anhänger der nackten Füße zu erkennen geben. Die Zeitschrift »Online Today« lobte: »Eine schöne Site mit Links und Barfuß-Shop für alle Menschen, die gerne auf eigenen Füßen stehen.« Neugierige sollten ihre Schritte mal zu Royens Seite lenken – es lohnt sich.

Tobias Kujawa

Michael Royen sitzt am liebsten barfuß in seiner Wohnung an der von-Loe-Straße

Michael Royen • 18.4.2002

Schublade voll Ideen für den Nachwuchs

Karin Rupprecht macht sich für die Belange von Mädchen und Jungen stark.

Als Vorsitzende des Kinderschutzbundes muss sie manche Barriere in den Köpfen überwinden. »Bei Kindern wird am meisten gespart, denn die können sich nicht wehren« Ein Kernsatz von Karin Rupprecht, der Vorsitzenden des Deutschen Kinderschutzbundes in Kempen. »Es kümmere sich keiner um die Kinder, denn die Rechte des einzelnen stehen in unserer Gesellschaft zu sehr im Vordergrund.« Trotzdem hält sie einen von manchen geforderten Eltern-Führerschein als »Gebrauchsanweisung für Kinder« nicht für den richtigen Weg, sondern fordert vielmehr ein Umdenken in den Köpfen. Es macht Karin Rupprechts Stärke aus, dass ihre Stimme auch bei diesen starken Worten den weichen Klang nicht verliert.

Die heute 42-Jährige kam nach Schule und Ausbildung zur Zahnarzthelferin in Zweibrücken und Frankenthal 1987 nach Krefeld und heiratete dort Peter Rupprecht, Ingenieur bei der Telekom. Nach der Geburt von Charlotte, 14 Jahre, und Maximilian, zwölf Jahre, zog die Familie 1991 nach Kempen. Als die 1994 eine Nachbarin um Hilfe beim Kinderschutzbund bat, sagte sie zu sich: »Mir geht es wie vielen sehr gut, anderen geht es aber nicht so gut.« Der Grundstein für soziales Engagement war gelegt.

Sie bekam unter anderem durch ihre Arbeit beim Kummer-Telefon mit, »was bei Kindern und Jugendlichen so läuft«. Viele Kids haben zu Hause keine Ansprechpartner, und immer mehr Kinder sind alleine, weil die Mütter arbeiten. So entstand das Engagement für die Kinder, das sich, seit Rupprecht Vorsitzende ist, zu einer 15-Stunden-Tätigkeit in der Woche entwickelt hat. Trotzdem bezeichnet sie sich als Mutter und Hausfrau – »In der Reihenfolge bitte.«

Ehemann und Kinder gehen mit ihrem Einsatz »meist verständnisvoll« um. Wenn neben den drei »Jobs« noch Zeit bleibt, liest sie gerne: »Querbeet, Hauptsache dick, und auch Kinderbücher«. Außerdem kocht sie gerne – zurzeit ist sie auf einem Indien-Trip – und geht gerne ins Kino oder Theater.

Nach Zielen gefragt, haben die alle mit dem Kinderschutzbund zu tun: Weiterführung der Elternkurse »Starke Eltern – starke Kinder«, der beiden Spielgruppen und des Jugendtelefons. Neben dem Projekt »Begleiteter Umgang mit Trennungskindern« hat sie »eine Schublade voll von Ideen«. Und verrät ihren ganz persönlichen Traum: Nach der Schließung des Kindergartens im Annenhof dort ein Begegnungszentrum mitten in der Stadt für alle Kempener Kinder einzurichten.

Philipp Wachowiak

Karin Rupprecht ist Vorsitzende des Kempener Kinderschutzbundes

Der flotte Franzose

Willy Saltel ist ein Varieté-Multitalent. Nun erfüllt er sich seinen Lebenstraum: Ein eigenes Programm.

Willy Saltel mit Federboa und Brille in lasziver Haltung: Der Varieté-Künstler aus Frankreich, der seit einiger Zeit mit seiner Freundin in Kempen lebt, liebt das Ausgefallene und macht auch als Bauchredner mit Puppe eine gute Figur

Träume sind wichtig, weißt du. Du darfst sie nie verlieren.« Dies ist eine Textzeile aus der Schwarzlicht-Show, an der der Varieté-Künstler Willy Saltel bereits seit zwei Jahren arbeitet. Gleichzeitig ist das aber auch seine eigene Lebensphilosophie, denn dieser Mann hat einen Traum: Er will mit seiner Show in Deutschland Erfolg haben.

»Das Theater ist meine Liebe«, verrät der 29-jährige Franzose. Nach dem Abitur studierte Saltel in Nanterre bei Paris Werbung und Kommunikationswissenschaft. Danach sammelte er Erfahrung als Animateur in Fernclubs. »Animation an sich ist die beste Schule, da die eigene Kreativität jeden Tag aufs Neue herausgefordert wird«, erklärt Saltel.

Seine Hobbys sind Marionettenspiel, Lieder texten, Zeichnen und Steppen. Aber auch organisatorische Fähigkeiten konnte er in der Animation unter Beweis stellen. In einem Ferienclub lernte er Freundin Manuela Pochert kennen, mit der er seit Mai in Kempen wohnt.

Es zog die beiden zuerst für eineinhalb Jahre nach München, jedoch war es für Saltel, der in Frankreich schon viele Auftritte in Varietés hatte, nicht leicht, auch in Deutschland ein Engagement zu bekommen. Das Theater wird nicht umsonst im Volksmund als »brotlose Kunst« bezeichnet. Er nahm Jobs als Autoputzer oder Privatdetektiv an. Ein Lichtblick folgte, als man ihn für eine Tournee seines Traumtheaters »Salome« unter Vertrag nehmen wollte. Doch die geplante Tournee platzte in letzter Minute.

Doch jetzt scheint seine Pechsträhne beendet. Im Altstadt-Lokal »Movie« an der Peterstraße soll er das Publikum am Samstag ab 22 Uhr mit einem Varietéprogramm unterhalten. »In Frankreich gibt es das sehr oft, deutsche Gastronomen wagen jedoch nicht gerne etwas Neues«, berichtet der Franzose.

Und wahrscheinlich wird sein eigenes Programm Anfang nächsten Jahres im Kulturforum, Burgstraße, zu sehen sein. »Ich will meine Show auf die Beine stellen«, bekräftigt das Multitalent, das fünf Sprachen spricht. »Ich bin anpassungsfähig«, betont Saltel, der innerhalb von nur zwei Tagen auf Wunsch eine Show zusammenstellt.

Anna Dubielzig

Puppenmunter und knatschgesund

Der bekannte Urologe Dr. Günter Schauenburg ist in den Ruhestand gegangen.

Beliebt war er vor allem wegen seiner offenen Art. »Du bist aber auch nicht mehr taufrisch«, fragte mich einmal ein Patient, der selbst über 80 war. Als ich antwortete, dass ich erst 63 bin, meinte er, »dann bist du ja noch ein junger Hüpfer«. Dr. Günter Schauenburg beendete am Monatswechsel seine Tätigkeit als Urologe, um den Ruhestand anzutreten. »Man sollte das Messer aus der Hand legen, wenn man noch optimal arbeiten kann«, meint Schauenburg.

Der bekannte Facharzt behandelte zuletzt bereits die zweite Generation von Kempenern. Der gebürtige Berliner – die Mutter stammte aber aus Düsseldorf, der Vater aus Duisburg – war bei seinen Patienten wegen seiner offenen, lockeren Art beliebt. Peinliche Situationen wusste er im Gespräch immer zu entschärfen. »Mir war immer wichtig, den Menschen als Ganzes zu respektieren und sich auf jeden einzelnen einzustellen. Manch älterer Herr verstand mich besser, wenn ich zu ihm sagte, »Opa, treck ens die Butz eraff«, als wenn ich ihn bat, »Würden Sie sich bitte entkleiden.«

Nachdem Dr. Schauenburg als Oberarzt der urologischen Abteilung der Universitätsklinik Düsseldorf tätig war, ließ er sich vor 24 Jahren in der Thomasstadt als Facharzt für Urologie nieder. »Damit war im Raum Kempen zum ersten Mal eine optimale Versorgung urologisch Erkrankter möglich«, bilanziert der Arzt. Im Hospital »Zum Heiligen Geist« wirkte er gleichzeitig als Belegarzt.

Nach neun Jahren lehnte er die Berufung zum Chefarzt der urologischen Abteilung ab. Die Verlegung der Praxis von der Hülser Straße auf den Burgring ermöglichte ihm, in den größeren Räumen ambulant zu operieren.

So kennen ihn viele Kempener: Dr. Günter Schauenburg. Jetzt geht der beliebte Mediziner in den Ruhestand

Der 36-jährige Urologe Dr. Jan Marin führt die Praxis mit operativer Tätigkeit weiter. »Ich bin froh, einen Nachfolger aus meinem Freundeskreis gefunden zu haben, für den ich die Hand ins Feuer legen kann. Dr. Marin war zuletzt an der Mainzer Klinik »Kemperhof« tätig, eine der größten urologischen Kliniken in Deutschland. »Seine Frau unterstützt ihn als ausgebildete Operationsschwester. Dr. Schauenburg steht seinem Nachfolger noch für die Dauer eines Quartals als Berater zu Seite.

Der Abschied fällt ihm nicht schwer. »Es gibt noch so viele schöne Dinge im Leben. Ich bin puppenmunter und knatschgesund«, sagt der Pensionär. »Ich möchte jetzt mit meiner Frau ein bisschen nachholen: Reisen, Theater, Konzerte. Ich bin passionierter Jäger – jetzt kann ich auch in der Woche mal in den Wald.

Tanja Kaspers

Seltenes Wiegenfest

Ramona und Sabrina Scheufen sind Zwillinge und können nur alle vier Jahre Geburtstag feiern.

Unzertrennlich sind Ramona und Sabrina Scheufen auch an ihrem Geburtstag. Die Zwillinge aus Kempen sind heute zwölf Jahre alt geworden – obwohl sie streng genommen erst zum dritten Mal in ihrem Leben ihr Wiegenfest feiern können – der seltene 29. Februar im Schaltjahr macht's möglich.

»Sie machen fast alles zusammen und schlafen auch oft in einem Bett«, beschreibt ihre Mutter die Geschwisterliebe. Mit dem 29. Februar hatten die Eltern als Geburtstag der beiden nie gerechnet. Doch dann kamen die Kinder 31 Tage zu früh im Krankenhaus Tönisvorst zur Welt. »Sie wollten einfach nicht mehr im Bauch bleiben«, lacht Gabriele Scheufen.

Zwischen den Schaltjahren wird der Geburtstag der Zwillinge immer am 1. März gefeiert. »Schließlich waren die beiden am 28. Februar noch gar nicht auf der Welt«, gibt die Mutter eine einleuchtende Erklärung.

In Erfüllung ist auch der große Wunsch der beiden Mädchen gegangen. Von ihren Eltern haben sie einen CD-Player für ihr Zimmer bekommen. Die große Geburtstagsparty mit Freunden steigt am Nachmittag im Haus an der Chemnitzer Straße. Insgesamt 18 Kinder werden sich den Geburtstagskuchen teilen.

Gemeinsame Interessen haben Ramona und Sabrina auch in ihrer Freizeit. Sie sind beide bei den Thomas-Pfadfindern aktiv. Und auch die Freude am Sport verbindet die Geschwister: Sabrina springt Trampolin, Ramona schwimmt regelmäßig. Verwechselt werden die eineiigen Zwillinge allerdings immer noch. Gabriele Scheufen: »Die beiden sehen sich schon sehr ähnlich. Bekannte vertun sich regelmäßig, wollen sie die beiden auseinander halten.

Timo Bauermeister

Wer ist wer? Ramona und Sabrina Scheufen aus Kempen. Die Zwillinge feiern heute erst zum dritten Mal »richtig« Geburtstag, nämlich am 29. Februar

Ramona und Sabrina Scheufen • 29.2.1996

Babylon hinter der Mauer

Gilbert Scheuss erhält den Staatspreis NRW für Kunsthandwerk.

Der Klixdorfer »klont« Natursteine. »Manfred Messing arbeitet die Form aus dem Stein heraus, ich arbeite konträr. Während seine Stelen über die Jahre einen Entwicklungsprozess zeigen, gab es bei mir einen krassen Wechsel.« Gilbert Scheuss, neben Messing zweiter Kempener Preisträger des Staatspreises NRW für das Kunsthandwerk, legt Wert auf diese Feststellung.

Für preiswürdig erachtet die Jury Scheuss' Installation »Klonen«: Auf dem Tisch aus MDF-Platten sind sechs gleiche Betonobjekte zu sehen, ein siebter Klon wird im Entstehungsprozess gezeigt, er steckt noch in Schraubzwingen. »Zu Naturstein ist Beton die künstliche Entsprechung, ein Klon. Die Beton-Abdrücke sind an und für sich gleich, nur beim Abbinden entstehen zufällige Veränderungen, auf die ich keinen Einfluss habe. Das bedeutet: Vorsicht beim Klonen. Klonen halte ich für gefährlich. Die Betonkörper auf dem »Labor«-Tisch symbolisieren die menschliche Überheblichkeit. Die vier Füße sind so etwas wie die vier apokalyptischen Reiter«, erläutert Scheuss das preisgekrönte Werk, das längst die Grenze zur Kunst überschritten hat.

»Krass«, wie er sagt, ist der Gegensatz zu früheren Arbeiten. Die waren noch orientiert an seiner Ausbildung: Der 1959 in Kempen Geborene absolvierte eine Ausbildung zum Bautechniker, machte 1979 die Maurergesellenprüfung. Nach einem abgebrochenen Bauingenieur-Studium legte er 1988 die Maurermeisterprüfung ab und besuchte ab 1989 die Fachschule für Denkmalpflege Schloss Raesfeld. »Dort sind die Wurzel des Handwerks, aber ich wollte weg vom modernen Bau-Management.« Scheuss machte Trennwand- und Architektursysteme, Paravents, Keramiken und ähnliches. Unter dem Einfluss des Malers und Bildhauers Per Kirkeby versuchte er, schweres Material wie Stein an Drahtseilen schwebend zu machen, die Technik sichtbar zu machen. »Ich wollte die Konstruktion freilegen, ihre gestalterische Kraft.«

Dann, so erzählt er, kam 1997 nach der Auflösung seiner Handwerksfirma die Wende hin zur ersten freien Arbeit, dem »Turm zu Babel«, einer rechteckigen Röhre, aufgebaut aus kleinen, mit Lederbändern verknoteten Tonplättchen. »Ich greife Themen auf, die sozial und religiös sind, zeige, was sich

Gilbert Scheuss im heimischen Garten mit Beton-«Klonen«. Vorarbeiten zu seiner Installation »Klonen«, für die er Samstag im Solinger Klingenmuseum den Staatspreis NRW erhält

hinter der Mauer verbirgt. Mein neues Babylon-Projekt, zu dem ‚Klonen' gehört, kreist um Macht, menschliche Überheblichkeit und Intoleranz.«

Zum vierten Mal hat er seit 1989 Arbeiten zum Staatspreis eingereicht, diesmal mit Erfolg. Der Sonderpreis in der Kategorie »Stein« ist mit 10 000 Mark dotiert. »Jetzt habe ich mit der Anerkennung im Rücken mehr Freiheit und Ansporn, qualitativ Besseres zu machen. Ich lege Wert darauf, dass dies nicht nur Hobby ist. Ich betreibe das mit Ernst und Hintergrund.« Das Thema Babylon beschäftigt ihn weiter: Eine Großraum-Installation zum Thema ist konzeptionell fertig.

Ulrich Hermanns

Glücksfall für die Polizei

Der Prototyp des netten Polizisten von nebenan zieht heute die olivgrüne Jacke aus und verabschiedet sich in den Ruhestand. Jakob Schlabbers sagt tschüss.

»Hurra, ich lass' die Arbeit Arbeit sein und genieße den Ruhestand.« Jakob Schlabbers schließt heute seinen Schreibtisch ab

Der wohl bekannteste Polizist der Thomasstadt zieht die Uniform aus: Jakob Schlabbers schließt heute am Spätnachmittag die Tür seines Büros Nr. 101 auf der Wache Orsaystraße hinter sich zu und radelt dann ins heimische Aldekerk in den Ruhestand. »Aber ich werde wohl noch häufiger nach Kempen kommen«, schmunzelt der sympathische Hauptkommissar.

Als Bezirksbeamter, im Volksmund Dorfsheriff, hat der gebürtige Kempener im Laufe von 34 Jahren bei der Polizei fast jeden Meter Kempener Pflaster umgedreht. Der Mann, der über Jahrzehnte an der Spitze sowohl von Martins- als auch von Karnevalszug schritt, ist bekannt wie ein bunter Hund. »Herr Wachtmeister, bitte«, ist die Anrede gewesen, die der Zwei-Zentner-Mann dabei am häufigsten zu hören bekommen hat – Jakob Schlabbers, die helfende Hand. »Ich habe mich immer als Dienstleister für die Bürger gesehen.« Hierzu zählte aber auch, Verkehrsteilnehmer auf ihr Fehlverhalten anzusprechen, betont der Hüne. »Eine Uniform hätte ich eigentlich gar nicht gebraucht.«

Ein Asphalt-Cowboy, ein John Wayne mit Sternen auf der Schulter, ein Schupo mit Charme: Sämtliche Theoriebücher der Polizei können nicht das bewegen, was Jakob Schlabbers mit einer einzigen seiner eindrucksvollen Gesten vermag. »Ein Glücksfall für die Polizei«, urteilt auch Peter Gassner, Chef der Kempener Wache und Schlabbers' Vorgesetzter.

Ein Beamter mit Profil, der in 46 Berufsjahren alles andere als hartgesotten geworden ist: »Schwere Unfälle, besonders mit Kindern, bereiten mir immer noch Probleme«, gesteht er. Zur Polizei kam der gelernte Maschinenschlosser übrigens, als er seinen Söhnen die Radarkontrolle erklärte und mit den Beamten ins Gespräch kam.

Ein Kind der Altstadt: Geboren auf der Oelstraße, spielte er als Steppke immer gerne auf dem Loerperhof an der Peterstraße und flitzte durch die Gassen von Kempens Kern. Die Verbundenheit zur Scholle und den Sinn fürs Brauchtum vermittelt der Vater von drei Söhnen heute noch gerne seinen drei Enkeln.

Am Mittwoch, 16. Februar, wird er 60 Jahre alt. Den Geburtstag feiert er zwei Tage später im Schützenhaus von St. Stefanus in Ziegelheide 50. Als Ruheständler freut sich Jakob Schlabbers schon auf seine Werkstatt, den Computerkurs, die Radtouren mit seiner Frau Anni und die Schießstunden bei seinem Club »Tell« in Voesch, wo er seit sage und schreibe 28 Jahre Vorsitzender ist.

Axel Küppers

Nicht nur als Pinselquäler gefragt

Die Oldie-Nights von Peter Schmeink sind fester Bestandteil im geselligen Leben der Altstadt. Jetzt hat der Hobby-DJ Jubiläum gefeiert.

Am Anfang war Musik. Viel Musik, alte Musik. »Warum soll ich nicht«, fragte sich eines stillen Tages Peter Schmeink, »anderen geselligen Leuten mit meinem Faible für Oldies eine Freude machen?« Sprach's, fand einen geneigten Wirt, der Peters Idee mittrug – und bis zur ersten Oldie-Night in der Altstadt war's nicht mehr lange. Premiere war noch im alten »Haus Ercklentz« an der Judenstraße 8.

Auf Anhieb fand sich ein kleiner Klub interessierter Zuhörer, die von der Neuerung des Malermeisters von der Alten Schulstraße angetan waren. Denn Peter spulte die Hits von anno dazumal nicht bloß runter, sondern verband damit ein lustiges Ratespiel. »Ich spiele die Oldies an, und wer als erster den Titel in die Runde ruft, bekommt einen schönen Preis«, erläutert der 51-Jährige sein Prinzip. Die Oldiethek war geboren.

Fortan spulte Peter Schmeink sein unendliches Repertoire an alten Ohrwürmern jeden ersten Freitag im Monat runter. Und die Anhängerschaft wuchs ständig. Nette Leute, zum Gespräch aufgelegt und mit offenem Ohr für Peters Hitliste, trafen sich und ließen die Woche musikalisch und beim Bierchen ausklingen.

»Ich erhebe dennoch nicht den Anspruch, zu den begnadeten DJ's aus der bunten Fernsehwelt zu gehören«, unterschreibt Peter Schmeink, denn mittlerweile sind seine Auftritte von technischer Perfektion und ausgewogener Dramaturgie geprägt.

Peter Schmeink – das ist auch ein Stück Kempener Rockgeschichte: Bereits im »zarten« Alter von 16 Jahren spielte der künstlerisch veranlagte Handwerker in verschiedenen Bands Gitarre und Bass. »1968 habe ich dann zum ersten Mal als Hobby-DJ beim legendären Kalla Wefers im Keller auf der Hülser Straße vor einem größeren Kreis meine Scheiben aufgelegt«, erinnert sich Schmeink.

Wer heute einmal zufällig in eine Oldie-Night rein schneit, kommt sicher gerne wieder: Den bärigen Zweizentner-Riesen – ein Altstadt-Original – am Mischpult zu erleben und die Alltagssorgen mit Lords, Beach Boys oder Mamas & Papas zu vergessen, das ist schon ein Erlebnis.

Was wunder also, dass Schmeink nicht nur als »Pinselquäler« ein gefragter Mann ist, sondern auch das Terminbuch in Sachen Oldietheken voll hat. »Vielleicht sollte ich mich selbstständig machen«, schmunzelt der Ur-Kempener, der seine Leidenschaft aber immer noch als Hobby betrachtet und – in der Sprache der Handwerker – bei seinem Leisten bleibt.

Mittlerweile hat der eingefleischte Junggeselle im »Alt-Thek-Lich« bei Rosi Klein an der Ellenstraße 30 eine neue Bleibe für seine Abende gefunden. »Dort ist es richtig nett«, lobt der Diskjockey Atmosphäre und Service in diesem Lokal. Soeben hat er sein fünfjähriges Jubiläum gefeiert. »Aber sicherlich werden noch viele Oldie-Nights folgen«, ist sich Schmeink sicher. Seine Fan-Gemeinde erwartet das schließlich von ihm.

Axel Küppers

Peter Schmeink im Kreise seiner Oldie-Fans

Das wahnsinnige Abenteuer des Lebens besingen

Ein zentrales Thema des Lyrikers und Essayisten Wolfgang Schmidt ist der Niederrhein. Ein Heimatschriftsteller ist er deswegen noch lange nicht.

Mit 78 Jahren ist Wolfgang Schmidt ein Mann, hochgewachsen und gerade wie eine niederrheinische Pappel. Seine Sprache ist klar, fast militärisch knapp. So ist auch seine Lyrik: ohne metaphorischen Schwulst, klare, einfache Bilder ohne intellektuelle Spielereien. Der 1922 in Parchim im Mecklenburgischen geborene Lyriker und Essayist lebt und arbeitet seit 1956 am Niederrhein, seit 1973 in Kempen.

»Ein Mensch der Ebene« heißt eines seiner Gedichte. »Meine Lyrik ist bestimmt durch die Natur, den Niederrhein; krass gesagt, des flachen Landes, nicht des Gebirges«, erläutert Schmidt, der seit Erscheinen erster Lyrik 1965 in der Zeitung »Die Welt« zehn Gedichtbände publiziert hat. »Hier / schreibt man die Jahreszeiten / langsam und groß.« »Politik zwischen / Zuckerrüben, Stammtisch und Rosenkohl (...) Niederrhein – / ohne Berge, / ohne Täler und Schluchten. / Himmel nur und – Horizont. / Landschaft / zwischen St. Marien und Himmelfahrt.«

Seine Gedichte sind pure Gedankenlyrik, mit Wald- und Wiesen-Poesie hat sie nichts zu schaffen. Und das Wort »Heimatschriftsteller« stößt Schmidt fast mit Verachtung heraus, genauso wie »Mundartdichtung«. Seine Vorbilder: Pablo Neruda und Karl Krolow. So beschreibt er Natur immer nachdenkend, lässt gar Philosophisches direkt einfließen: »Die Gedanken wandern zu Spinoza, / Gott und Natur verschmelzen, / Landschaft und Sehnsucht / werden eins.«

Der Tod und das Groteske im Normalen des Lebens ist Schmidts zweites großes Thema. Das Leben ist doch »höchst albern und merkwürdig«, meint er. Und die Aufgabe des Dichters sei es, das wahnsinnige Abenteuer EXISTENZ zu besingen.« Der Tod sei für ihn nur eine »Etappe«. »wir fließen dahin / in einem unaufhaltsamen strom / sind auf der suche / nach ufern und inseln und / hoffnungwäldern / unverlierbar / sind teil wir / eines fantastischen märchens.«

Die Dinge beim Namen zu nennen, ist sein poetisches Credo: »Zwischen / meinen Zeilen / liegen keine Rezepte ...Betrug, Betrug nennen ... Gewalt Gewalt / Das Wort sauber halten.«

Schmidt, der seine Jugend im Mecklenburgischen verbrachte, nach dem Krieg in Rostock und West-Berlin studierte und in Anglistik und Germanistik promovierte, arbeitete von 1954 bis 1972 in der Wirtschaft und als Lehrer in Krefeld. Neben Lyrik veröffentlichte er Anthologien, Rundfunkbeiträge, ist seit 1978 Schriftleiter von »Der Niederrhein«, der Zeitschrift des Vereins Niederrhein. Außerdem ist Wolfgang Schmidt Mitglied diverser Schriftstellervereinigungen und literarischer Gesellschaften. »Ich mache keine Lesungen mehr wie früher« , erzählt er, »meine Zeit verbringe ich mit dem Schreiben literarischer Essays über Löns, Goethe, Busch oder über Naturlyrik.«

Ulrich Hermanns

Anmerkung: Wolfgang Schmidt ist am 26. August 2000 gestorben.

Lyrik ohne Schwulst: Dichter und Essayist Wolfgang Schmidt

In Holland Leidenschaft entdeckt

200 Grammophone hat der Sammler Michael Schmithuysen in seiner Wohnung – eine Schatztruhe für jeden Liebhaber.

1891 fängt alles an: Emile Berliner erfindet das Grammophon. Einige Jahre später treibt auch schone eine aufziehbare Feder den Plattenteller an, so dass man für den privaten Musikgenuss nicht mehr gleichmäßig kurbeln musste.

Mit zwölf Jahren fing bei Michael Schmithuysen alles an: In einem holländischen Geschäft kaufte er sein erstes Grammophon – der Beginn einer Sammelleidenschaft. Heute türmen sich in der Wohnung des Kempeners knapp 200 Grammophone und 8000 Platten, einige musste er sogar in Garagen und Lagerräume in Kempen und Umgebung auslagern. Eine Replik des ersten Modells von Emile Berliner besitzt er natürlich auch.

Schmithuysen sammelt größtenteils deutsche Modelle. An die käme man schwerer heran, da durch den Krieg viele alte Geräte zerstört wurden. »Das ist weitaus interessanter«, so der Sammler, »es ist schon vergleichbar mit der Archäologie.« Auch Kataloge und ähnliches, mit dem sich die Grammophone »identifizieren« lassen, gibt es kaum. Schmithuysen: »Ich habe zum Beispiel ein Grammophon, von dem niemand weiß, wer es wann gebaut haben könnte.« Fast schon »detektivische Leistungen« seien hier gefragt.

Ob tragbare Reisegeräte, Koffer- oder Turmgrammophone, mit Trichter oder eingebautem Lautsprecher – bei Schmithuysen findet sich alles. »Die meisten entdecke ich auf Trödelmärkten«, erzählt Schmithuysen. Und dafür legt er teilweise weite Strecken zurück: »In Westdeutschland ist der Markt weitgehend abgegrast. Nur im Osten hat man noch Chancen auf einen guten Fund.« Auch ein Abstecher ins Ausland muss da mal in Kauf genommen werden.

Die erworbenen Grammophone restauriert Schmithuysen selbst, mit dem Verkauf der reparierten Geräte und einige Platten finanziert er sein Hobby. Schmithuysen: »Das ist mittlerweile ein Full-Time-Job geworden.« Die meisten seiner Kunden sind andere Sammler, darunter auch viele junge Leute: »Die Faszination machen die Musik und der Sound von damals aus«, meint Schmithuysen. Während heutzutage jeder noch so kleine Fehler digital ausgemerzt werden kann, wurde damals alles noch »live« eingespielt. »Teilweise hat eine Gruppe mehrere Aufnahmen desselben Stückes herausgegeben, die alle unterschiedlich klangen.«

Seine Grammophon-Begeisterung würde Schmithuysen auch gerne weitergeben – am liebsten durch das Kramer-Museum: »Ich habe auch schon mit der Leiterin Dr. Elisabeth Friese darüber gesprochen.« Alle Grammophone würden dort zwar kaum Platz finden, aber, so Schmithuysen, »da bietet sich ja eine Wechselausstellung an.«

Daniel Ahrweiler

Michael und Regine Schmithuysen mitten in ihrer Grammophon-Stube. Der Sammler hält ein echtes Stollwerk-Altertümchen von 1903 in seinen Händen. Darauf drehten sich Platten aus echter Schokolade

Calmund aus Kamperlings

Einer, der die Ärmel aufkrempelt: Franz-Josef Schmitz ist Galionsfigur im Kempener Fußball. Ohne den Obmann ginge beim Bezirksligisten nichts.

Er ist der Calmund von Kempen. »Ja, ja, ich werde häufig drauf angesprochen, dass ich dem Leverkusener Manager verblüffend ähnlich bin«, lacht Franz-Josef Schmitz. In Kempen nennt den Fußball-Obmann des künftigen Bezirksligisten SV Thomasstadt jeder nur »Schmicko«. Und tatsächlich erinnert der 47-Jährige in seiner ganzen Art an das Schwergewicht der Bayer-Werks-Elf, die gestern Abend gegen die »Königlichen« aus Madrid im Endspiel der Champions-League nach großem Kampf unterlag.

In der regionalen Fußball-Szene ist »Schmicko« seit Jahrzehnten ebenfalls ein Schwergewicht, auch wenn er beileibe nicht so viele Pfunde auf die Waage bringt wie sein Pendant Reiner Calmund. Seit der Jugend selbst leidenschaftlicher Kicker, übernahm der Bauernsohn von Heumischhof vor 16 Jahren von Kalla Wefers die Fußball-Abteilung des SV Thomasstadt.

Da stand der 1,85 Meter große Parademann noch selbst im Tor der 1. Mannschaft. Wer weiß, wenn ihn nicht eine tückische Krankheit in jungen Jahren gebremst hätte, ob »Schmicko« damals bei Bayer Uerdingen an der Seite von Manni Burgsmüller nicht den Sprung in den erlauchten Profi-Kreis geschafft hätte.

Wenn »Schmicko« über den Amateurfußball philosophiert, dann spürt man, mit wie viel Herz der kaufmännische Angestellte immer noch bei der Sache ist. Wobei er auch vieles kritisch sieht. »Die vier Jahre Landesliga hätte ich mir anders vorgestellt«, sinniert er mit Blick auf immer abgezocktere Methoden auch im »unbezahlten« Kicker-Zirkus. Und sieht im Abstieg »seiner« Jungs in dieser Saison den positiven Ansatz eines Neubeginns.

Den will er mitgestalten, engagiert, wie er ist – und abergläubisch: »Ich beobachte die Spiele immer aus der Hälfte des Gegners«, schmunzelt Schmicko.

Wenn er nicht Fußball, den Eishockes-Puck (den jagt er freitags im Hobbyteam »Stubbis« in Moers) oder sein Mountain-Bike im Kopf hat, greift er gerne zum Spaten im großen Kamperlingser Garten: »Meine Frau Trudi ist für die Feinarbeit zuständig, ich fürs Grobe.« Bei den Kindern, Ines und Robert, ist der Apfel nicht weit vom Stamm gefallen; die 22-Jährige steht in der 3. Mannschaft der Handball-SG in der Bezirksklasse, und der 20-Jährige spielt im Mittelfeld der 1. Mannschaft von Thomasstadt A-Liga.

Und auch beruflich setzt »Schmicko« auf kontinuierliches Arbeiten: Seit 20 Jahren ist er Logistiker beim Auto-Zulieferer »Johnson Controls« (früher Fibrit) in Grefrath, zuständig für die Abteilung Verkauf bei Audi.

Axel Küppers

So kennt Franz-Josef Schmitz kaum jemand. Mit Spaten bei der Arbeit im heimischen Garten am Erlenweg

Franz-Josef Schmitz • 16.5.2002

Der Herr der Märkte

Der beliebte Kempener Marktmeister Heinrich Schmitz geht nach fast 30 Jahren in den Ruhestand – und mit ihm ein Stück Geschichte.

Kirmes, Kram-Märkte, Gaststätten – überall, wo etwas los ist, da war Heinrich Schmitz im Einsatz. Als Leiter vom Außendienst des Ordnungsamtes geht er nun in den wohlverdienten Ruhestand.

Mit seinem letzten Arbeitstag endet auch der Rundgang zum Kassieren auf dem Markt. Dort war Schmitz für die Beschicker eine solche Vertrauensperson, dass er an die Kassen ging, den fälligen Betrag herausnahm und die Quittung hineinlegen konnte. Wenn Geburtstage gefeiert wurden, dann brachten die Marktleute einen Schnaps mit – und nach einem Schluck wurde weiter gearbeitet. »Probleme hat es nie gegeben«, blickt er zurück. Seine ruhige und sachliche Art wurde von allen geschätzt.

Die Zeiten des Rundgangs sind nun vorbei. Per Einzugsverfahren werden die Standmieten eingezogen. Die Bon-Maschine, mit der Schmitz seit 1974 über die Märkte zog, soll jedoch weiter zum Einsatz kommen. Das eiserne Relikt mit Kurbel und Geldtasche soll bei Kram-Märkten den Dienst leisten.

Schmitz kassierte nicht nur auf den Märkten. Auch im Martinskomitee von Schmalbroich (35 Jahre lang) und bei der Schützenbruderschaft Schümpsche St. Benediktus (Gründungsmitglied 1960) war er Kassierer.

Erlebt hat er einiges. So musste er einmal am Samstagmorgen zur Kirmes raus. Die Riesenschaukel stoppte nur sieben Zentimeter vor dem Fenster eines Anwohners, der sich beschwerte. Nach mehrstündigen Debatten mit dem Bauamt wurde beschlossen: keine Gefahr. Aber den Anwohnern war es dann doch egal: Sie sind noch am Wochenende in Urlaub gefahren. Schmitz: »Das war schon ärgerlich. Die ganze Arbeit umsonst.«

Stets hat der 65-Jährige seine Arbeit gern gemacht, schließlich war er als Kind eines Landwirts daran gewöhnt, von 5 bis 19 Uhr

Der scheidende Marktmeister Heinrich Schmitz

zu arbeiten. Schon im Alter von zwölf Jahren arbeitete er auf dem Bauernhof. Als Landwirt verdiente er bis 1970 sein Geld, bis er bei der Stadt anfing. Zwei Jahre war er Hausmeister in der »Neuen Stadt« beim damaligen Bauförderungsamt, dann zwei Jahre bei der Bauhof-Verwaltung im Tiefbauamt, um schließlich im Ordnungsamt zu landen.

Arbeit hat der 65-Jährige auch im Ruhestand genug. Alle fünf Söhne haben unterschiedliche Handwerkerberufe ergriffen. So vereinigen sich unter anderem Schreiner, Elektriker und Heizungsinstallateure in einer Familie – praktisch, wenn man gerne im Garten und am Haus bastelt oder auch neue Häuser selber baut. Über die Freizeit von Heinrich Schmitz freuen sich auch Ehefrau Agnes (60) und die vier Enkelkinder.

Lutz Retzlaff

Tätige Hilfe statt Tränendrüse

Hermann Schmitz hat sein Herz in Paraguay verloren. Seit 30 Jahren leistet der Lehrer Entwicklungshilfe für das südamerikanische Land.

„Es ist eine Belohnung, zu sehen, wie die Hilfe ankommt." Ein Kernsatz im Gespräch mit Hermann Schmitz (60), Gründer und treibende Kraft der Pro-Paraguay-Initiative. Der Beginn seines Engagements liegt im Jahre 1973. Damals bewarb sich der Lehrer beim Auslandsschuldienst und zog mit seiner Familie für vier Jahre nach Paraguay in die Hauptstadt Asunción.

„Wir haben uns bewusst für dieses Land entschieden, weil es fern und unbekannt war", begründet er. Schmitz unterrichtete an der Goethe-Schule, die von paraguayischen und Kindern von Deutschstämmigen besucht wird.

Nach dem ersten »Kulturschock« engagierte er sich zusammen mit seiner Frau Ute, einer gelernten Kauffrau für Wohnungswirtschaft. Er gründete mit etwa zwölf Auslandslehrern eine Gruppe, die sich in einem Krankenhaus um vieles kümmerte.

„Wir haben den ersten Brutkasten besorgt, die Kinderstation erneuert, Medikamente besorgt, Krankenschwestern mit ausgebildet, die Wände gestrichen und uns um die Stromversorgung gekümmert", beschreibt er sein Wirken und das seiner Kollegen.

Und die politischen Verhältnisse? „Die Stroessner-Diktatur hat einen bleibenden Eindruck bei mir hinterlassen. Und ich habe seither großen Respekt vor den Leuten, die trotzdem ihre Arbeit tun."

Als die Familie – Schmitz, Frau Ute und die Töchter Birgit (1967 geboren) und Katrin (1971) – Ende 1976 zurück nach Kempen kam, war er wieder Lehrer an seiner »alten« Schule, der Evangelischen Volksschule Fröbelstraße. Das Engagement für das Krankenhaus in Paraguay blieb und mündete 1992 in die organisierte Pro-Paraguay-Initiative.

Um die »gezielte entwicklungspolitische Arbeit« zu bewältigen, unterrichtet Schmitz – heute Lehrer an der Regenbogenschule – ein Drittel weniger. Und versucht, „die Leute anzustecken – mit sachlichen Berichten, ohne Tränendrüsen-Werbung." Die Initiative hat vor Ort professionelle und halbprofessionelle Partnergruppen, die Hilfe zur Selbsthilfe leisten. „Helfen ist schwer", sagt Schmitz. Einmal im Jahr fährt er nach Paraguay, um sich seine »Belohnung« abzuholen.

Was macht Schmitz in seiner »Freizeit«? „Ich reise gerne – besonders durch Spanien und Portugal. Ich bin ein politischer, unabhängiger, kritischer Bürger. Und ein Zeitungsfresser", beschreibt er sich selber. Und ergänzt: „Bei Fahrradtouren in der Umgebung habe ich den Charme des Niederrheins entdeckt." Und nicht zuletzt ist er ein engagierter Opa: Die beiden Enkel Kilian (drei Jahre) und Kira (neun Wochen-) – Kinder von Tochter Birgit – haben Schmitz zum Familienmenschen gemacht.

Philipp Wachowiak

Die Pro-Paraguay-Initiative hat einen zwölf Meter langen Container mit 70 Kubikmetern Inhalt vor der Astrid-Lindgren-Schule gefüllt, der nun seinen langen Weg nach Südamerika antreten wird. Hermann Schmitz (2. v. r.) hatte den Kollegen Jo Haal in seinem 7. Schuljahr besucht und den Schülern von ihren Altersgenossen in Paraguay erzählt. Sofort waren sie bereit zu helfen

Ein Herz für Kamera-Schätzchen

Foto Schmitz mit dem Inhaber-Ehepaar Edith und Josef Schmitz blickt auf eine lange Geschäfts-Tradition zurück. Im Stammsitz an der Peterstraße hat ein nahtloser Übergang stattgefunden.

Ein herber Verlust für den Altstadt-Einzelhandel: Foto Schmitz an der Peterstraße 4 schließt Ende Juni. »Aus Altersgründen und weil unsere drei Kinder eine andere Richtung eingeschlagen haben«, begründet Josef Schmitz. Mit seiner Ehefrau Edith freut sich der 69-jährige auf die Freiheit, die sie durch Wandern, Reisen und Kultur ausfüllen möchten.

Den Ur-Kempenern fällt der Abschied schwer. Aber Sohn Jan führt als Diplom-Fotodesigner die Tradition fort. Er wird das Studio im Haus Peterstraße – Eingang An St. Marien 17 – für Werbe-, Industrie- und Architektur-Fotografie nutzen. Fotografiert wird hier mit modernster Technik, sowohl für mittelständische Unternehmen aus der Region als auch für namhafte Werbeagenturen in den Medien-Standorten. Josef Schmitz macht weiterhin unter dieser Adresse Pass- und Porträt-Fotografien (nach telefonischer Vereinbarung).

Die Anfänge von Foto Schmitz liegen im Jahr 1922. Josef Schmitz senior, ein Düsseldorfer, gründete im Hause Peterstraße 5 eine Drogerie. Das Haus stammt aus dem 17. Jahrhundert. Der Senior fertigte damals noch 1:1-Fotoabzüge mit Tageslicht-Belichtung an. »Auch ich habe als Fotograf mit einer Agfa-Box angefangen«, erinnert sich der Junior an den Beginn seiner Lehre 1951 im elterlichen Betrieb. »In meinem Berufsleben konnte ich die Kamera-Entwicklungen verfolgen.« Für alte Schätzchen ist er so zum Experten geworden.

1941 erfolgte die erste Sanierung des Hauses: Das schöne Fachwerk trat wieder ans Tageslicht. 1951 starb der Vater, und seine Frau Maria führte das Geschäft weiter. 1956 eröffnete der Junior mit seiner Schwester Hannelore auf der Peterstraße 9 das erste Fotogeschäft in Kempen. 1967 kam dann der Neubau auf der Peterstraße 4. Der bekannte Architekt Heinz Cobbers setzt mit der gegliederten Fassade neben dem Fachwerk Maßstäbe für die Altstadt-Sanierung.

Nach dem Ausscheiden seiner Schwester führte Josef Schmitz das Studio fort. Im Laufe der Jahre gewann er mehrere Preise bis zum Titel Foto-Master, den ihm die internationale Fotografen-Vereinigung Colour-Art verlieh. Bis heute lichtet er am liebsten Menschen ab. Edith Schmitz führte die Abteilung Kunstdrucke mit passenden Rahmen ein. 1986 wurde die Drogerie geschlossen; »Schmitz Drogerie« bleibt aber vielen noch in guter Erinnerung.

Auch gesellschaftlich war die Familie engagiert. Josef Schmitz saß für die CDU von 1964 – 69 und von 1979 – 84 im Stadtrat. Er ist auch Gründungsmitglied des Werberings und war von 1982 – 88 Vorsitzender. Edith Schmitz singt seit 50 Jahren in der Kempener Chorgemeinschaft.

Inzwischen hat die Firma »Creativ Hobbyshop & Ambiente« die Räume des Foto-Fachgeschäfts an der Peterstraße 4 bezogen. Sie bietet dort mit großem Erfolg ihr breites Sortiment an Bastelzubehör an. Kreativkurse mit Bastelanregungen sind mit Begeisterung den Kempenern aufgenommen worden.

Nebenan, im Strumpfhaus Kempkes – es handelt sich um das denkmalgeschützte Fachwerkhaus Schmitz – bleibt übrigens alles beim Alten.

Axel Küppers

Edith und Josef Schmitz vor dem Fachwerkhaus Schmitz an der Peterstraße. Links der 1967 errichtete Neubau, in dem heute Fotofachgeschäft sowie Studio sind

Brahms und HipHop

Eine knappe Stunde täglich sitzt Elisabeth Schrey (11) an ihrem geliebten Cello. Mit Erfolg: Sie holte einen zweiten Platz beim Wettbewerb »Jugend musiziert«.

Vor die Wahl gestellt, ob sie nun Geige oder Cello spielen möchte, entschied sich Elisabeth Schrey fürs Cello. »Geige quietscht am Anfang so«, war die Begründung. Dass sie vor vier Jahren das richtige Instrument gewählt hat, scheint sich jetzt zu bestätigen. Beim Wettbewerb »Jugend musiziert« der Kreismusikschule gewann die Elfjährige jüngst in ihrer Altersklasse den zweiten Preis.

Zunächst war für die Eltern von Elisabeth die musikalische Früherziehung ihrer Tochter eine Verlegenheitslösung. »Damals wohnten wir noch in Krefeld und bekamen keinen Kindergartenplatz, obwohl er uns vorher versprochen worden war«, erzählt Mutter Christiane. Da sollte das Kind wenigstens im Miniklub aktiv sein. Von dort wurde Elisabeth zur Früherziehung geschickt. »Die Lehrerinnen erkannten ihre musikalische Begabung«, erinnert sich die Mutter. Es folgte die Blockflöte, und vor vier Jahren sollte es dann ein »richtiges« Instrument sein.

Bereut hat Elisabeth ihre Entscheidung noch nie, und auch die Schwielen an den Fingern von den Metallsaiten stören sie nicht. Vieles war zu lernen: Wie Finger und Bogen gehalten werden müssen, ob nun die Saiten mit dem Bogen gezupft oder gestrichen werden. Alles hat sie sich mit ihrer Lehrerin Cordelia Lehmann erarbeitet.

Neben dem wöchentlichen Einzelunterricht spielt Elisabeth auch bei einer Streichgruppe der Musikschule mit, die sich wöchentlich in Viersen trifft. Da sind auch die Eltern gefordert. »Wir müssen uns nach den Terminen der Kinder richten«, weiß die Mutter, denn Sohn Moritz (13) und die kleine Charlotte (1) sind auch noch da. »Aber wir machen das gerne, wenn die Kinder ihren Teil dazu beitragen.«

Dazu gehört auch regelmäßiges Üben. Das ist bei Elisabeth nicht das Problem. Im Schnitt widmet sie ihrem Cello mindestens eine Dreiviertelstunde täglich. Und auch in der Schule – sie besucht die 7. Klasse des Kempener Luise-von-Duesberg-Gymnasiums – kommt das Instrument zum Einsatz. Bei den Proben zum Musical »Die kleine Hexe« macht Elisabeth mit. Der Musik gehört zwar ein großer Teil ihres Interesses – Elisabeth hört übrigens nicht nur gerne Brahms, sondern auch HipHop –, aber sie bastelt auch gerne, spielt Badminton oder geht mit ihren Freundinnen in St. Hubert die Schafe aus der Nachbarschaft füttern.

Barbara Leesemann

Üben, üben, üben heißt es täglich für Elisabeth Schrey

Jonglieren hält graue Zellen auf Trab

Gehirn-Akrobat Franz-Josef Schumeckers aus St. Hubert hat ein Super-Gedächtnis. Und das trainiert der 39-Jährige jeden Tag mit Merkspielen und bunten Bällen.

„Ich kann überall trainieren, denn ich habe mein Hirn immer dabei«, sagt Franz-Josef Schumeckers und lächelt hintergründig. Da möchte man direkt den Satz weiterspinnen mit, »im Gegensatz zu manch anderen«. Und ein wenig spielt der 39-Jährige auch darauf an. Denn schließlich widmet er diesem Organ – das laut Wissenschaft von vielen Menschen nur zu einem Bruchteil genutzt wird – jeden Tag ein bisschen Extra-Zeit.

Seit acht Jahren trainiert Schumeckers nämlich sein Gedächtnis. Zwischen einer halben und drei Stunden, bevor er an Wettbewerben teilnimmt. Die besucht er seit zwei Jahren. Jüngst errang er den sechsten Platz beim deutschen Gedächtnis-Wettbewerb, der in Friedrichshafen am Bodensee ausgetragen wurde.

Bei den Wettbewerbern gibt es zehn Disziplinen. So müssen sich die Teilnehmer beispielsweise innerhalb von fünf Minuten 160 Ziffern merken und dann in der richtigen Reihenfolge aufsagen. Oder eine binäre Zahlenfolge, eine Ziffern-Kombination nur aus 0 und 1, in einer halben Stunde im Geiste notiert und dann ebenfalls wiedergegeben werden. Aber auch 96 Namen und Gesichter müssen sich in 15 Minuten eingeprägt haben und wieder zugeordnet werden.

Doch wie kommt man dazu, sein Gedächtnis trainieren zu wollen? »Ich habe immer schon Leute bewundert, die sich so viele Dinge merken konnten«, gesteht der gebürtige Hülser. Und fing an, sich mit Merk-Methoden auseinander zu setzen. »Kinder sind für solche Übungen sehr empfänglich, denn sie besitzen noch die Fähigkeit, in Bildern zu denken«, sagt Schumeckers.

Deshalb seien sie bei Memory auch kaum von Erwachsenen zu schlagen.

Er erklärt, wie er sich Zahlen merken kann: Jede Dreier-Zahlen-Kombination stellt für ihn einen Begriff dar. Damit erfinde er eine Geschichte. »Ich habe eine Latte, damit schlage ich auf einen Ball, der mit einem Knall kaputt geht. Wobei die Latte, Ball und Knall jeweils für eine Zahlenfolge steht«.

Außerdem gehören für den gelernten Tischlermeister die richtige Ernährung und viel Bewegung zum Ausgleich dazu. »Da ergänzen meine Frau und ich uns gut«, freut er sich. So starten er und seine Frau Britta vom Haus am Janspfad zum Joggen über die Feldwege oder laufen mit dem neunjährigen Sohn Gerrit Inliner. Besonders gerne üben die beiden jedoch das Jonglieren. »Das trainiert auch das Hirn«, betont Schumeckers. Und da will er am Ball bleiben, denn es lockt die Teilnahme an der nächsten Guinness-Show.

Barbara Leesemann

Jonglieren trainiert auch die grauen Zellen, ist sich Franz-Josef Schumeckers sicher

Gehört zum menschlichen Schaffen dazu

Auch Waffen sind Teil der Kulturgeschichte. Wolfgang Seel ist diesbezüglich ein ausgewiesener Experte.

Er ist Deutschlands einziger vereidigter Sachverständiger für die kulturhistorische Bedeutung von Handfeuerwaffen und außerdem ein mit drei Design-Preisen ausgezeichneter Leuchtenkonstrukteur. Die Rede ist von Wolfgang Seel, der an der Lilienstraße in Kempen sein Ingenieurbüro hat.

»Wer Waffen sammeln möchte, braucht neben einem polizeilichen Führungszeugnis und einem Nachweis über die nötige Sachkunde auch noch ein Gutachten, warum das Sammelziel eine Bedeutung für die Kulturgeschichte hat – nur unter diesen Voraussetzungen kann man eine Waffensammlung anlegen«, erklärt der 49-jährige Experte, der auch schon zahlreiche Aufsätze und Bücher veröffentlicht hat.

Wolfgang Seel mit einer Auswahl von Replikaten, über die er Informationen für die Hersteller liefert

Entwickelt hat sich dieser Beruf aus einem Hobby, seinem Faible für Waffengeschichte nämlich: »Das ist ein unheimlich umfassendes Thema, zu dem die Wirtschaftsgeschichte ebenso gehört wie Politik, Sozialgeschichte oder die Entwicklung der Waffentechnik«, meint Seel, der sich von allen Seiten mit der Thematik befasst. »Waffentechnik ist schließlich negative Kulturgeschichte, gehört aber dennoch zum menschlichen Schaffen dazu.«

Im Laufe der Zeit hat Seel, der vorher schon als freier Sachverständiger tätig gewesen ist, für rund 500 Sammlungen den nötigen kulturgeschichtlichen Hintergrund erarbeitet. »Das ist mit viel Arbeit in Bibliotheken und Archiven verbunden, schließlich lege ich in jedem Gutachten auf etwa 30 Seiten fest, warum die Sammlung einen Fortschritt darstellte, welche Folgen militärgeschichtlich damit verbunden sind und natürlich ist, diese Waffen zu sammeln«, erklärt Seel weiter. »Dabei beschränkt sich eine Sammlung nach dem Waffengesetz auf alte Stücke – Maschinen- und Kriegswaffen sind tabu.«

Sein Wissen trägt Seel seit über 20 Jahren in einem mittlerweile beträchtlichen Archiv zusammen. Eine der Früchte dieser mühsamen Arbeit ist unter anderem die 1978 erschienene »Bibliographie zur Technik und Geschichte der Handfeuerwaffen und Maschinengewehre« oder »Die Entwicklungsgeschichte des Sturmgewehres G11«, das von der Bundeswehr eingeführt werden sollte, schließlich aber der Wende zum Opfer fiel.

Doch neben der Waffenkunde hat Seel, der früher als technischer Zeichner für einen Heizkesselhersteller gearbeitet hat, noch ein zweites Hobby zum Beruf gemacht: Im Auftrag von Lampenherstellern setzt er Design-Ideen um und baut auch Prototypen. Jüngstes Kind ist das »Lichtsegen«-Solitär eines Schweizer Leuchtenherstellers, für den er bei der Weltlichtschau in Hannover mit einem Innovationspreis ausgezeichnet wurde. »Das Lichtsegel über dem Schreibtisch sorgt für eine blendfreie Beleuchtung und sorgt speziell in Großraumbüros für eine verbesserte Raum-Akustik, weil es Geräusche dämpft«, erklärt Wolfgang Seel die Vorzüge der ungewöhnlichen Konstruktion.

Jörg Müllers

Gelbes Rapsfeld auf Englisch erklären

John Simmons gibt Mitarbeitern der Lackwerke Peters Englisch-Unterricht, damit sie nicht nur bei technischen Unterhaltungen Spitze sind, sondern auch beim Small Talk.

Der Exportanteil der Lackwerke Peters liegt bei 54 Prozent. Der Kempener Hersteller von Speziallacken für Leiterplatten (Platinen) macht Geschäfte mit Partnern in den USA, in Asien, Südamerika, Australien und Südafrika. Dass die Mitarbeiter im Gespräch mit Kunden aus aller Welt eine gute Figur machen, ist Peters einiges wert. Seit 1988 erteilt ein Privatlehrer Angestellten der Lackwerke auf Firmenkosten Englisch-Unterricht.

»Man muss sich bis ins kleinste Detail verständigen können«, ist die Maxime von Firmenchef Werner Peters. »Ein typisches Beispiel ist, Sie holen einen Amerikaner vom Flughafen ab und er fragt Sie, welche gelb blühende Pflanze auf dem Feld angebaut wird, an dem Sie vorbeikommen. Dann müssen Sie dem Gast erklären können, dass es sich um Raps handelt«, so Peters.

Dreimal in der Woche kommt der Englischlehrer John Simmons aus Issum zu Peters. In drei Gruppen mit unterschiedlichem Schwierigkeitsgrad versuchen die Teilnehmer jeweils zu sechst in zwei Stunden pro Woche, ihr Englisch zu perfektionieren. Eine halbe Stunde Freizeit investieren die Mitarbeiter vor Beginn oder nach Dienstschluss, die restlichen anderthalb Stunden entfallen auf die reguläre Arbeitszeit. »Der Unterricht ist für diejenigen der 138 Beschäftigten gedacht, die reisen«, erklärt Geschäftsführer Ralf Schwartz, der selbst auch von Anfang an dabei ist. »Das sind vor allem Technische Verkaufsingenieure«.

Im Unterricht geht es weniger um die Fachsprache. Diese sei leicht zu lernen, meinen die Ingenieure, da viele Fachbegriffe der Elektronik ohnehin englische Begriffe seien.

Mit John Simmons feilen die Mitarbeitern der Lackwerke Peters an ihren Englisch-Kenntnissen

Im Vordergrund steht die Konversation. »In der Industrie muss man sofort auf jede Situation reagieren können. Wenn man herumstottert, macht man einen schlechten Eindruck«, weiß John Simmons. »Bei mir erhalten die Teilnehmer den nötigen Schliff. Alles ist reine Übungssache«, meint der 45-Jährige.

Jede Stunde beginnt mit Fragen zum aktuellen Weltgeschehen. Gott und die Welt sind Thema des Unterrichts. »Wir sprechen zum Beispiel über Politik und Religion. Beim Abendessen mit amerikanischen Geschäftspartnern muss man hierzu kritische Fragen beantworten können«, erläutert der Kommunikationstrainer, der neben Managern auch Vorschulkinder in seine Muttersprache einführt. »Der Unterricht zahlt sich für die Firma und für die Einzelnen aus«, ist der gebürtige Engländer überzeugt, der seit 1978 in Deutschland lebt.

Ein hartnäckiges Gerücht hat der Lehrer seinem Kempener Auftraggeber zu verdanken. Dass der Engländer aus Schottland stamme, hat Werner Peters einmal erwähnt und es hat sich dann festgesetzt. »Bis heute kursiert es immer noch als Witz, dass ich Schotte sei«, schmunzelt Simmons.

Tanja Kaspers

Der Automatenkassierer

Sie kennen doch auch der freundliche Kassierer mit dat rote Jesicht und immer der jeschniegelte Scheitel, von unser Sparkass an de Eck! Weg is er und en Kass weniger! Dafür sitzt er jetzt in ne Jeldautomat, wissen se die Dinger, wo se Ihr Plastikkärtchen drinstoppen müssen, wenn se Jeld brauchen. Ich hab jar nich gewusst, dat der sojar 4 Sprachen kann, hätt ich dem nie zujetraut früher an de Kass. – Wenn se dem dann die Kart in dä Schlitz drin stecken, dann nimmt er se dich schwupps weg, tut schnell de Nümmerkes kontrollieren und dann fragt er auf ne Bildschirm, wie viel Jeld dat ich haben will? Ich hol ja immer 250 €, da kann man auch nie mehr ausjeben, wie man hat, wissen se, da kann alles noch so teuer werden. 250 € sind 250 €!

Dann soll ich dem noch en Jeheimzahlnümmerken jeben, obwohl ich et dem extra dick auf die Karte drauf jeschrieben hab, mit so ne wasserfeste Edding. Aber dat tut dem verhaups nich interessieren. Jedes Mal dat Jleiche: Bitte Ihre Geheimzahl! – Und ich sag extra noch: »Herr Breikes, drum hab ich Sie doch extra dat Nümmerken auf die Karte drauf jeschrieben! Können se dat denn nich lesen?« Vielleicht is et ja auch zu dunkel in dat Ding drin und hören kann er jedenfalls auch nix! Drum musst ich mich dat Plastikskärtchen extra von dä Kassierer nochmal rauswerfen lassen, dat ich die Nummer auch lesen kann, und dann schnell wieder rein, dat ich die 4 Zahlen auch behalten kann.

Nä aber dann fluppt et, wenn ich nich jrad die Zahlen verdreh', wie neulich, da hatt ich dreimal de falsche Nummer und schwupps is dat Kärtchen drinjeblieben: Ihre Karte wurde eingezogen! Bitte melden Sie sich bei Ihrer Bank!

Ich hab noch an dem Breikes seine Schalter jekloppt, aber nix, er hat dat Kärtchen behalten. Aber die Nummer verjess ich nie mehr: 4321, dann guckt er aber auch innen direkt nach, wat auf et Konto darauf is, da hör ich ihm so rascheln in de Listen drin, wissen se. Und et jeht sojar flott, dann schiebt er mich die 250 € aus de Schlitz eraus, jenau wie ich et innen auch immer jekriegt hat: Haushaltsmischung 4 Fuffziger, 1 Zwanzijer, 2 Zehner und zwei Fünfer! Ja Jung, der Herr Breikes, der kennt sein Leut eben. Bloß dem sein Hand hab ich noch nie aus de Schlitz rausjekommen sehen; ich hab extra jelauert. Also, die sind in dä Automatenschalter sicherer unterjebracht wie innen, dat kann man nich anders sagen, bloß en bisken eng und duster. Und dann noch rund um de Uhr! Also tauschen möcht ich mit dem nich!

Jenau wie mit die Kassierers, die draußen in de Parkautomaten drin sitzen, die Dinger sind ja noch viel enger, da soll man jar nich jlauben, dat die da verhaups drin passen. Wennste da de Geldkarte drinschiebst, da tuen se dich et Jeld von de Karte runter rubbeln, jenauso viel, wie du willst. Bloß hab ich da noch nie jemand raus oder reinjehen sehen. Vielleicht müssen se dat ja stikum tuen, dat se nich auffallen! Dat sind bestimmt so'n 630er, wissen se. Aber irjendswann, wenn ich mal viel Zeit hab, dann bleib ich dran stehen und pass auf.

Automatenkassierer

Präzise und positiv

»Ich bin Handwerker mit Leib und Seele«, sagt Schuhmacher-Meister Heinz-Otto Stahl in seiner Werkstatt in der Altstadt.

Präzision, Geschick und ein gutes Auge sind Voraussetzungen für das Schuster-Handwerk. Heinz-Otto Stahl (53) liebt seinen Beruf bis zum heutigen Tag

„Schau mal, das ist doch der Schuhmacher von Kempen!« Zu diesem Getuschel in der Nähe seines Liegestuhls auf Mallorca sagt Heinz-Otto Stahl: »Ich bin Handwerker mit Leib und Seele.« Kommentar seiner Frau Brigitte: »Er ist morgens der erste in der Stadt.« »Klar«, sagt er, »morgens um 6 Uhr ist eine gute Zeit, um ein gutes Produkt herzustellen.« Und bleibt bei aller Ernsthaftigkeit für seinen Beruf und für seine Kunden ein fröhlicher Mensch. Auch nach zwölf Stunden in Werkstatt und Geschäft auf der Burgstraße – dort sitzt er seit 1977, in Kürze geht er zur Peterstraße – begrüßt er die Kunden freundlich und zuvorkommend.

Die Palette des Stahl'schen Angebotes ist groß: Einlagen für jegliche Schuhe, Diabetiker-Versorgung – die hat er sich zertifizieren lassen -, orthopädische und Maßschuhe überhaupt, Sportlerversorgung (zum Beispiel Golfschuhe) und Änderungen an Reitstiefeln haben ihn im weiten Umkreis bekannt gemacht. Begründet durch seine präzise Arbeit und seine positive Einstellung: »Das Wichtigste ist ein zufriedener Kunde.« Da ist es sicher gut, dass seine Ehefrau Brigitte den kaufmännischen Part als eine von drei Mitarbeitern übernimmt.

Der 53-Jährige ist geborener Kempener, ging in Krefeld zur Schule, absolvierte dort seine Lehre. Bei der Gesellenprüfung war er Innungs- und Kammerbester sowie Landessieger. So bekam er ein Stipendium für die Meisterschule, die er 1974 abschloss. Am ersten Tag der Meisterschule 1972 in Düsseldorf kam Töchterchen Tanja zur Welt. Heute ist sie Diplom-Finanzwirtin. Die zweite Tochter Julia – 1982 geboren – macht im nächsten Jahr ihr Abi.

Vater Otto absolvierte von 1968 bis 1971 seinen Wehrdienst als Marine-Funker. Von der Hochzeit 1969 in Uniform schwärmt Brigitte Stahl noch heute. Die wenigen Tage, die im Haushalt Stahl für Urlaub bleiben, verbringen sie meist in Italien – wegen der Küche sowie der alten malerischen Fassaden.

Und Kochen ist seit der Geburt der zweiten Tochter die große Leidenschaft von Heinz-Otto Stahl. Als Mitglied des Männerkochclubs Kempen liebt er die Geselligkeit, die Gespräche und den Genuss. Und schwärmt von der Gemüse-Lasagne, die er beim letzten Treffen auf den Tisch brachte.

Entspannung findet der Handwerker, der sich von der Regierung eine zuweilen handwerkerfreundlichere Politik wünscht, bei der Gartenarbeit und in der heimischen Sauna. Und hat sich vorgenommen: »Ich möchte gesund bleiben und alt genug werden, das zu tun, was ich vorhabe.«

Philipp Wachowiak

Eine Autorität, deren Wort Gewicht hat

Mit Leiter Georg Strasser verliert das Thomaeum im Sommer eine Persönlichkeit.

Doch der 64-Jährige will weiter in Kempen leben und schaffen. »Mein Ziel war immer, ein durchgängiges demokratisches Prinzip an der Schule zu verwirklichen.« Oder: »Jede Frage ist erlaubt.« Sätze aus dem Lehrbuch der Pädagogik. Sätze von Georg Strasser. Der Leiter des altehrwürdigen Gymnasiums Thomaeum geht im Sommer in den Ruhestand.

Der 64-Jährige ist weniger der klassische »Direx« denn vielmehr so etwas wie der Vor-Denker dieser traditionsreichen Schule, an die er am 13. September 1984 vom Krefelder Ricarda-Huch-Gymnasium wechselte. Ein Philosoph, kein Lehrer Lämpel; eine natürliche Autorität, dessen Wort – auch und erst recht bei den Schülern – Gewicht hat.

Auf die Frage, was er für ein Lehrer gewesen ist, antwortete er, wie es seine Art ist, mit einer Parabel: »Sehen Sie, wenn die Elftklässler einsehen, dass die Lektüre von Sallust für sie lebenswichtig ist, dann hat man schon viel erreicht.« Schmunzelt, zieht die linke Augenbraue hoch – und erläutert in einfachen, prägnanten Sätzen sein Ideal: Das In-Frage-Stellen als Prinzip.

Wie wird so einer? In Düsseldorfer und Wuppertaler Schulen altsprachlich erzogen, hängte er nach der Begegnung mit dem kürzlich verstorbenen Literatur-Professor Hans Mayer die Juristerei an den Nagel und studierte nach seiner Bestimmung: Lehrer.

Weil er immer schon neben den Karteikärtchen des Gesetzes den Gedichtband in der Schublade liegen hatte. Das erste Mal trat er als 27-jähriger Referendar im Neusser Quirinus-Gymnasium vor eine Klasse; 1964 war das.

Mit 47 Jahren fühlte er sich reif für einen Schulleiter-Posten: Thomaeum. Als Direktor hat er dort Pflöcke gesetzt, etwa mit der Martins-Aktion, die mittlerweile Jahr für Jahr fünfstellige Beträge für karitative Zwecke beschert; oder mit Benefiz-Wanderungen, mit denen die Restaurierung der Aula angeschoben worden ist; oder – sein jüngstes Kind – dem kombinierten Sprachen-Modell »Englisch und Latein ab Klasse 5«.

Auf den Ruhestand in Kempen freut er sich – abgesehen davon, dass er nicht mehr unterrichten wird. Seine Sanduhren-Sammlung will er nicht nur komplettieren, sondern auch das Standardwerk über diese Geräte verfassen. Zur Feder will er greifen, natürlich zur historisch-kritischen Kafka-Ausgabe. Das Saxofon aus Studententagen entstauben. Mit seiner Ehefrau Margret zur geliebten Rhön fahren. Touristen die Stadt des Thomas näher bringen. Und seinem Enkel Pawel und dem, was da noch kommt, ein guter Opa sein.

Axel Küppers

Georg Strasser vor dem Glockenturm des Thomaeum

Eine weltmännische Kämpfer-Natur

Peter Tauber hat in der Altstadt Spuren hinterlassen und auch Akzente im Karneval gesetzt. Morgen wird er 60 Jahre alt.

Mit Schirm und Charme aber ohne Melone: Peter Tauber thront in der hohen Feuerwehr-Drehleiter über den Dächern von Kempen

Der Händedruck sagt alles: fest, verbindlich, hart. Die Rede ist von Peter Tauber, der morgen 60 Jahre alt wird. Bekannt in Kempen ist der Jubilar durch sein Wirken für die Altstadt sowie den Karneval.

Geboren wurde er in Datteln als Sohn eines Österreichers, der Widerstandskämpfer gegen die Nazis war. »Das prägt«, sagt Tauber, und gibt zu, dass er sich »heute noch gerne einmischt«, wenn Unrecht geschieht.

Die Hörner hat er sich in der Jugend abgestoßen: Nach der Lehre als Schaufenster-Dekorateur trampte er ein halbes Jahr durch die Welt. Hat sich in der Wüste bei Bagdad mit dem Auto überschlagen, dem Himalaja aufs Dach geschaut, Städte wie Damaskus, Pakistan, Kabul, Delhi oder Bombay gesehen. Dort erwischte ihn die Malaria – 15 Jahre schleppte er das Sumpffieber mit sich rum. »Ich war immer Einzelkämpfer.«

Bis 1964 – da heiratete er die Kollegin Karin aus Duisburg, hat mit ihr einen Sohn Steffen (35) und mittlerweile zwei Enkel, Alexander (5) und Maximilian (sechs Monate). 1969 eröffneten sie an der Judenstraße 4 die Damenmode-Boutique »Dominique«; 1975 erwarb das Ehepaar Tauber dieses Haus.

In der Judenstraße, der ältesten Fußgängerzone weit und breit, hat er ab 1974 »was los gemacht«. Weihnachtsbasar, Maifest, Kappesfest – kaum ein Altstadt-Event, das nicht aus Taubers Straße kommt. 1979 bis 1993 war er Vorsitzender der Interessen-Gemeinschaft Judenstraße, zwischendurch sechs Jahre lang im Vorstand des Kempener Werberings.

Was treibt einen Westfalen zum Karneval? »Wir standen mit Rudi Wilmen und Walter Pegels in der Köhlerhalle an der Theke und unterhielten uns über die Deko«, erinnert sich Tauber. »Die war verbesserungswürdig.« Plötzlich war er im »Kempener Karnevals-Verein«, stand dort von 1987 bis 1998 an der Spitze und verpasste dem KKV einen neuen Schliff.

Heute konzentriert sich Peter Tauber auf sein Handicap beim Golf (zurzeit 23), radelt mit seiner Frau und sinniert, wo er wieder mal was lostreten kann…

Axel Küppers

Mit Gänsefeder Spuren hinterlassen

Kerstin Teetz gestaltet Weihnachts- und Glückwunschkarten. Buchstaben werden bei ihr zu Kunstobjekten.

Mit stilvollem Schwung führt Kerstin Teetz (39) ihre Feder über das Papier. Bunte Farbtöpfchen umgeben ihren Arbeitsplatz, Buntstifte, Aquarellkästen, Pastellfarben. In einem Glas ihre Schreibwerkzeuge: Gänsefedern, Bambusrohre, dicke Pinsel. »Ich habe schon mit Zahnbürsten und Wäscheklammern geschrieben«, erzählt sie.

Ihre Weihnachts- und Glückwunschkarten haben eine besondere Note. Keine Massenware, sondern mit Hingabe gestaltete Kunstwerke im Kleinformat. »Meine Leidenschaft ist die Kalligrafie«, so Kerstin Teetz. Die Künstlerin hat einen eigenwilligen Blickwinkel, sieht Buchstaben als grafische Objekte und gestaltet die Schriftzeichen fast schon bis zur Unleserlichkeit. »Da ich meine Karten aber auch verkaufen möchte, ist das immer eine Gratwanderung. Schließlich möchten die Käufer auch lesen können, was da so drauf steht.«

Zu ihrem kleinen Glückwunschkartenverlag »Cartifice« ist sie gekommen wie die Jungfrau zum Kinde. »Das war nie geplant.« Nach dem Abitur, das sie in ihrer Heimatstadt Rüsselsheim machte, dachte sie noch über ein Mathematik-Studium nach.

Eine Lehrerin brachte sie schließlich auf die Idee, es mit Kunst zu versuchen. Völlig überraschend ergatterte sie einen der Plätze an der Uni Mainz und begann Kunsterziehung zu studieren.

Schon während des Studiums stellte sich heraus, dass Kerstin Teetz mit ihren Karten auf eine Marktlücke gestoßen war. Mit der Methode, jede Karte selbst zu beschriften, war sie aufgrund der gewachsenen Nachfrage bald überfordert. »Ich habe von morgens bis abends nur noch Glückwünsche geschrieben«, erinnert sie sich. Also begann sie, ihre Karten drucken zu lassen. 1992 zog die Künstlerin nach Krefeld und gründete ihren eigenen Verlag. Mittlerweile hat »Cartifice« rund 400 Karten im Sortiment. Kerstin Teetz, die seit 1994 mit ihrer Familie in Kempen wohnt, beliefert Kunden in ganz Deutschland.

Künstlerin Kerstin Teetz entwirft individuelle Weihnachts- und Glückwunschkarten

So sehr ihr das alltägliche Kartengestalten auch gefällt, für »richtige« Bilder fehlt Kerstin Teetz meistens die Zeit. Dabei würde sie sich gerne mal wieder auf einer großen Leinwand austoben. Ideen hat sie genug.

Kristina Tewes

Kein Krimi ohne Frank

Klein, fein, mein: So sieht der Kempener Schauspieler Frank te Neues seine Rolle im Derrick-Nachfolger »Siska«. In dem Freitags-Krimi ist er der Polizei-Arzt.

Derrick ist tot, es lebe der »neue« Derrick: Frank te Neues hat dem legendären TV-Oberinspektor nicht so viele Tränen nachgeweint, als dieser sich am 16. Oktober von seinem Millionenpublikum verabschiedet hat. Obwohl selbst dreimal im Tappert-Krimi vertreten, blickt der 42-Jährige frohgemut auf den 30. Oktober. An diesem Freitag startet um 20.15 Uhr im ZDF der Nachfolger-Krimi mit Namen »Siska«. Ab der dritten Folge spielt der Wahl-Münchener darin kontinuierlich eine zwar kleine, aber feine Rolle.

»Ich bin der Gerichtsmediziner«, berichtet te Neues. Mit viel zu schwerem Arztköfferchen und im Columbo-Trenchcoat kommt der Schauspieler daher, wenn Kommissar Siska (Peter Kremer) und seine Kollegen Jakob Hahne (Werner Schnitzer) und Lorenz Wiegand (Matthias Freihof) alle vier Wochen bildschirmgerecht eine Leiche in Augenschein nehmen. »Ich bin nicht in allen Folgen dabei, aber ein wiederkehrendes Moment für die Zuschauer«, sagt der Spross einer Kempener Verleger-Familie bei seinem Besuch in seiner Heimatstadt, der er nach wie vor verbunden ist.

Die vierte Siska-Folge hat er soeben in München mit dem Telenova-Team abgedreht. Das ist im Grunde die gleiche Mannschaft, die auch »Derrick« produziert hat. »Siska« stammt wie »Derrick« aus der Feder von Herbert Reinecker und wird produziert von Helmut Ringelmann. »Das ist für mich eine sehr vertraute Atmosphäre«, so te Neues. In Münchener Nobelvillen und im Bavaria Filmpark vor den Toren der Isar-Metropole steht er vor der Kamera.

Bei »Siska« hatte te Neues, der mit seiner Lebensgefährtin bei Frankfurt lebt, die Qual der Wahl: entweder eine größere Rolle, oder besagte kleine feine. »Aber als Polizei-Arzt sehe ich die Chance, daraus etwas zu machen, meine Persönlichkeit einzubringen.« Die Figur, die im übrigen noch keinen Namen hat, interpretiere er »sehr sachlich«. Von der Bedeutung her entspricht die te-Neues-Rolle in etwa derjenigen des Derrick-Kollegen Berger.

Obwohl ein zweites Standbein im Theater – mit Thomas Fritsch stand er an 135 Tournee-Abenden in »Die Nervensäge« auf der Bühne -, scheint der Schauspieler mehr und mehr vom Fernsehen eingenommen zu sein. In der neuen RTL-Serie »Höllische Nachbarn« ist er Mitte November ebenso zu sehen wie in einer Folge des Sat-1-Krimis »Der Bulle von Tölz«.

Im TV scheint Frank te Neues, bei der Agentur »pro-Act« unter Vertrag, auf seriöse Typen abonniert. In »Derrick«, »Der Fahnder« und »Soko 5113« verkörperte er den Notarzt; im »alphateam« den Anwalt Dr. Scholl. Doch die Palette ist breit: In der TV-Serie »Blank, Meier« 1991 war er Zuhälter, und im Fernsehfilm »Helden haben's schwer« war Frank te Neues – einfach »Frank«.

Axel Küppers

Markanter Kopf im Fernsehen: Frank te Neues

Größtes Hobby ist die Feuerwehr

Dieter Thören ist der neue Chef der Kempener Blauröcke. Der Lebensretter hat bis heute Spaß an seinem Job.

Dieter Thören, der neue Leiter des Kempener Feuerwehr-Löschzuges

»Wenn Sie noch Fragen haben, ich bin die nächsten 24 Stunden erreichbar«, schmunzelt Dieter Thören. Denn so lange dauert alle drei Tage der Dienst des hauptberuflichen Schichtführers der Rettungswache Kempen.

»Eigentlich bin ich gelernter Werkzeugmacher. Aber der Metall-Branche ging es damals so schlecht, dass ich 1977 nach dem Wehrdienst eine Ausbildung zum Rettungssanitäter und später zum Rettungsassistenten gemacht habe«, erinnert sich der gebürtige Kempener. Sein Bruder, selbst bei der Rettungswache, hatte ihn auf die Idee gebracht. Zur gleichen Zeit ist Thören auch der Freiwilligen Feuerwehr Kempen beigetreten.

Dort besuchte er im Laufe der Jahre zahlreiche Lehrgänge in Sachen Brandschutz. »Im letzten Jahr habe ich dann in einem dreiwöchigen Seminar meinen Brand-Inspektor an der Feuerwehrschule Münster absolviert,« so Thören stolz. Der Kurs war Voraussetzung für sein neues Amt: Dieter Thören ist nämlich seit letztem Montag Führer des Kempener Löschzuges. Er hat die Nachfolge von Helmut Hespers angetreten, der aus gesundheitlichen Gründen kürzer treten muss.

Dass Dieter Thören die Feuerwehr-Karriereleiter nach oben geklettert ist, freut auch seine Ehefrau Ute, eine Bankangestellte. Und auch die beiden Kinder Silke (22) und Daniel (14), mit denen er in Kempen an der Heinenstraße wohnt, sind stolz auf den Papa.

Wenn Thören nicht gerade 24-Stunden-Dienst schiebt, fährt er gerne Motorrad und geht schwimmen. »Früher war ich auch begeisterter Taucher und viel mit den Froschmännern der Feuerwehr unterwegs, aber das geht aus gesundheitlichen Gründen nicht mehr«, bedauert der 46-Jährige. Dafür fährt er jetzt gerne in den Ski-Urlaub, wenn es der Dienstplan zulässt.

Aber sein größtes Hobby ist und bleibt die Feuerwehr, beteuert er. »Es macht mir großen Spaß, mit den Brandschützern in meinem Zug Hand in Hand zu arbeiten, Dienstpläne zu erstellen und Fortbildungen zu organisieren.« Und das alles trotz Rund-um-die-Uhr-Dienst bei der Rettungswache am Bahnhof.

Sabine Kückemanns

Erholung von Tschernobyl

Vier Wochen lang sind 36 Kinder aus Weißrussland mit der Tschernobyl-Hilfe in der Thomasstadt zu Besuch. Ulrich Nieten hat den Austausch organisiert.

Trotz Verständigungsschwierigkeiten ist die Stimmung gut: Ulrich Nieten hilft Kindern aus Tschernobyl

»Ich will gar nicht mehr zurück«, schwärmt Sergej Tjulkow. Zum zweiten Mal ist der Zwölfjährige in der Thomasstadt zu Besuch. Die Tschernobyl-Kinderhilfe ermöglicht in diesem Jahr wieder 36 Kindern aus Weißrussland, sich hier von den Auswirkungen der Reaktor-Explosion vom 26. April 1986 in der Heimat zu erholen. Noch heute sind die Menschen der Umgebung durch radioaktive Strahlungen gefährdet. Vier Wochen lang bleiben die Acht- bis 18-Jährigen bei den Gastfamilien. Organisiert wird dieser Austausch federführend seit Jahren von Ulrich Nieten, dem Vorsitzenden des Vereins.

»Ich fühle mich rundum wohl hier und genieße es, von allen so verwöhnt zu werden«, erzählt Sergej schüchtern auf Russisch. Lilli Mareew, eine Freundin der Familie Nieten, übersetzt die Worte des Jungen. Verständigungsprobleme gibt es bei Nieten kaum. »Ich lerne fleißig Russisch in der Volkshochschule«, lacht der Gastvater. »Aber mit ein paar alltäglichen Vokabeln kommt man auch schon sehr weit«, fügt seine Frau Christiane hinzu. Bei anderen Familien wird die Sprache da eher um Problem. »Wenn die Kleinen zum ersten Mal zu Besuch sind, wissen die Gastfamilien gerade in den ersten Tagen nicht, was die großen Kinderaugen einem sagen wollen.« Dann werde mit Händen und Füßen geredet, und bald seien alle Hürden aus dem Weg geräumt.

Mit einem Rennspiel kommt Sergej wieder nach draußen. »Er ist ganz verrückt nach Autos«, kommentiert Nieten. Von seinen Kindern habe der kleine Autoliebhaber in diesem Jahr einen Kasten voller Spielzeugwagen geschenkt bekommen. Darauf passe er besonders gut auf. Jeden Abend, wenn er aufhört zu spielen, räumt er alle Fahrzeuge zurück an seinen Platz in den Karton. »Das kennt man von deutschen Kindern nicht, die lassen einfach alles so liegen, damit sie am nächsten Tag weiterspielen können«, erzählt Nieten. Seine eigenen zwei Kinder sind zwar schon erwachsen und aus dem Haus, aber er kann sich noch gut daran erinnern.

»Ich bringe meiner Schwester ein Kuscheltier und Schokolade mit«, weiß Sergej schon nach der Halbzeit. Bei der Abreise platze der Bus immer aus allen Nähten, weil die Kinder Lebensmittel und Anziehsachen mit in ihre russische Heimat nehmen, berichtet Christiane Nieten.

»Viele vergessen, dass die Strahlung noch lange nicht vorbei ist«, wirft Larissa Nikitenko ein. Die Chefin der Kinder-Poliklinik in Gomel, Weißrussland, kommt seit sieben Jahren mit den Kindern nach Kempen. Seit drei Jahren sei kein gesunder Säugling in ihrer Klinik mehr zur Welt gekommen.

Das Programm am Niederrhein ist umfangreich. »Gerade waren wir bei den Bayer-Werken zu Besuch«, berichtet Nieten. Zahnpasta und Haargel haben die Kinder dort selbst hergestellt. Das habe allen sehr viel Spaß gemacht. Im vergangenen Jahr sei man ins Phantasialand gefahren, was aber eine große Lücke in den Geldbeutel gerissen habe, so dass man jetzt wieder ein wenig günstigere Ausflüge machen müsse. Dennoch freuen sich die russischen Besucher wieder auf den Ausflug.

Cornelia Driesen

Ärmel immer noch aufgekrempelt

Heinz-Josef Vogt war Viersener Oberkreisdirektor und Krefelder Oberstadtdirektor. Jetzt ist er pensioniert. Doch von Langeweile kann keine Rede sein.

„Ich lerne noch", schmunzelt Heinz-Josef Vogt auf die Frage, ob er schon so richtig loslassen und sich auf seinen Ruhestand konzentrieren kann. Ende September 1999 räumte der 63-Jährige den Schreibtisch seines Chefbüros im Krefelder Rathaus endgültig auf und ging. 30 Jahre öffentlicher Dienst, darunter fünf als Viersener Oberkreisdirektor und zehn als Krefelder Oberstadtdirektor, liegen hinter dem – seit 1979 – Wahl-Kempener. „Ich hatte bis heute noch keine Langeweile."

In vier Organisationen engagiert sich der gebürtige Krefelder noch an vorderster Front: Beim Roten Kreuz ist er seit November Präsident im Landesverband Nordrhein. Beim Vorster Medikamenten-Hilfswerk „action medeor" steht der Jurist seit ein paar Monaten an der Spitze, ebenso im Verein „Kulturraum Niederrhein". Und bei den Kreis Viersener „Freunden der Grafschaft Cambridgeshire" ist er seit einem Jahrzehnt Schatzmeister.

„Nein, nein, dort werde ich nicht auch noch den Vorsitz übernehmen", winkt er ab, wohl wissend, dass er für diesen Job hoch gehandelt wird. Treu bleibt er den Cambridge-Freunden aber in jedem Fall, verspricht er. „Es gibt uralte Freundschaften."

Warum so viel Ehrenamt? „Ich wollte nichts Bezahltes mehr machen", hat Vogt andere offene Türen wie Beraterjobs oder Anwalts-Kanzleien von sich aus geschlossen. Ein Hauch Skepsis zieht sich um seine Mundwinkel beim Stichwort „Kulturraum Niederrhein". „Eine reizvolle, aber sehr schwierige Aufgabe." Vogt hat dort das schlingernde Schiff nach seinem Rathaus-Abschied übernommen und die Ärmel aufgekrempelt; will dem losen Verbund Kontur und finanzielle Perspektive geben. „Mit Hilfe von Firmen, Handelskammern und Arbeitgeber-Verbänden sollte das gelingen", ist er mittlerweile zuversichtlich.

Sein erster „Urlaub" nach dem Ausscheiden war halbdienstlicher Natur: „In Togo haben wir uns für ein Malaria-Projekt genauer umgesehen", berichtet er von dieser Initiative, die auf Gesundheits-Vorsorge setzt. Doch im Sommer, sagt er mit fester Stimme, geht es in den richtigen Urlaub nach Südfrankreich.

Bis dahin hat Heinz-Josef Vogt in seinem neu eingerichteten Büro im heimischen Kempen noch einiges abzuarbeiten. Kollege Computer – „früher habe ich den bearbeiten lassen, heute muss ich selbst ran" – will gefüttert werden: „Ja, ab und zu wird die Kiste strubbelig."

Wenn er den Kopf frei hat, meistens ab Freitag, greift er zu den Dingen, bei denen die Vogt'sche Seele baumelt: sein Rad in der Garage oder das Buch „Die Glut" des Ungarn Sandor Marai. „Ein Geschenk des Nettetaler Bürgermeisters Peter Ottmann zum Abschied." Und der Hobbypianist besucht gerne Konzerte in Krefeld, Kempen oder Düsseldorf. Ehefrau Margret nickt begeistert.

Axel Küppers

Heinz-Josef Vogt mit Ehefrau Margret im heimischen Wohnzimmer an der Kempener Birkenallee. Seit sechs Monaten ist er in Ruhestand – Langeweile gibt's noch nicht

Froher Geist Gottes im Büdchen

Eisernes Priester-Jubiläum feiert heute der Kempener Seelsorger Paul Wallrafen. Der gebürtige Waldnieler ist im Aachener Dom geweiht worden.

"Warten Sie, ich muss mal kurz lachen". Frohgemut öffnet Pastor Paul Wallrafen dem Gast die Tür zu seinem »Büdchen«, wie er sagt. Er kommt gerade von einem Krankenbesuch im oberen Stock des Hospitals zum Heiligen Geist. Der Gehstock bleibt draußen: »Bloßer Zierrat.« Jetzt nimmt der Krankenhaus-Seelsorger in seiner kleinen Kemenate im Erdgeschoss ein Quarkbrot zu sich. Das mundet. Und wie der Kaffee duftet.

Keine Spur von Aufregung ist dem fast 90-Jährigen anzumerken, dass heute im Hospital und am Sonntag in der Propsteikirche ein besonderes Jubiläum ansteht. Paul Wallrafen ist seit 65 Jahren Priester, das so genannte »eiserne« Jubiläum steht ins Haus. Am 16. März 1935 ist der gebürtige Waldnieler im Aachener Dom geweiht worden.

Seit 26 Jahren ist der Gottesmann die Gute Seele des Hospitals; unzähligen Kranken hat er Mut und Linderung zugesprochen. Zuvor erlebte er turbulente Jahre als Kaplan und Pfarrer am halben Niederrhein: Oedt, St. Hubert, Dülken, Amern, Kaldenkirchen.

Und ewig lockte die altehrwürdige Kempener Propsteikirche. So kam in den 70er Jahren der Ruf an die Schmalbroicher Kapelle Heumischhof gerade recht.

»Darin habe ich mich verliebt.« An die schönen (Religions-)Stunden in der ländlichen Grundschule Ziegelheide gleich neben der Kapelle erinnert er sich ebenfalls gerne. Bis vor kurzem stieg der noch rüstige und stets in Schwarz gekleidete Gottesmann täglich aufs Rad. Nach einem Sturz hat Propst Dr. Josef Reuter ihm dieses waghalsige Unterfangen ausgeredet. Nun geht es auf vier Rädern von dem Domizil mitten in der Altstadt im alten Tendyck-Haus zum etwa einen Kilometer entfernten Hospital. »Ich fahre per Anhalter«, schmunzelt Wallrafen.

Die 49 Stufen in den zweiten Stock, wo seine geräumige Wohnung einen Steinwurf von der Propsteikirche liegt, schafft er aber immer noch gut. Sein Schlafzimmer »gleicht einem Museum«, meinte kürzlich der Propst, der schräg gegenüber wohnt. Hinweis auf Wallrafens Sammelleidenschaft. Alte Möbel und Bilder haben es dem »eisernen« Priester stets angetan.

Wenn er so durch die Altstadt schlendert, kommt er meist nicht weit. Sätze wie »Sie haben doch mein Kind getauft« oder »Seit Ihrer Salbung vor zwei Jahren war ich nicht mehr im Krankenhaus« begegnen ihm auf Schritt und Tritt. Vielleicht mehr als eine Anekdote: Häufig klingelten Obdachlose an Wallrafens Tür. »Denen habe ich dann immer etwas Tabak runter geworfen.«

Die Eingebung, Geistlicher zu werden, widerfuhr ihm bereits an der Waldnieler Wiege. »Neben meinem Elternhaus gab es drei Schneider. Die nahmen mich in ihre Mitte und stimmten ein Gloria und Credo an. Da wusste ich: Priester, das wirst du mal!«

Axel Küppers

Ein eisernes Jubiläum: Seit 65 Jahren ist Paul Wallrafen Priester. Und als Seelsorger immer noch aktiv

Törtchen auf hoher See

Einen kühnen Kindheitstraum erfüllt sich Dirk Wellmanns: Der Globetrotter jobt ein halbes Jahr lang auf dem Luxusschiff »Deutschland« als Konditor.

Mit dem Traumschiff auf Weltreise – wer will das nicht? Ein junger Kempener hat sich diesen Traum verwirklicht: Dirk Wellmanns betritt nächste Woche Samstag in Venedig den Luxus-Liner »Deutschland«. Bis 28. März nächsten Jahres wird der 27-Jährige auf dem nagelneuen Kreuzschiff als 2. Pâtissier die 600 Gäste mit leckeren Desserts und Torten versorgen. »Ich habe dort als Konditor angeheuert«, frohlockt der Kempener.

Möglich machte dies die WZ. Im Kempener Lokalteil erfuhr Dirk Wellmanns, dass am Möhlenwall der Kreuzfahrt-Service der Peter-Deilmann-Reederei eröffnet hat. »Dirk fragte daraufhin bei uns nach, und ich habe ihm geholfen, dass er auf unserem neuen Vorzeigeschiff eine Weltreise machen kann«, sagt deren Chef Detlef Unterhark.

Der Konditor, zuletzt fünf Jahre bei Amberg im »Café am Ring«, musste sich in Salzburg bei einer Agentur bewerben. »Das Wichtigste war, dass ich gesund und seetauglich bin«, berichtet er. Stolz hält er jetzt sein Seefahrtsbuch hoch. »Ich bin immer gerne gereist, und diese Herausforderung musste ich einfach annehmen«, erzählt er. Stationen sind etwa Südamerika, die Südsee, Fernost.

Das halbjährige Abgeschnittensein von Familie, Freunden, dem KFC Uerdingen (dessen Fan er ist) und von der Freundin fällt ihm nicht leicht. »Ich muss mich aber vor allem bei meiner Freundin bedanken, dass sie mich gehen lässt.« Die Trennung sei eine »echte Bewährungsprobe«.

An Bord der »Deutschland« erwartet Dirk Wellmanns ein »titanisches« Ambiente. Alles ist im Stil der 20er Jahre gehalten, und das Prädikat »fünf Sterne« deutet Luxus ohne Ende an. Dass der junge Konditor unter der 320-köpfigen Crew einer unter vielen sein wird, stört ihn nicht: »Hauptsache, im Ausland auf einem Schiff arbeiten!«

Axel Küppers

Konditor-Globetrotter Dirk Wellmanns (l.) jubelt mit dem Schifffahrtsbuch in Händen, und Kreuzfahrt-Service-Chef Detlef Unterhark freut sich mit dem jungen Kempener

Verschmitzter Blick in Eulen-Spiegel

Eulen nach St. Hubert hat Elisabeth Wemhöner getragen. 265 der tierischen Nachtjäger stehen im Haus der 75-Jährigen.

Der Bezug zur Eule, in der griechischen Mythologie Symbol der Weisheit, liegt auf der Hand. Elisabeth Wemhöner wohnt an der Straße »An Eulen«. »Anfang der 70er Jahre, als ich bei der Tönis-

Eulen aller Art stehen im Wohnzimmerregal der St. Huberterin Elisabeth Wemhöner

berger Künstlerin Anneliese Langenbach einen VHS-Töpferkurs machte, habe ich meine erste Eule modelliert«, erinnert sich die St. Huberterin. Schnell folgten weitere Exemplare, schnell sprach sich die originelle Idee rund, dass die Frau von Eulen auch selbige Vögel sammelt. »So kommt es, dass ich die meisten Tiere geschenkt bekommen habe.«

Der Phantasie sind hier keine Grenzen gesetzt: Eulen aus Glas, Holz, Keramik, Ton, Kuhhorn, Porzellan, Wachs, Muschel, Metall und Stein schmücken die heimische gute Stube. Aus aller Welt wurden der ehemaligen Angestellten der Kreisverwaltung die possierlichen Flatterer zugetragen. Jede Eule trägt einen Hinweis über Herkunft und Alter.

»Beim Staubwischen versinke ich dann oft in Erinnerungen«, schildert Elisabeth Wemhöner. Fast jedes Stück ist mit einer Geschichte verbunden. Ihr jüngster Enkel etwa bastelte ihr eine Eule – aus einer Klorolle.

Warum ausgerechnet die Straße, an der ihr Geburtshaus steht, »An Eulen« heißt, weiß die 75-Jährige genau: »Die ist nach einem alten Bauernhof benannt, als hier noch lauter Felder um uns herum waren.« In ihren eigenen vier Wänden klapperte anno dazumal indes der Webstuhl. »Wir hatten in den Bäumen lediglich ein Käuzchen.«

Elisabeth Wemhöners Sammel-Leidenschaft geht aber nicht so weit, dass sie sich nach Waidmannsbrauch ausgestopfte Eulen ins Wohnzimmer stellt. »Das würde ich nie übers Herz bringen.«

Woher hat sie das Geschick, die filigranen Stücke zu modellieren? »Ich war immer schon handwerklich geschickt.« Ihrer Hände Schaffenskraft ist im Kendeldorf erkannt worden. Zum Erntedankfest stellt sie einige Stücke in der evangelischen Kirche aus. Das sind dann aus Ton modellierte Menschen, die sie in der Werkstatt von Loni Kreuder in Glabbach entworfen hat. Vielleicht rührt ihr Kunstsinn daher, denkt sie nach, dass der verstorbene Mann gemalt hat. »Da habe ich mir ein anderes künstlerisches Hobby ausgesucht.« Ihr Schätzchen unter den Eulen ist folgerichtig ein Geschenk ihres Mannes zu ihrem 70. Geburtstag: Der »Wetterhahn« auf dem Dach, der eine Eule ist.

Axel Küppers

Querdenker mit Faible für Computer

Das Steckenpferd von Bernd Westermann heißt Mathe. Ein Lehrer, der stets die Herausforderung sucht.

Dieses Fach möchte der Gymnasiallehrer attraktiver für Schüler machen. »1952 wurde ich Latein-Schüler am Thomaeum – und seither hat mich Kempen nicht mehr los gelassen«, lächelt Bernd Westermann. Und ergänzt: »Es war das Glück, das mich nach Kempen gebracht hat.«

Westermann – seit 1979 Lehrer für Mathematik und Informatik am Luise-von-Duesberg-Gymnasium (LvD) – beendete zum Schuljahresende 2002 seine aktive Lehrer-Tätigkeit und widmet sich in Zukunft seinem »zweiten Beruf«, wie er es nennt: als Fachberater Mathematik, in der Lehrerfortbildung, als Redakteur einer Online-Zeitschrift für Mathe-Lehrer, dazu als Vortragsreisender, als Schulbuchautor – und und und.

»Ich habe interessante Jahre in einer interessanten Zeit vor mir«, so der 61-Jährige. Sein Anliegen, bei allem was er tut: Das Fach Mathematik aus seinem Elfenbeinturm zu holen. Er sammelt seit 20 Jahren Erfahrungen zum Thema Schulmathematik und Schule in anderen Ländern. »So kann ich meine beiden Hobbys Reisen und Rechnen miteinander verbinden«, sagt er.

Westermann wurde in Leipzig geboren und kam mit einem kurzen Umweg über Berlin bereits 1952 an den Niederrhein. Sein Vater war Lehrer in St. Tönis und Grefrath. Nach dem Abitur 1962 studierte er in Freiburg und Köln. Das Staatsexamen 1968 beschreibt er als abenteuerlich: »Die Uni war von Demonstranten umlagert und abgeriegelt. Ich kletterte im schwarzen Anzug in ein offenes Fenster. Als erste Prüfungsfrage erwartete ich eine knifflige mathematische Formel. Der Prof wunderte sich aber nur: »Wie sind Sie zur Prüfung gekommen?«

Schon als Junglehrer war er Querdenker: »Ich habe über den Mathe-Lehrplan gemeckert. Und wurde prompt in die Lehrplan-Kommission berufen.«

Westermann war schon immer von technischen Hilfsmitteln wie Taschenrechner und Computer angetan. Und gründete bereits 1981 den ersten Informatik-Kurs am LvD. Bei der Suche nach Anwendungen machte er mit den Schülern bei den Wahlen ab 1987 eigene Hochrechnungen. 1996 gründete er die erste Internet-AG an seinem Gymnasium. Die erhielt 1997 – nach Gesprächen mit dem damaligen Stadtdirektor Karl Hensel, seinem Nachbarn im Blumenviertel – den Auftrag, die Homepage der Stadt zu gestalten. Die Web-Kamera auf dieser Site ist auch Westermanns Idee.

In Zukunft wird Westermann sich neben all seinen Aufgaben auch vor allem darum kümmern, dass gute Schul-Ideen aus dem Ausland besser bei uns bekannt werden. Vorher reist er aber mit Ehefrau Thaddäa –

Im Computerraum des Luise-von-Duesberg-Gymnasiums fühlt sich Bernd Westermann wohl. Dort hat er mit seinen Pennälern nachhaltig Akzente gesetzt

Grundschullehrerin in Krefeld – zur ältesten Tochter Nicole (27), die in Schanghai studiert. Sohn Frank (24) macht zurzeit ein Praktikum beim Nachrichtensender CNN, Tochter Sandra (22) arbeitet bei der TV-Produktionsfirma Endemol in Köln. »Aber alle Drei kommen immer wieder gerne nach Kempen«, betont Westermann.

Philipp Wachowiak

Wenn der Hahn läuft, ist Rolli in seinem Element

Bei Rolf Wilmen (50) scheint es so, als sei er gleich mit dem Zapfhahn in der Hand in diese Welt gekommen.

Der Mann ist ein geborener Wirt, der sich einen großen Teil des Tages dort aufhält, wo einem süffigen Schlager zufolge »der schönste Platz ist« – immer an der Theke. Dahinter steht er in diesem Herbst so gerne wie kein anderer Kempener Kollege. 25 Jahre im Dienste von Pils, Alt und Kölsch. »Ich bin«, sinniert der Hausherr von der Gaststätte Wilmen, »der dienstältesté Wirt Kempens, der stets in ein- und demselben Objekt geblieben ist.«

Der Tresen-Jubilar hat sich als Gastronom längst einen Namen gemacht – und der Kempener Volksmund revanchiert sich dadurch, indem er das urige Lokal an der Kerkener Straße ganz kumpelhaft mit dem Spitznamen des Betreibers tituliert. Kempen geht nicht zur Gaststätte Wilmen, Kempen geht zu »Rolli«.

Kein Wunder, dass bei ihm sogar eine Postkarte aus dem fernen Amerika angekommen ist, die äußerst knapp adressiert war. »Rolli, Kempen, Germany«.

Dabei ist »Rolli« ein Seiteneinsteiger. Brav lernte er Elektromechaniker, aber die elektrisierende Wirkung des Kneipenmilieus zog ihn bald von den Strippen hin zu den Zapfhähnen.

Zunächst kellnerte der kempsche Jung nebenbei, im alten Tivolihaus und bei Weinforth, bis er seiner Ehefrau Renate an einem Herbstsonntag 1971 bei Kaffee und Kuchen eröffnete: »Wir übernehmen die Gaststätte Madert!« Renate fiel aus allen Wolken, machte aber mit.

Seither haben die Wilmens die einstige Bierkneipe zum Speiselokal emporgekocht, das die Traditionen niederrheinischer Hausmannskost in deftiger Verehrung pflegt. »Rollis Muscheln rheinische Art« erfreuen Gaumen aus dem weiten Umland.

Renate Wilmen waltet am Herd, Rolli« an den Bierhähnen. Wo er neben makellosen Gerstensäften auch gekonnten Unsinn verzapft. Wer mit einem Stimmungstief am Tresen hockt, der kann von des Wirtes Mutterwitz baldige Linderung erwarten.

Kurz entschlossen räumte der Kneipier vor Jahren seinen Saal leer, als ein Bus mit französischen Skandinavien-Urlaubern durch Pannen-Pech gestrandet war – so gab's ein spontanes Notlager für die Nacht. Voller Freude präsentiert »Rolli« Fotoalben mit Prominenz aus Politik und Schauspiel.

Stammgast war Star-Trainer Kalli Feldkamp, der über Jahre in Wachtendonk wohnte. Die Antwort, was ihm bislang in 25 Jahren Wirte-Dasein am meisten Spaß gemacht hat, ist kurz aber ehrlich: »Wenn der Hahn läuft.«

Yvonne Brand

Typisch Rolli: Am Tresen seiner Gastwirtschaft an der Kerkener Straße

Fürsorge für Schüler und Eltern

Soziales Engagement steht für Heiner Wirtz im Vordergrund. Der Leiter der Martin-Schule freut sich jedes Jahr auf seine Rolle als »armer Mann« bei St. Martin.

»Ich wollte immer Lehrer werden.« Und er hat es geschafft: Heiner Wirtz ist ein echter Pauker geworden, auch wenn er kaum zum Unterrichten kommt. Denn »nebenbei« ist er noch Rektor der Martin-Schule, der mit 816 Pennälern größten Hauptschule in Nordrhein-Westfalen. Der gebürtige Krefelder hat noch die klassische Volksschullehrer-Ausbildung genossen, daher sind seine Unterrichtsfächer sehr zahlreich (u.a. Sport, Deutsch, Geschichte, katholische Religion).

»Studiert habe ich in Aachen. Nach den beiden Staatsprüfungen für das Lehramt an Volksschulen fand ich meine erste Anstellung an der Katholischen Volksschule in Duisburg-Beeck«, erläutert der 60-Jährige seinen beruflichen Werdegang. Die Liebe führte ihn dann in die Thomasstadt, denn 1967 heiratete Wirtz. Und da seine Frau Angela ebenfalls aus Krefeld kam, suchte das frisch getraute Paar eine neue Heimstatt am Niederrhein. Durch einen glücklichen Zufall fiel die Wahl auf Kempen.

Seit 1970 ist der Vater von zwei Töchtern nun an der Hauptschule beschäftigt, wo er 1975 zum Konrektor und 1986 zum Rektor ernannt wurde. Unter seine Ägide bekam die Schule übrigens ihren heutigen Namen. »Als ich 1986 die Leitung übernahm, hatte unsere Schule keinen Namen. Kurzerhand riefen wir einen Wettbewerb zur Namensfindung aus. Man entschied sich für Martin-Schule, da unsere Schüler, die Lehrer und Eltern immer mit Begeisterung an St. Martin mitziehen und sich darauf intensiv vorbereiten. Zudem sehen wir in der Person des St. Martin ein Vorbild für unsere Schüler«, so Wirtz.

Apropos St. Martin: Schauspielerischen Ruhm erlangte der Pädagoge vor sieben Jahren, als er beim Kleinkinderzug an St. Martin als Bettler auf dem Buttermarkt debütierte. Mittlerweile hat er die Rolle ganz verinnerlicht und fiebert jedes Jahr dem 9. November entgegen. Doch Wirtz weiß sich auch in anderen Bereichen einzusetzen. So war er 20 Jahre lang Vorsitzender des Pfarrgemeinderates St. Josef und vertritt als Mitglied des Personalrates für Lehrer an Grund- und Hauptschulen die Belange seiner Kollegen im Kreis Viersen.

Soziales Engagement ist für den Lehrer ebenfalls kein Fremdwort: Seit über 20 Jahren hilft und unterrichtet er einmal pro Woche Schüler mit Rechtschreib- und Leseschwächen. »Früher habe ich ein Fernstudium für Legasthenie absolviert, das es mir ermöglicht, hierbei meine Unterstützung anzubieten. Es macht mir große Freude, mit diesen Kindern zu arbeiten«, so Wirtz.

Auch privat hat er sein Glück gefunden. Zusammen mit seiner Frau Angela fährt er bereits seit vielen Jahren in den Oster- und Herbstferien nach Bensersiel an die Nordsee, genießt die frische Seeluft und entspannt sich vom Schulalltag.

»Ziel der Martin-Schule ist es, die Schüler auf ihrem Weg ein Stück zu begleiten und sie nicht in ein Loch fallen zu lassen. Fürsorge und Unterstützung für Schüler und Eltern sollte jede Schule leisten.«

Voraussichtlich mit 64 wird Wirtz in den Ruhestand gehen. Und dann? »Keine Sorge, langweilen werde ich mich nicht. Zu Hause im Garten gibt es genug zu tun, was in den Jahren liegen geblieben ist. Außerdem möchten meine Frau und ich ausgiebiger reisen«, lacht der Lehrer. Und da sind ja auch noch drei Enkelinnen, die den begeisterten Großvater immer auf Trab halten.

Florian Ferber

So kennen Generationen von Schülern Heiner Wirtz. Der Pädagoge ist mit seiner warmherzigen und stets sozial ausgerichteten Art sehr beliebt

Horrortrip nach Mogadischu

Noch nach 20 Jahren erinnert sich die Tönisbergerin Edelgard Wolf an jede Einzelheit der Flugzeug-Entführung nach Mogadischu. Sie saß selbst in dem Lufthansa-Flugzeug.

Edelgard Wolf mit Bildern und Dokumenten von der Entführung der »Landshut«

Das glückliche Ende einer dramatischen Entführung: In Frankfurt verlassen die Passagiere die Lufthansa-Maschine »Landshut«

Als plötzlich von hinten die Schreie kamen: ‚Köpfe runter', hab ich gedacht, wieso ruft da jemand in Deutsch? Wir haben überhaupt nicht gemerkt, dass die Maschine hinten schon leer war.« Wenn sie über die entscheidenden Momente der Flugzeug-Entführung spricht, vibriert die Stimme von Edelgard Wolf. Heute vor genau 20 Jahren war die fünftägige Odyssee der Lufthansa-Maschine »Landshut« beendet, hatte eine der dramatischsten Geiselnahmen der deutschen Nachkriegsgeschichte ein glückliches Ende genommen.

Wir erinnern uns: Krisenmanager Hans-Jürgen Wischnewski hatte in diesem Herbst 1977 in Sachen RAF-Terrorismus ein glückliches Händchen und ließ die mit 90 Insassen besetzte Maschine von der deutschen Spezialeinheit GSG 9 aus der Hand des bewaffneten Kommandos befreien.

Mit an Bord der von Palästinensern gekaperten Maschine waren die heute 78-jährige Tönisbergerin und ihr inzwischen verstorbener Ehemann Everhard. Beide kamen zurück von einem Kurzurlaub auf Mallorca, den sie sich kurz nach ihrer Pensionierung erlaubt hatten.

Es sind nicht die scheinbar sensationellen Momente, die sich in Edelgard Wolfs Gehirn eingefressen haben. Viel fester sitzt die Atmosphäre im Flugzeug, der Ablauf der Aktion, den die Tönisbergerin auch nach 20 Jahren präzise schildern kann. »Immer wieder habe ich das Geschehen rekapituliert, um nur ja nichts zu vergessen. Obwohl ich nicht damit gerechnet hatte, dass ich das jemals noch erzählen könnte.«

Geschlagene fünf Tage – so lange hatten sie die Hijacker in ihrer Hand – tat sie kein Auge zu. »Das geht, das haben die Terroristen auch so gemacht. Eine der Kidnapperinnen stand 24 Stunden auf einem Fleck und hat uns bewacht, die hat höchstens einmal einen Fuß auf den Sitz gestellt.« Bis heute glaubt Edelgard Wolf, dass die Geiselnehmer unter Drogen-Einfluss standen und Medikamente zum Wachbleiben genommen haben.

Angst war das beherrschende Element während der Entführung. Und die zu erzeugen, darauf verstand sich der Chef des Terror-Kommandos, Machmut, vortrefflich. »Die haben die Leute im Flieger gezielt umgesetzt, die Jüngeren ans Fenster, so dass sie über uns Ältere hätten drübersteigen müssen, um die Kidnapper anzugreifen«, erinnert sich die 78-Jährige. »Die Anweisungen von Machmut kamen dann haarscharf und präzise.« Auch als er Nummern verteilte – der Schlüssel, nach dem die Passagiere erschossen werden sollten.

Etwas Erleichterung verspürten die Geiseln, als der Flieger in der Luft war, dann wurden sie weitgehend in Ruhe gelassen. Wenn sie sich nicht – wie beim Anflug auf Aden – auf eine Notwasserung vorbereiten mussten. Am liebsten erinnert sich Edelgard Wolf aber an die Befreiung durch die GSG 9: »Das war wie eine Erlösung.«

Peter Korall

Adam Riese im Rathaus

Bei der Stadtverwaltung ist Johannes Wolters der Herr der Zahlen. Und selbst in seiner Freizeit ist der St. Huberter ein rechter Adam Riese. Jetzt geht das Rechengenie in Ruhestand.

48 Jahre und drei Monate sind genug«, sagt Johannes Wolters auf die Frage, warum er im Juni in den Ruhestand geht. Der 1938 in St. Hubert Geborene ging nach zweimaliger Einschulung (1944 und 1945) im Jahre 1953 als Verwaltungslehrling zur Stadt Krefeld. Interessant: In der Ausbildung war auch ein kaufmännischer Teil enthalten. So hatte Wolters zwei Prüfungen, zum Verwaltungsfachangestellten und zum Kaufmannsgehilfen.

Nach gut zwei Jahren in Krefeld holte ihn Gemeindedirektor Heinz Maaßen ins Steueramt des Kendeldorfs. Dort blieb er bis zur kommunalen Neugliederung und wechselte 1970 ins Kämmereiamt in Kempen – und blieb zusätzlich als Verwaltungsstellenleiter in St. Hubert. 1988 wurde der Parteilose Leiter des Kämmereiamtes. »Die Kämmerei hat eine Schlüsselposition in der Stadt, darum sollte man über Verwaltungsvorgänge im Hause immer gut informiert sein.«

Hat er doch an 32 Haushalten mitgewirkt, seit 15 Jahren eigenverantwortlich. Und dass die Stadt-Etats stets ausgeglichen sind, ist vor allem sein Werk. Besonders stolz ist er auf den Entwurf 2001, denn obwohl vom NRW-Minister keine Informationen kamen, »haben wir gut gerechnet«. Konkret: Auf den Pfennig genau. Das fruchtbare und penibel genaue Schaffen im Rathaus hat kürzlich noch Kämmerer Volker Rübo in seiner Haushaltsrede hervorgehoben: »Ein wahrer Kenner der Irrungen und Wirrungen kommunaler Finanzen wird ausscheiden, der jetzt noch wieder ein Meisterstück hingelegt hat.«

Eine Grundregel nennt Wolters »für morgen vorzusorgen und Überschüsse in Rücklagen anzusammeln«. Die alte Regel, sich für magere Jahre einen Sparstrumpf anzulegen – für Johannes Wolters ist dies keine Binsenweisheit, sondern eisernes Gesetz.

Der verheiratete Wolters – Sohn mit Familie und Enkelin wohnen auch in St. Hubert – macht sich über seinen Ruhestand keine Sorgen: »Ich bin im St. Martinsverein tätig, weiterhin Leiter der Volkshochschule St. Hubert/Tönisberg, Geschäftsführer der Jagdgenossenschaft St. Hubert und Schatzmeister des Deutschen Roten Kreuzes.«

Das hat auch alles mit Zahlen zu tun, bestätigt er. Er kann es nicht lassen und geht selbst in der Freizeit noch mit leidenschaftlicher Begeisterung damit um.

Philipp Wachowiak

Johannes Wolters: Sein Reich ist nicht nur die Kämmerei im Rathaus, sondern auch der heimische Balkon an der Bellstraße in St. Hubert

Namensregister

Abd-al Farrag, Fadia 7
Alsdorf, Beate 8
Aretz, Herbert 9
Augstein, Dietrich 10
Aupperle, Erika 11
Baldauf, Gertrud 14
Barbuto, Mario 15
Beckers, Werner 16
Benetreu, Ernst 17
Berg, Berit und Selma 18
Bergmann, Diana und
  Monique 19
Bimczok, Alois 20
Bisges, Marcel 21
Böhling, Susanne 22
Bönisch, Thomas 23
Brahimi, Beqir 24
Brinkmann, Ulrich 25
Brünsing, Heinrich 26
Buske, Bärbel 27
Butz, Jochen 12
Calefice, Julia 28
Dahlmann, Hans 29
Deckers, Heinz 30
Ehrenamtler des von-
  Broichhausen-Stifts 31
Enders, Jochen 32
Engst, Tanja 33
Falkner, Rudi 34
Falkner, Udo 35
Gall, Bernhard 36
Grünwald, Heinrich 37
Gurski, Horst 38
Herfeldt, Egon 39
Hermans, Karl-Heinz 40
Hoever, Margret 42
Hoff, Günter 43
Hormes, Dennis 44
Horster, Detlef 45
Hufer, Klaus-Peter 46
Jackwerth, Benno 47
Jansen, Franz-Heiner 48
Jentjens, Hans-Gerd 49
Jeyaratnam, Caniceus 50
Kaloff, Marcus 51

Kamp, Rolf 52
Karalus, Christa 53
Karges, Agnes und
  Franz-Josef 54
Kelleners, Toni und Willi 55
Kempener Video-Freunde 56
Kessel, Margitta 57
Kindelein, Heinz 58
Kirchesch, Vera 59
Kirsch, Stefan 60
König, Gustav-Adolf 61
Köppel, Norbert 62
Krajewski, Annette 63
Küsters, Ferdi 64
Labrie, Marie-Luise 65
Landmann, Peter 68
Landmann, Bettina 70
Leenen, Werner 71
Lehmann, Barbara und Axel 72
Leinders, Hermann 73
Liebrecht, Paul 21
Linnartz, Jakob 74
Louven, Jakob 75
Marinello, Sandra 76
Mergler, Hildegard 77
Messing, Manfred 78
Meyer, Sr. Patricia 79
Mick, Jürgen 80
Milius, Martina 85
Mueser, Gerhard 82
Mühlenhaus, Manfred 83
Müller, Rudolf H. 84
Niermann, Thomas 85
Nieting, Ulrich 86
Oehring, Christian 87
Ortens, Hermann-Josef 88
Orths, Ursula 89
Palm, Hans 90
Pankarz, Jürgen 91
Pasch, Jupp 92
Peter, Kathrin 93
Pfadfinder 94
Ploch, Roland 85
Pimpertz, Hans 95
Post-Mitarbeiter 96

Radtke, Gitta 97
Raem, Manfred 98
Raether, Armin 99
Reiß, Martin 100
Rödiger, Erika 101
Röhlen, Bert 102
Röskes, Jacky 103
Royen, Michael 106
Rütten, Heinz-Peter 17
Rupprecht, Karin 107
Saltel, Willy 108
Schauenburg, Günter 109
Scheufen, Ramona und
  Sabine 110
Scheuss, Gilbert 111
Schlabbers, Jakob 112
Schmeink, Peter 113
Schmidt, Wolfgang 114
Schmithuysen, Michael 115
Schmitz, Franz-Josef 116
Schmitz, Heinrich 117
Schmitz, Hermann 118
Schmitz, Edith und Josef 119
Schrey, Elisabeth 120
Schumeckers, Franz-Josef 121
Seel, Wolfgang 122
Simmons, John 123
Stahl, Heinrich Otto 126
Strasser, Georg 127
Tauber, Peter 128
Teetz, Kerstin 129
te Neues, Frank 130
Thören, Dieter 131
Tschernobyl-Hilfe,
  Ulrich Nieten 132
Vogt, Heinz-Josef 133
Wallrafen, Paul 134
Wellmanns, Dirk 135
Wemhöner, Elisabeth 136
Westermann, Bernd 137
Wilmen, Rolli 138
Wirtz, Heiner 139
Wolf, Edelgard 140
Wolters, Johannes 141